Lyon
et ses environs
2023-2024

Cofondateurs : Philippe GLOAGUEN et Michel DUVAL

Directeur de collection et auteur
Philippe GLOAGUEN

Secrétaire général
Gavin's CLEMENTE-RUIZ

Rédacteurs en chef
Amanda KERAVEL (France)
Benoît LUCCHINI (Étranger)

Directrice administrative
Bénédicte GLOAGUEN

Conseiller à la rédaction
Pierre JOSSE

Responsable voyages
Carole BORDES

Direction éditoriale
Élise ERNEST

Rédaction
Isabelle AL SUBAIHI
Emmanuelle BAUQUIS
Mathilde de BOISGROLLIER
Marie BURIN des ROZIERS
Camille CAMPET
Véronique de CHARDON
Laura CHARLIER
Florence CHARMETANT
Fiona DEBRABANDER
Anaëlle HASCOËT
Géraldine LEMAUF-BEAUVOIS
Alain PALLIER
Anne POINSOT
Alexia POULAIN

hachette

TABLE DES MATIÈRES

PRÉAMBULE

COMMENT Y ALLER ? 34

BON À SAVOIR AVANT LE DÉPART 38

LYON 47

Pictogrammes du Routard

Établissements

- Hôtel, auberge, chambre d'hôtes
- Camping
- Restaurant
- Terrasse
- Pizzeria
- Boulangerie, sandwicherie
- Pâtisserie
- Glacier
- Café, salon de thé
- Café, bar
- Bar musical
- Club, boîte de nuit
- Salle de spectacle
- Boutique, magasin, marché

Infos pratiques

- Office de tourisme
- Poste
- Accès Internet
- Hôpital, urgences
- Adapté aux personnes handicapées

Sites

- Présente un intérêt touristique
- Point de vue
- Plage
- Spot de surf
- Site de plongée
- Recommandé pour les enfants
- Inscrit au Patrimoine mondial de l'Unesco
- Pas de côté

Transports

- Aéroport
- Gare ferroviaire
- Gare routière, arrêt de bus
- Station de métro
- Station de tramway
- Parking
- Taxi
- Taxi collectif
- Bateau
- Bateau fluvial
- Piste cyclable, parcours à vélo

La basilique de Fourvière

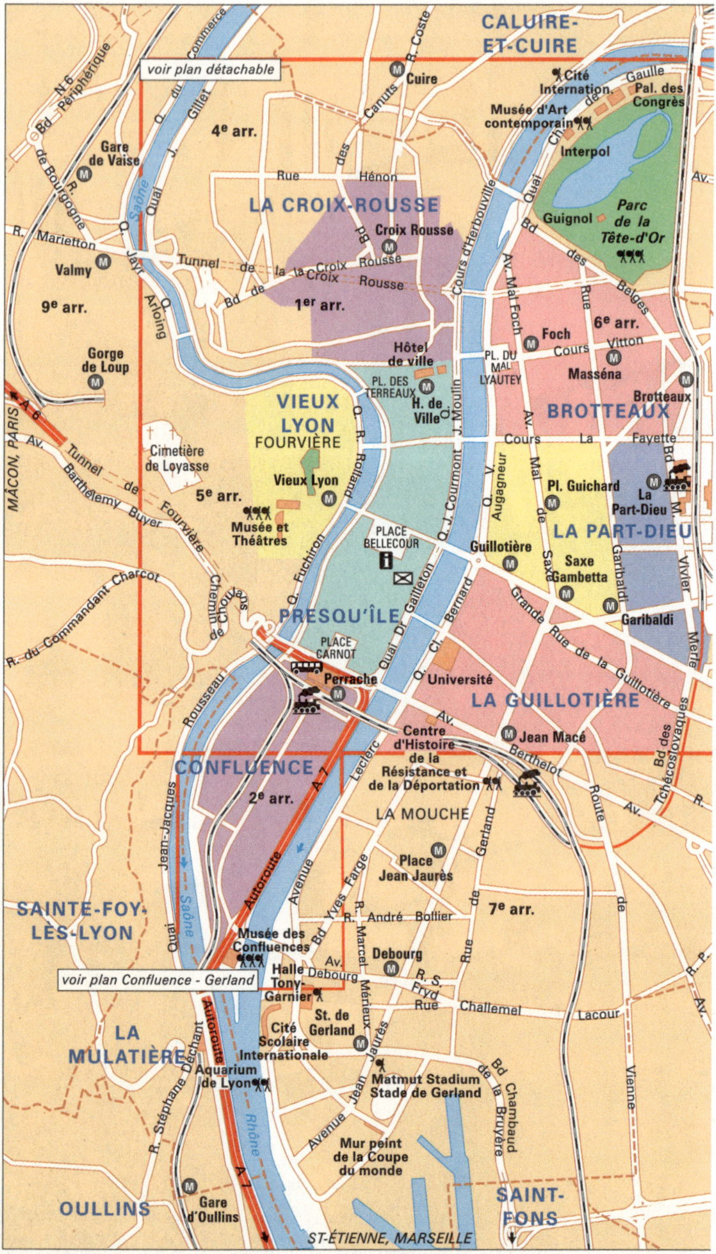
CALUIRE-ET-CUIRE
voir plan détachable
Cuire
Cité Internation.
Pal. des Congrès
Musée d'Art contemporain
Interpol
Parc de la Tête-d'Or
Guignol
4e arr.
Gare de Vaise
LA CROIX-ROUSSE
Croix Rousse
Valmy
9e arr.
1er arr.
Tunnel de la Croix Rousse
Bd de la Croix Rousse
Hôtel de ville
Foch
6e arr.
Masséna
Brotteaux
BROTTEAUX
PL. DES TERREAUX
H. de Ville
PL. DU MAL LYAUTEY
Gorge de Loup
VIEUX LYON
FOURVIÈRE
Vieux Lyon
Cimetière de Loyasse
5e arr.
Musée et Théâtres
Pl. Guichard
La Part-Dieu
LA PART-DIEU
PLACE BELLECOUR
Guillotière
Saxe Gambetta
Garibaldi
PRESQU'ÎLE
PLACE CARNOT
Perrache
Université
LA GUILLOTIÈRE
Jean Macé
Centre d'Histoire de la Résistance et de la Déportation
CONFLUENCE
2e arr.
LA MOUCHE
Place Jean Jaurès
7e arr.
SAINTE-FOY-LÈS-LYON
Musée des Confluences
Debourg
voir plan Confluence - Gerland
Halle Tony Garnier
St. de Gerland
Cité Scolaire Internationale
LA MULATIÈRE
Aquarium de Lyon
Matmut Stadium Stade de Gerland
Mur peint de la Coupe du monde
OULLINS
Gare d'Oullins
SAINT-FONS
ST-ÉTIENNE, MARSEILLE
MÂCON, PARIS
A 6
A 7
Autoroute
Saône
Rhône
Bd Périphérique
Tunnel de Fourvière
Av. Barthélemy Buyer
R. du Commandant Charcot
Chemin de Choulans
Cours d'Herbouville
Cours Vitton
Cours La Fayette
Av. Berthelot
Grande Rue de la Guillotière
Bd des Belges
Bd des Tchécoslovaques
Avenue Jean Jaurès
Route de Vienne
Bd Yves Farge
R. Marcel Mérieux
Rue de Gerland
Bd Chambaud de la Bruyère
R. Stéphane Déchant
Quai Jean-Jacques Rousseau
R. André Bollier
Rue Challemel Lacour

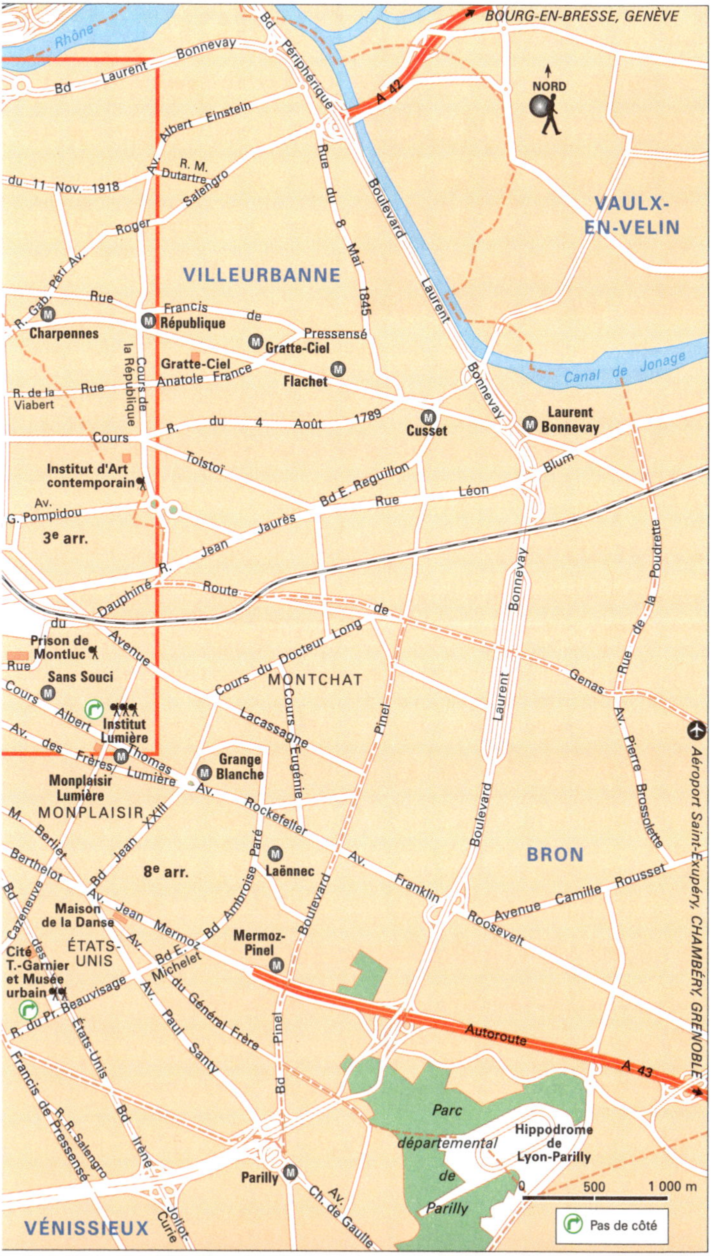
BOURG-EN-BRESSE, GENÈVE
Rhône
NORD
Bd Laurent Bonnevay
Bd Périphérique
A 42
Av. Albert Einstein
R. M. Dutartre
du 11 Nov. 1918
Salengro
Roger
Rue du 8 Mai 1845
Boulevard Laurent Bonnevay
VAULX-EN-VELIN
VILLEURBANNE
Av. Gab. Péri
R.
Charpennes
Rue Francis de Pressensé
République
Gratte-Ciel
Flachet
Gratte-Ciel
Anatole France
Cours de la République
Canal de Jonage
R. de la Viabert
Rue
Cours
R. du 4 Août 1789
Cusset
Laurent Bonnevay
Tolstoï
Blum
Institut d'Art contemporain
Bd E. Reguillon
Rue Léon
Av. G. Pompidou
3e arr.
Jean Jaurès
R.
Route de Genas
Dauphiné
du
Prison de Montluc
Avenue
Rue
Sans Souci
Cours du Docteur Long
MONTCHAT
Cours Albert Thomas
Institut Lumière
Lacassagne
Cours Eugénie
Pinel
Boulevard Laurent Bonnevay
Rue de la Poudrette
Av. Pierre Brossolette
Aéroport Saint-Exupéry, CHAMBÉRY, GRENOBLE
Av. des Frères Lumière
Grange Blanche
Monplaisir Lumière
MONPLAISIR
Av. Rockefeller
M. Berliet
Jean XXIII
Bd
8e arr.
Laënnec
Bd Ambroise Paré
Av. Franklin Roosevelt
BRON
Avenue Camille Rousset
Berthelot
Bd Cazeneuve
Maison de la Danse
Av. Jean Mermoz
Bd E. Michelet
Mermoz-Pinel
Boulevard
Cité T.-Garnier et Musée urbain
des ÉTATS-UNIS
R. du Pr. Beauvisage
Av. Paul Santy
du Général Frère
Autoroute A 43
États-Unis
Francis de Pressensé
R. R. Salengro
Bd Irène Joliot-Curie
Bd Pinel
Parc départemental de Parilly
Hippodrome de Lyon-Parilly
0 500 1 000 m
Pas de côté
Parilly
Av. Ch. de Gaulle
VÉNISSIEUX

LYON

LA RÉDACTION DU ROUTARD

La saga du *Routard* : en 1971, 2 étudiants, Philippe et Michel, avaient une furieuse envie de découvrir le monde. De retour du Népal germe l'idée d'un guide différent qui regrouperait tuyaux malins et itinéraires sympas, destiné aux jeunes fauchés en quête de liberté. 1973. Après 19 refus d'éditeurs et la faillite de leur 1re maison d'édition, l'aventure commence vraiment avec Hachette. Aujourd'hui, le *Routard*, c'est plus d'une cinquantaine d'enquêteurs impliqués et sincères. Ils parcourent le monde toute l'année dans l'anonymat et s'acharnent à restituer leurs coups de cœur en toute indépendance.

Merci à tous les Routards qui sont solidaires de nos convictions : liberté et indépendance d'esprit ; découverte et partage ; sincérité, tolérance et respect des autres.

NOS SPÉCIALISTES

Amanda, Mathilde et Marie : quand l'une arpente les routes bretonnes en quête de la meilleure pâte à crêpes, l'autre explore le bocage normand à coups de gorgées de cidre, pendant que la troisième chausse les skis pour dégoter le meilleur refuge alpin. La curiosité, l'enthousiasme et la gourmandise sont leur meilleur sonar, que complètent deux décennies d'expérience à user leurs semelles sur les routes de l'Hexagone. Un trio complice et indépendant qui essaie, entre deux voyages, de garder la ligne.

Florence Charmetant : très tôt le voyage est devenu une nécessité, quelle que soit la destination. Le voyage pour les personnes, les rencontres, les liens, les lieux, les cultures, les langues, les valeurs, les goûts, les parfums, les différences… Trente années ont passé, son appétit demeure et son envie de transmettre, à vous lecteurs du *Routard*, tout autant.

UN GRAND MERCI À NOS AMI(E)S SUR PLACE

Pour cette nouvelle édition, nous remercions particulièrement :

- **Stéphanie Engelvin** et **Éléonore Delenne** de l'office de tourisme ONLYLYON ;
- **Vous,** chers lecteurs, pour votre abondant courrier, dans lequel nous trouvons une foule d'infos, les bons plans, les moins bons – et des critiques qui nous permettent d'avancer.

NOS ENQUÊTEURS-FURETEURS

Nous tenons à remercier tout particulièrement Loup-Maëlle Besançon, Thierry Bessou, François Chauvin, Grégory Dalex, Fabrice Doumergue, Cédric Fischer, Carole Fouque, Guillaume Garnier, Nicolas George, Michelle Georget, David Giason, Claude Hervé-Bazin, Emmanuel Juste, Fabrice de Lestang, Éric Milet, Pierre Mitrano, Olivier Page, Jean-Sébastien Petitdemange, André Poncelet, Thomas Rivallain, Dominique Rolland et Jean Tiffon pour leur collaboration régulière.

Jean-Jacques Bordier-Chêne, Jean-Paul Collet, Julie Coupet, Philippe Coupy, Jeanne Debats, Agnès Debiage, Jérôme Denoix, Tovi et Ahmet Diler, Clélie Dudon, Alain Fisch, Adrien et Clément Gloaguen, Stéphane William Gondoin, Carla Le Nouÿ, Martine Partrat, Odile Paugam et Didier Jehanno, Orianne Pouchard, Prakit Saiporn, Lucas Truffier-Blanc.

DU CÔTÉ D'HACHETTE LIVRE

Direction : Sidonie Chollet

Direction éditoriale : Élise Ernest

Édition : Amélie Ramond et Tony De Sousa

Cartographie : Frédéric Clémençon et Aurélie Huot

Fabrication : Nathalie Lautout, Liza Sacco et Aude Cauchet

Relations presse : COM'PROD, **Fred Papet** et **Laëtitia de Cerval.** ☎ 01-70-69-04-69. • info@comprod.fr • **Martine Levens** (Belgique) ☎ +32-47-568-35-76.

Contact Partenariats : **Jérôme Denoix** • jeromedenoix@gmail.com •

Contact Partenariats et régie pub : **Florence Brunel-Jars** • fbrunel@hachette-livre.fr •

Silhouette du Routard : **Clément Gloaguen** (d'après Solé) ; **couverture :** **le-bureau-des-affaires-graphiques.com** ; **logo des « 50 ans » (couverture) :** **So BAM** ; **maquette intérieure :** **le-bureau-des-affaires-graphiques.com**, **Thibault Reumaux** et **npeg.fr**

« OSONS LE PAS DE CÔTÉ »

Le surtourisme ? Tous concernés. Et pourtant, à l'écart des grands flux touristiques, il existe plein de pépites méconnues, souvent oubliées des circuits trop encombrés. Ici un site ignoré ; là un quartier secret ; plus loin un village caché au charme discret, avec un troquet d'une autre époque. Il existe une infinité de lieux peinards que l'on a envie de mettre en avant avec ce pictogramme. Un vagabondage enfin calme favorisé aussi par les **visites aux heures creuses**. Vive le *slow trip* !

#osonslepasdecote

☎ **112 :** c'est le numéro d'urgence commun à la France et à tous les pays de l'UE, à composer en cas d'accident, agression ou détresse. Il permet de se faire localiser et aider en français, tout en améliorant les délais d'intervention des services de secours.

L'opéra de Lyon

Façade de l'opéra de Lyon © Jean Nouvel & Associés (Jean Nouvel et Emmanuel Blamont)

« Lyon est une ville arrosée par trois fleuves : le Rhône, la Saône et le beaujolais. »
Léon Daudet

Entre Saône et Rhône, l'ancienne capitale des Gaules, de la soie et de l'imprimerie, est devenue l'une des métropoles majeures de la France et de l'Europe actuelle, sur le plan économique, gastronomique mais aussi, ce qui ravit les Lyonnais, sur le plan culturel. On l'a connue secrète, froide, frimeuse. On l'aime encore plus maintenant qu'elle s'épanouit. L'Unesco, qui a inscrit 500 ha de la cité au **Patrimoine mondial de l'humanité,** ne s'y est pas trompé. Les façades du vieux Lyon et de la Croix-Rousse ont un peu plus de rose aux joues ou prennent d'autres couleurs grâce au *street art.*
Lyon s'est dotée d'un **musée symbole, à la confluence de la Saône et du Rhône,** qui ne passe pas inaperçu auprès de ceux qui traversent la ville le long du Rhône. Sur la rive gauche du fleuve, **l'aménagement des berges** au plus près de l'eau est une réussite incontestée : trekkeurs urbains et cyclistes se sont approprié ce large espace libéré des voitures pour traverser la ville. Les joggeurs et les contemplatifs apprécient le charme bucolique des rives de la Saône, plus étroites et moins fréquentées, pour une balade face au Vieux-Lyon, jusqu'à l'île Barbe si les jambes tiennent le coup !
La ville, dont on célébrait à la fin du siècle dernier les **murs peints** et les **bouchons,** les marchés de jour et les éclairages de nuit, les ponts jetés entre 2 mondes, 2 styles de vie, entre Fourvière et la Croix-Rousse, ne cesse d'évoluer. Aujourd'hui, l'Hôtel-Dieu réhabilité est le dernier lieu de déambulation à la mode. Les cafés tendance, où l'on vient bruncher le matin et faire la fête le soir, redonnent vie à des quartiers où pas grand monde n'aurait osé traîner il y a quelques années encore.
Lyon est aussi, et c'est ce qui fait sa force et son charme, une ville de créateurs où **l'art de vivre** tient plus de « l'art » que du cochon, désormais, au cas où vous en seriez encore à l'image des vieux **« bouchons »** que certains gardent dans leur jus, pour plaire aux visiteurs étrangers. Une ville où les jeunes chefs à l'esprit voyageur ont réussi à se faire une place au soleil au côté de ceux qui ont appris la cuisine auprès de Bocuse.

Le vieux Lyon

NOS COUPS DE CŒUR

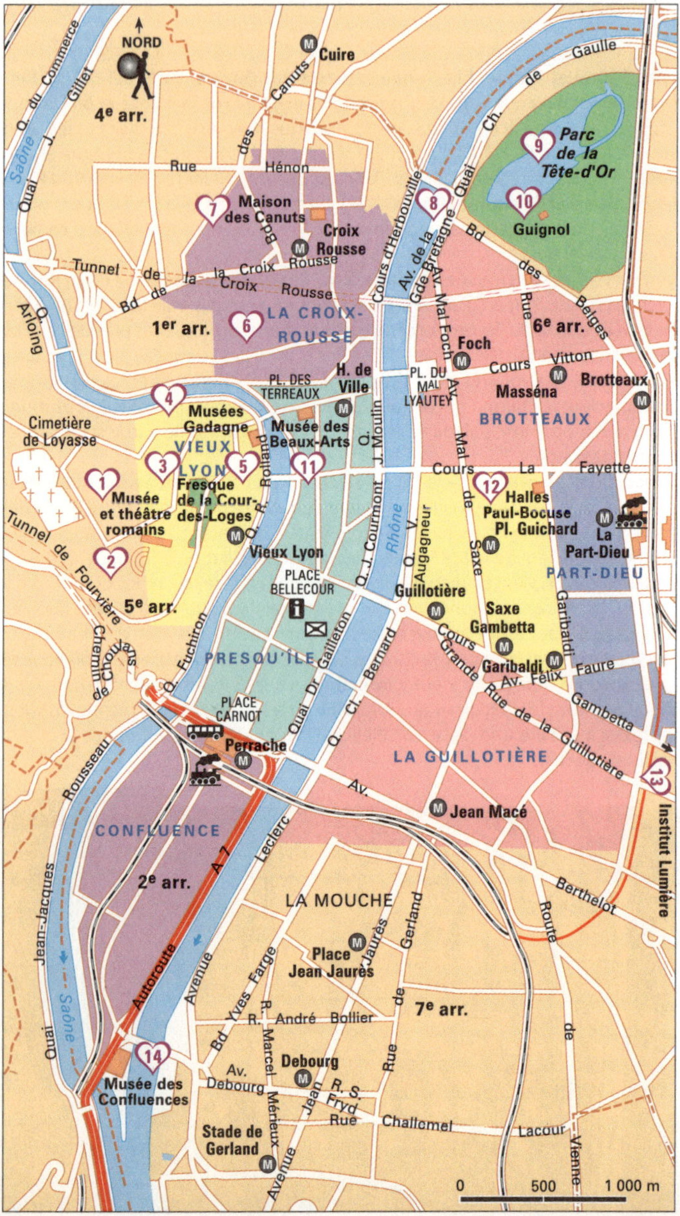

1 Prendre la « ficelle » pour accéder à l'esplanade de la basilique de Fourvière afin de profiter du panorama le plus grandiose de la ville.
C'est le 1er symbole de la cité sur laquelle elle veille depuis la 2de moitié du XIXe s à la suite d'un vœu. Les Lyonnais avaient promis que si les Prussiens n'envahissaient pas la ville, ils bâtiraient un vaste édifice religieux. Allure massive, créneaux, tourelles, ce château fort du Ciel possède ses passages dérobés, ses souterrains, ses tribunes. De là-haut, vue inoubliable. Redescendez en passant par les jardins du musée Lugdunum, aussi intéressant par son architecture souterraine que par son contenu, qui retrace les origines de Lyon. *p. 90*

© Rieger Bertrand/hemis.fr

Participer à l'un des nombreux festivals de la ville.

Notamment à celui des Nuits de Fourvière, pendant lequel, de juin à début août, toutes les musiques et tous les publics se rencontrent dans le site chargé d'histoire du théâtre romain de Fourvière. Sous le ciel étoilé, on peut écouter du jazz manouche, découvrir des pièces de théâtre, des humoristes ou du cirque, assister à un concert avant de redescendre profiter des éclairages nocturnes d'une ville que la nuit magnifie. *p. 42*

Bon à savoir : *• nuitsdefourviere.com •*

© Maurice Subervie/onlyfrance.fr

Trabouler, évidemment !

Notamment dans le vieux Lyon, où les traboules, ces passages privés permettant de passer d'une rue à l'autre, traversent quelques superbes cours intérieures Renaissance qui dévoilent souvent, par la même occasion, un escalier à vis et un puits. *p. 95, 143*

4 **Prendre une demi-journée pour visiter les musées Gadagne, véritable voyage dans le temps dont on ressort avec un regard neuf, ému, sur la ville et sur l'univers des marionnettes.**

2 musées en 1, en pleine mutation, pour mieux s'adapter au public et aux nouvelles tendances muséographiques. La ville de Lyon se raconte dans le premier, et le second nous oblige à nous interroger sur le monde fascinant des marionnettes. Pour profiter de la vue sur Lyon, déjeunez sur place, en terrasse ! *p. 101*

5 **Sillonner la ville et pousser jusqu'au quartier des États-Unis à la recherche des plus beaux murs peints.**

Il fut un temps où les murs aveugles étaient tristes et gris. Au début des années 1980, de jeunes artistes proposèrent de leur donner couleur et vie. Par le biais de grandes fresques, ils choisirent d'évoquer les célébrités lyonnaises, l'imprimerie, les tisseurs de soie, le cinéma, les grands cuisiniers… et bien d'autres choses encore. En tout, il en existe près de 150 ! Le nez en l'air, partez à la découverte de cette immense galerie à ciel ouvert qui donne une autre vision de la ville. *p. 132, 144*

Fresque en trompe l'œil de la Cour-des-Loges, Mur'art, 1988. © Wilfried Louvet/onlyfrance.fr

6 **Arpenter les pentes de la Croix-Rousse pour découvrir l'atmosphère assez unique d'un quartier que ses habitants entendent protéger.**

Le quartier des canuts et des traboules, perché sur sa colline, regarde de haut l'agitation de la presqu'île à ses pieds. Héritiers des établissements où se réunissait une classe ouvrière rebelle, les bars de la Croix-Rousse restent parmi les plus accueillants de la ville. Les pentes, ces ruelles étroites qui montent vers la Croix-Rousse, sont truffées de boutiques et d'endroits attachants pour se poser autour d'un verre, en terrasse ou au comptoir. *p. 116*

© René Mattes

7 **S'immerger dans le passé textile de la ville en visitant la Maison des Canuts, dans le quartier de la Croix-Rousse.**

À la Maison des Canuts, fonctionne encore un métier à tisser Jacquard. Ses perfectionnements permirent le développement de la soierie lyonnaise, et transformèrent également la ville et son urbanisme. La visite, commentée, est passionnante. On comprend mieux comment, en 5 siècles d'histoire, Lyon a été façonnée par le textile. Elle permet également de saisir la complexité du savoir-faire et la sophistication des productions. *p. 120*

8 **Se promener sur les rives de la Saône jalonnées d'œuvres d'art en remontant au nord jusqu'à l'île Barbe…**

… enfourcher un *Vélo'V*, un de ces vélos en libre-service, ou chausser ses rollers puis traverser le tunnel des modes doux à la Croix-Rousse pour ensuite arpenter les berges du Rhône, entre le parc de la Tête-d'Or et le quartier de la Confluence. D'autres aménagements, sur la rive gauche des berges du Rhône, ont tracé sur 7 km de long, du parc de la Tête-d'Or au parc de Gerland, des pistes cyclables, terrasses, cafés, restaurants… Beaucoup de monde dès que le soleil pointe son nez ! *p. 140*

Othoniel Jean-Michel, Belvédère et Lanternes de l'île Barbe © ADAGP, Paris, 2022 © Jacques Pierre/hemis.fr

9 Flâner le dimanche après-midi au parc de la Tête-d'Or.
L'un des plus grands parcs urbains de France ! On peut tout y faire, ou presque. Pédaler au fil des allées, prendre le soleil allongé sur la pelouse, visiter le jardin botanique, s'extasier devant la grande roseraie aux beaux jours, rigoler avec Guignol, singer les animaux du jardin zoologique qui compte environ 400 pensionnaires… En un mot, décompresser dans ce magnifique poumon de verdure qui reste le rendez-vous préféré de nombreux Lyonnais. *p. 123*
Bon à savoir : *l'ensemble du parc, ouv de 6h30 à 20h30 (22h30 de mi-avr à mi-oct), est entièrement gratuit.*

10 **Assister à un spectacle de Guignol, quel que soit l'âge de ses artères.**
Laurent Mourguet, canut au chômage, créa en 1808 le personnage de Guignol, à la fois naïf et roublard, proche des préoccupations populaires. Avant de devenir marionnettiste professionnel, il était arracheur de dents dans les foires, et ses marionnettes permettaient de distraire ses patients ! Petits et grands se tordent encore de rire aux aventures de Guignol et aux coups de bâton reçus par le gendarme. Et pan, et pan, et pan ! Émotion garantie ! Allez donc le voir au théâtre du parc de la Tête-d'Or, ou quand il pleut au Grand Hôtel-Dieu. Voir nos adresses citées dans la rubrique « Le théâtre de Guignol ». *p. 87*

11 Découvrir le formidable musée des Beaux-Arts de la ville, dont seulement un tiers des collections est présenté, faute de place.

Le musée, situé dans une ancienne abbaye bénédictine, abrite un cloître magnifique transformé au XIXe s en jardin public. Parmi les statues au grand air, 2 œuvres de Rodin ainsi qu'un bronze de Bourdelle. Le musée des Beaux-Arts est le plus grand musée régional français. 70 salles couvrent l'art pharaonique jusqu'aux peintures du XXIe s. Café avec terrasse pour prolonger le plaisir. *p. 111*

12 Faire un tour aux Halles de Lyon, un monument en béton élevé à la gloire de la cuisine lyonnaise.

Des halles qui portent le nom du regretté Paul Bocuse, qui fut le grand défenseur de cette cuisine régionale et de ses produits d'exception. On peut déjeuner sur place et/ou rapporter quelques spécialités lyonnaises. Rosette, saucisson de Lyon, saucisson à cuire, sabodet, cervelas pistaché et/ou truffé, fromages en tout genre, vins des coteaux lyonnais… À l'intérieur du Grand Hôtel-Dieu reconverti, également des halles. *p. 126*

13 **Arrêt sur image à l'Institut Lumière, dans le 8e arrondissement de Lyon, nouvelle zone industrielle de la ville dès le début du XIXe s.**
Dans l'imposante villa des frères Lumière, on est captivé par l'histoire de cette famille hors du commun, à l'origine d'inventions géniales. C'est bien là qu'est né le cinéma, en 1895. Les amateurs s'assiéront avec émotion dans la magnifique salle de projection, ouverte en fonction des séances. *p. 130*
Bon à savoir : *séances tlj sauf lun ; séance jeune public mer et sam 14h30, dim 10h30.*

14 **Côtoyer un monumental squelette de dinosaure ou de mammouth au musée des Confluences, qui interroge la terre depuis les origines et l'humanité dans son histoire et sa géographie.**

Un musée à l'image de la ville aux multiples facettes, qui est entrée de plain-pied dans le monde actuel tout en ne cessant de tisser des liens avec son passé. Profiter de cette incursion à la confluence de la Saône et du Rhône pour découvrir l'ancienne zone industrielle, reconvertie en quartier aux innovantes réalisations architecturales. C'est actuellement l'un des plus grands chantiers européens ! *p. 136*

15 Reprendre des forces dans un bouchon en commandant les incontournables de la cuisine lyonnaise avec un pot de beaujolais.

Il est quasiment impossible de passer à Lyon sans s'arrêter dans un bouchon, ces institutions où l'on sert les plats traditionnels locaux : andouillette, tête de veau, saucisson chaud, cervelle de canut (fromage blanc aux herbes)... La tradition a du bon mais attention aux intitulés bouchonnants : dans le vieux Lyon, certains restos n'ont parfois de « bouchon » que le nom. Alors, méfiez-vous des imitations et des fausses mères ou grands-mères qui vous veulent du mal ! *p. 61*
***Bon à savoir :** pour trier le bon grain de l'ivraie, se fier aux adresses labellisées (voir, par exemple, • lesbouchonslyonnais.org •).*

© Wilfried Louvet/onlyfrance.fr

« La Fresque des Lyonnais » Design mural monumental conçu et réalisé par © Cité Création - Lyon - 1er

16 Passer une nuit blanche pour admirer sites, quais et monuments magnifiquement illuminés.

S'appuyant sur sa traditionnelle Fête des lumières, qui se déroule **autour du 8 décembre**, Lyon brille chaque jour de mille feux dès que le soleil disparaît derrière la colline de Fourvière. Le plan Lumière illumine toutes les nuits 250 monuments, sites et quais. Ces illuminations magnifiques mettent en valeur le patrimoine architectural de la ville, attirent le regard sur des détails oubliés, donnent un relief exceptionnel aux cours d'eau qui se rejoignent à Lyon. C'est bien la ville des frères Lumière ! *p. 43*

© René Mattes

La fontaine de Bartholdi, place des Terreaux

ITINÉRAIRES CONSEILLÉS

1 journée

Avant tout déplacement, achetez la précieuse ***Lyon City Card*** qui permet l'accès illimité aux transports en commun et aux musées. Promenade dans la presqu'île le matin, depuis la gare de Lyon-Perrache **(place Carnot ; 1)** jusqu'à la **place des Terreaux (3)** en passant par la **place Bellecour (2),** centre névralgique de la ville. À l'est de la **rue Victor-Hugo (4),** piétonne et commerçante, le **quartier résidentiel d'Ainay (5)** a conservé son âme. Changement d'atmosphère au nord de Bellecour, autour de l'**Hôtel-Dieu (6),** nouveau must de la ville avec son enfilade de cours, ses cafés et ses espaces de déambulation. Plus au nord, le **musée de l'Imprimerie et de la Communication graphique (7),** installé dans un hôtel Renaissance, ou encore l'**opéra (8)** réhabilité par Jean Nouvel. Déjeunez dans une de nos petites adresses dans l'air du temps. En début d'après-midi, traversez la Saône pour une visite (guidée si possible) du **vieux Lyon (9).** Vous arrivez **quartier Saint-Paul (10).** La **rue Juiverie (11),** surtout occupée par des artisans d'art, était jusqu'au XIVe s l'épicentre du quartier juif. Les remarquables **musées Gadagne (12),** consacrés à l'histoire de Lyon et aux marionnettes du monde, sont incontournables. Réservez le passionnant musée Cinéma et Miniature pour un autre jour et admirez la **cathédrale Saint-Jean (13).** Le funiculaire vous fera grimper à la **basilique de Fourvière (14).** Depuis l'esplanade, la vue sur la ville est saisissante ! Finissez la journée en flânant dans la pittoresque **rue Saint-Georges (15)** qui a conservé son tracé médiéval. Dînez dans un bouchon centenaire, où la quenelle est maison et l'ambiance joyeuse.

2 jours

2 options : cap au **musée des Confluences (1).** Sinon, le temps d'une montée en ficelle, prolongez la balade du vieux Lyon par un coup d'œil aux magnifiques **ruines gallo-romaines (2),** sans faire l'impasse sur le **musée Lugdunum (3).** Ajoutez aux visites de la 1re journée la découverte d'un autre **musée** original, **Cinéma et Miniature (4),** qui ravira les amoureux du 7e art. Et si vous traînez sur les quais Romain-Rolland un dimanche matin, jetez un œil au **marché de la Création (5)** qui réunit peintres, sculpteurs, créateurs de bijoux… Déjeunez dans un restaurant tenu par l'un des jeunes chefs qui font aujourd'hui la réputation de la ville, et complétez votre visite culturelle par le **musée des Beaux-Arts (6)** qui expose peintures et sculptures dans une magnifique abbaye du XVIIe s. C'est le moment de partir explorer la colline de la **Croix-Rousse (7)** dont les pentes cultivent la mémoire des canuts en préservant un certain art de vivre. Prenez l'apéro et l'air du temps. Le soir venu, pensez aux nombreux spectacles originaux et abordables montés à **l'opéra (8),** à l'espace culturel **Les Subsistances (9)** ou à la **Maison de la Danse (10)**. N'oubliez pas non plus les **spectacles de Guignol (11),** surtout si vous êtes en famille.

La Saône, vue de la presqu'île

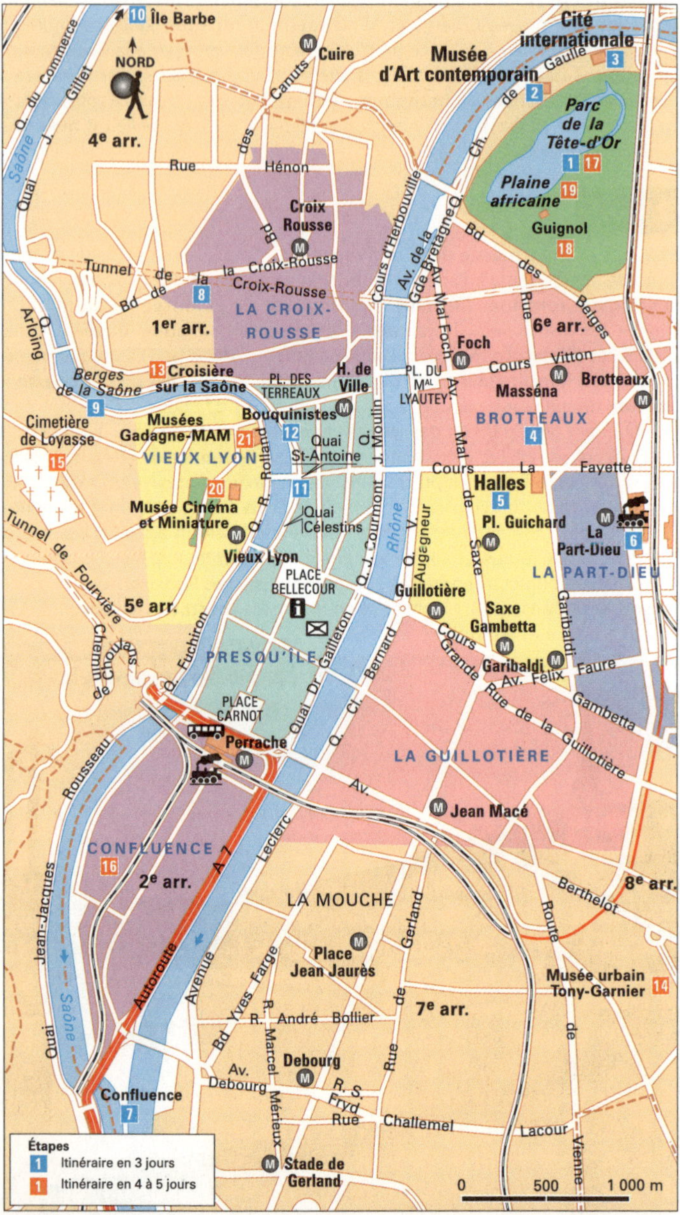
10 Île Barbe
NORD
Cuire
Cité internationale
Musée d'Art contemporain
3
2
Q. du Commerce
Quai J. Gillet
Saône
4e arr.
Rue Hénon
des Canuts
Ch. de Gaulle
Parc de la Tête-d'Or
1 17
Plaine africaine
19
Guignol
18
Croix Rousse
Bd de la Croix-Rousse
Tunnel de la Croix-Rousse
8
LA CROIX-ROUSSE
Cours d'Herbouville
Av. de la Gde Bretagne
Q. de Bretagne
Bd des Belges
Av. Mal Foch
Rue
6e arr.
Q. Arloing
1er arr.
Foch
Cours Vitton
Masséna
Brotteaux
Berges de la Saône
9
13 Croisière sur la Saône
PL. DES TERREAUX
H. de Ville
PL. DU Mal LYAUTEY
Bouquinistes
BROTTEAUX
Cimetière de Loyasse
15
Musées Gadagne-MAM
21
Q. Rolland
12
Quai St-Antoine
Q. J. Moulin
Av. Mal de Saxe
4
VIEUX LYON
Cours La Fayette
11
Halles
5
20
Musée Cinéma et Miniature
Q. R. Rolland
Quai Célestins
Rhône
Q. J. Courmont
Q. V. Augagneur
Pl. Guichard
La Part-Dieu
6
Tunnel de Fourvière
Vieux Lyon
PLACE BELLECOUR
LA PART-DIEU
5e arr.
Guillotière
Saxe Gambetta
Garibaldi
Chemin de Choulans
Q. Fuchiron
PRESQU'ÎLE
Cours Gambetta
Grande Rue de la Guillotière
Av. Félix Faure
Garibaldi
Quai Dr Gailleton
Q. Cl. Bernard
PLACE CARNOT
Perrache
LA GUILLOTIÈRE
Rousseau
Av.
Jean Macé
CONFLUENCE
16
A 7
Leclerc
2e arr.
Berthelot
8e arr.
LA MOUCHE
Rue de Gerland
Route de Vienne
Place Jean Jaurès
Musée urbain Tony-Garnier 14
Quai Jean-Jacques
Saône
Autoroute
Avenue
Bd Yves Farge
R. André Bollier
7e arr.
R. Marcel Mérieux
Debourg
Av. Debourg
R. S. Fryd
Rue Challemel Lacour
Confluence
7
Étapes
1 Itinéraire en 3 jours
1 Itinéraire en 4 à 5 jours
Stade de Gerland
0
500
1 000 m

3 jours

Vous avez tout le loisir d'aller vous promener dans le **parc de la Tête-d'Or (1)** puis de pousser jusqu'au **musée d'Art contemporain (2)** et à la **Cité internationale (3).** Pour ménager vos guiboles, optez pour le *Vélo'V,* les vélos en libre-service : les longues allées du parc s'étirent à perte de vue ! D'un coup de pédales, traversez l'élégant **quartier des Brotteaux (4),** et à midi, faites une pause **aux halles** (**5** ; fermées le lundi), le ventre toujours aussi gourmand de Lyon. Si vous avez un train à prendre, la **gare de la Part-Dieu (6)** est toute proche. Par beau temps, n'hésitez pas à longer les **berges du Rhône** à vélo jusqu'au quartier **Confluence (7).** Arrêt obligatoire au **musée des Confluences,** le plus visité de France après le Louvre. En remontant le fleuve rive gauche, cap sur le **tunnel de la Croix-Rousse (8),** réservé aux modes de déplacement doux, avant de rejoindre les **berges de la Saône (9).** La balade se poursuit vers **l'île Barbe (10),** au nord. Vous pouvez aussi, le dimanche matin, flâner sur les quais de Saône, du **quai Saint-Antoine au quai des Célestins (11),** en musardant au marché, puis aller jusqu'au **quai de la Pêcherie** et ses **bouquinistes (12).** Offrez-vous, le soir, un bar à vins pour vous réconcilier avec le Beaujolais tout proche.

4 à 5 jours

Enfin, ne pensez pas être désœuvré si vous disposez de 4 ou 5 jours : pourquoi pas une **croisière sur la Saône (13),** une promenade guidée dans le 8e arrondissement, **sur les pas de Tony Garnier (14),** l'exploration du **cimetière de Loyasse (15)...** Gardez des forces pour découvrir le nouveau quartier autour de la **Confluence (16),** et, l'été, préférez la navette fluviale pour vous y rendre.

Si vous voyagez avec vos enfants, c'est au **parc de la Tête-d'Or (17)** qu'ils voudront retourner, entre 2 visites, pour revoir les facéties de **Guignol (18),** la **Plaine africaine (19),** le petit train et les nombreuses animations. Les musées de la ville proposent également beaucoup d'ateliers thématiques destinés aux bambins, sans compter ceux qui leur sont particulièrement consacrés : **musée Cinéma et Miniature (20), MAM (musée des Arts de la marionnette ; 21),** rue de Gadagne, etc. Si vous remontez vers Paris, pensez à vous arrêter à Limonest, au MUSCO, le nouveau et remarquable musée du Chocolat imaginé par le chocolatier Sève.

La soierie Saint-Georges

Le quartier de la Confluence

Interview #experienceroutard

Par la rédaction du *Routard*

En quoi cette destination est-elle unique ?

Lyon reste la ville des bouchons, ceux qu'on rencontre en passant sous le tunnel de Fourvière et aussi ceux où l'on savoure une authentique cuisine lyonnaise. Mais c'est une autre ville qu'on découvre, du haut de la Croix-Rousse ou à la pointe de la Confluence, avec son musée emblématique qui ouvre la ville sur le futur. Du parc de la Tête-d'Or aux rives reconquises du Rhône et de la Saône, Lyon s'est mise au vert. Au bio et au locavore aussi. Ici, les chefs sont plus reconnus que les politiques.

Des spécialités locales ?

C'est sûrement dans la richesse de son terroir que Lyon puise ses spécialités : saucisson de Lyon, jésus, rosette, cervelas, pâté en croûte... difficile de ne pas craquer. Et que dire des quenelles à la sauce nantua, d'un gâteau de foie de volaille ou de la tarte aux pralines ! Pour se ravitailler, les Halles de la Part-Dieu sont toujours considérées comme le ventre de Lyon, mais ne manquez pas les nouvelles Halles de l'Hôtel-Dieu.

Un quartier de prédilection ?

À Lyon, l'histoire ne se raconte pas forcément au passé. Elle revit quand on arpente le quartier de la Croix-Rousse, notre préféré. Une population jeune s'est accrochée aux pentes, louant d'anciens ateliers de canuts superbement retapés. On traboule, on se pose dans des cafés ou aux terrasses où tous les âges se côtoient. Le passé des soyeux, on le revit à la maison des Canuts, mais le plus émouvant reste cette visite d'un atelier resté dans son jus, que vous ouvrent spécialement les bénévoles de Soierie Vivante.

Un souvenir de voyage ?

Cinéma et Miniature ! L'intitulé de ce musée ne dit rien de la magie d'un lieu créé par un fou d'effets spéciaux. Dan Ohlmann a conservé son atelier de réparation où l'on aperçoit une prothèse destinée à un monstre galactique ou une maquette représentant une rue de New York. Tout le reste occupe le moindre espace de cette maison du XVe s qui cache bien son jeu. Les enfants et les ados adorent les salles consacrées au cinéma, les rêveurs de tous âges restent songeurs devant les vitrines où Dan a reconstitué, depuis plusieurs décennies, une ville et un monde en voie de disparition.

Un moment à partager ?

Guignol sert de fil rouge au nouveau musée de la Marionnette aménagé dans une partie de l'hôtel Gadagne, mais il n'en est pas la vedette. C'est le plus joli moment qu'on a envie de faire partager aux grands comme aux petits qui arpentent les rues du vieux Lyon. Une plongée dans un monde qui se perd dans la nuit des temps. On rit, on sourit, on s'émeut, on s'inquiète aussi, car certaines marionnettes sont là pour nous apprendre qui tire les ficelles, politiquement, économiquement.

COMMENT Y ALLER ?

EN TRAIN

Nous recommandons le TGV, moyen de transport plus simple et moins polluant. Une manière de voyager et d'agir pour l'environnement en limitant son empreinte carbone.

Au départ de Paris et de l'Île-de-France

➢ ***De Paris*** (gare de Lyon), 22 A/R TGV INOUI et OUIGO en direct soit 1 TGV/h en moyenne, voire ttes les 30 mn en heures de pointe pour Lyon Part-Dieu et Lyon-Perrache. Temps du trajet : env 2h. En région parisienne, des TGV INOUI et OUIGO directs relient Lyon depuis les gares Aéroport-Charles-de-Gaulle, Marne-la-Vallée et Massy-TGV.
Également 5 trains/j. entre Paris et Lyon avec ***Trenitalia.***

Au départ des grandes métropoles

➢ Liaisons directes pour Lyon de ***Clermont-Ferrand***, ***Grenoble***, ***Le Havre***, ***Marseille*** (1h40), ***Montpellier*** (1h40), ***Nantes*** (4h30), ***Nice***, ***Lille*** (3h), ***Rennes*** (3h50), ***Strasbourg*** et ***Toulouse*** (4h15) ainsi que ***Genève*** et ***Milan.***

Pour voyager au meilleur prix

SNCF Voyageurs propose des services et des cartes adaptés à chacun de vos voyages. Mais pour voyager au meilleur prix, mieux vaut s'y prendre le plus tôt possible et viser les billets Prem's, les trains OUIGO (disponibles uniquement sur Internet) et... les promos.

➢ ***Les cartes de réduction***
Pour ceux qui voyagent régulièrement, de 30 % de réductions avec les cartes « *Avantage* » *Jeune, Adulte* ou *Senior* (49 €, valables 1 an). Bon plan, la carte *Avantage Adulte* permet aussi à un accompagnant de bénéficier de la réduction.

Renseignements et réservations

– ***Internet :*** • *sncf-connect* • *trenitalia.com* •
– ***Téléphone :*** *SNCF :* ☎ *36-35 (appel gratuit) ; Trenitalia : 09-74-91-98-72 (prix d'un appel local).*
– Également dans les gares, les boutiques SNCF et les agences de voyages agréées.

➢ De son côté, ***Trenitalia*** propose aussi des tarifs intéressants pour les familles : 50 % de réduction pour les enfants de 4 à 14 ans qui voyagent avec un adulte.

EN VOITURE

➢ ***De Paris*** (461 km), par l'autoroute A 6 (par Mâcon et Villefranche), la N 6 (D 906 par endroits) ou la N 7.
➢ ***De Nice*** (472 km) ou ***de Marseille*** (314 km), par l'autoroute A 7 ou la N 7.
➢ ***De Chambéry*** (100 km), par l'A 43, et ***de Grenoble*** (104 km), par l'A 48 et l'A 43.
➢ ***De Genève*** (152 km), par l'A 40 et l'A 42.

Le covoiturage

Le principe est économique, écologique et convivial. Les conducteurs sont invités à proposer leurs places libres afin de partager le trajet et les frais avec des passagers. L'inscription est gratuite. • *blablacar.fr* •

Tarifs autoroutiers

• *autoroutes.fr* • Le portail des autoroutes bien utile pour préparer son voyage

en France et en Europe. Renseignements sur les temps de trajet, conditions de circulation et prix sur tous les tronçons autoroutiers de l'Hexagone.

Location de voitures

■ ***BSP Auto :*** *☎ 01-43-46-20-74 (tlj 9h-21h30, w-e 9h-20h). • bsp-auto.com • Réduc de 5 % aux lecteurs de ce guide avec le code « ROUTARD23 ».* Les prix proposés sont attractifs et comprennent souvent le kilométrage illimité et les assurances. *BSP Auto* propose exclusivement les grandes compagnies de location sur place, assurant un très bon niveau de service. Le plus : vous ne payez votre location que 5 jours avant le départ.

EN AVION

✈ ***Aéroport Lyon-Saint-Exupéry :*** *à 25 km à l'est de la ville (rens : ☎ 0826-800-826, 0,15 €/mn ; • lyonaeroports.com •).*

➢ Accès **le moins cher,** par la TCL ligne 47 et le Tram ligne 3, qui relie l'aéroport à la gare de la Part-Dieu en 1h. Ligne de bus 47 jusqu'à Meyzieu (ttes les 30 mn env), puis tram 3 jusqu'à la Part-Dieu pour le prix d'1 ticket ou avec la *Lyon City Card* (voir plus loin « Adresses et infos utiles »). Accès **le plus rapide** par le tram *Rhônexpress* qui relie l'aéroport à la gare de la Part-Dieu en moins de 30 mn. Départ ttes les 30 mn entre 5h-6h et 21h-minuit, ttes les 15-20 mn le reste du temps. 16,30 € l'aller simple, 28,30 € l'A/R (26,70 € en achetant sur leur site internet). *• rhonexpress.fr • Gratuit moins de 12 ans. Pour bénéficier d'un prix avantageux, possibilité de coupler son billet* Rhônexpress *avec la* Lyon City Card *(voir plus loin « Adresses et infos utiles »).*

Les compagnies *low-cost*

▲ EASYJET

• easyjet.com •

➢ Vols directs entre Lyon et Ajaccio, Bastia, Biarritz (en été), Bordeaux, Brest, Figari, Nantes, Rennes et Toulouse, Barcelone, Édimbourg, Fuerteventura, Londres, Marrakech, Lisbonne, Naples, Palma de Majorque, Rome, Ténérife...

▲ BRUSSELS AIRLINES

Rens : ☎ 01-73-23-10-71 depuis la France et ☎ +32-2-723-23-62 en Belgique. • brusselsairlines.com • Depuis Bruxelles, vols vers Lyon.

▲ TRANSAVIA

• transavia.com •

Vols vers Agadir, Alger, Athènes, Beyrouth, Casablanca, Dakar, Djerba, Hurghada, Heraklion, Istanbul, Monastir, Oujda, Palerme, Palma de Majorque, Santorin, Séville, Stockholm, Tel Aviv, Ténérife, Tunis, Valence.

Les compagnies régulières

▲ AIR FRANCE

Rens et résas au ☎ 09-69-39-36-54 (appel non surtaxé – tlj 6h30-22h), sur • airfrance.fr •, dans les agences Air France et dans ttes les agences de voyages. Fermées dim.

➢ Air France dessert Lyon plusieurs fois par jour au départ de Roissy. Au départ de la province, Lyon est directement connecté avec Biarritz, Bordeaux, Brest, Caen, La Rochelle, Lille, Limoges, Marseille, Nantes, Nice, Pau, Poitiers, Rennes, Strasbourg et Toulouse.

EN BUS

Le réseau de bus longue distance s'étant intensifié ces dernières années, le plus pratique est de consulter le comparateur de billets d'autocars *• comparabus.com •* qui regroupe et compare les prix des différentes compagnies présentes en France. À vous de voir en temps réel les liaisons existantes. Un lien vers les compagnies permet d'acheter ses billets en direct.

➢ Lyon est accessible depuis de nombreuses villes en France et en Europe.

BON À SAVOIR AVANT LE DÉPART

ABC de Lyon

- ***Capitale*** de la région Auvergne-Rhône-Alpes.
- ***Population :*** 521 100 hab. (les Lyonnais), 3e ville française.
- ***Métropole de Lyon :*** 1,4 million d'habitants. La communauté urbaine regroupe 59 communes.
- ***Maire :*** Grégory Doucet (EELV).
- ***Nombre de restaurants intra-muros :*** 1 720 !
- ***Nombre de traboules :*** environ 320 !

AVANT LE DÉPART

Adresses et infos utiles

Office de tourisme – pavillon ONLYLYON *(plan et zoom détachables C5)* **:** *pl. Bellecour, 69002. ☎ 04-72-77-69-69. • lyon-france.com • Ⓜ Bellecour. Tlj 9h-18h. Fermé 1er janv et 25 déc.* Pour préparer votre séjour ou réserver votre hébergement, consultez le site de l'office. Au pavillon, une équipe est à votre écoute pour vous orienter et réserver vos activités. À disposition, plan de ville, calendrier des visites guidées... Résa de visites guidées sur *• visiterlyon.com •* Un invité d'honneur dans ce pavillon : Paul Bocuse, un chef en or qui méritait bien cette statue en bronze auprès de laquelle vous pourrez vous faire photographier.

Derrière l'office de tourisme, toilettes gratuites ainsi qu'un kiosque de ***location de vélos*** : *Fix&move. À partir de 20 €/4h (25 € pour 1 vélo électrique).* Atelier de réparation sur place.

– ***Les greeters de Lyon :*** *• lyoncitygreeter.com •* Sur le modèle de New York, des bénévoles proposent des balades accompagnées afin de faire découvrir des aspects insolites et plus intimes de leur ville. Rien à voir avec les visites guidées habituelles, ce sont des amoureux de Lyon qui vous font partager leurs (coins) secrets et répondent à vos propres envies.

– ***Lyon City Card*** *• lyoncitycard.com •* Très pratique, elle permet d'utiliser directement et gratuitement les transports en commun (métro, tram, bus et funiculaire). Elle donne accès gratuitement à 23 musées et à leurs expositions temporaires, aux visites guidées de l'office de tourisme, aux visites d'ateliers de soierie, aux visites insolites des toits de Fourvière, aux croisières promenades sur la Saône (d'avril à octobre), à l'itinéraire audio-guidé, au planétarium, au parc mini World Lyon et aux spectacles de Guignol. Et, en bonus, des réductions à des activités de loisir, opéra et théâtre. Plusieurs formules (1, 2, 3 ou 4 jours) 27-57 €, et pour 5 € de plus, possibilité de louer un *Vélo'V* durant 3 jours consécutifs et 60 mn offerte à chaque prise de vélo. Se renseigner à l'office de tourisme. Réduction si vous l'achetez via Internet (et pour les juniors ou les étudiants). Une *Lyon City Card* spéciale Fête des lumières existe également.

– **Lyon en direct :** ☎ 04-72-10-30-30. ● lyon.fr ● Lun-ven 8h30-18h, sam 8h-12h. Vie culturelle et associative, sports, événements, questions administratives, etc.

Comité régional du tourisme Auvergne-Rhône-Alpes : 11 bis, quai Perrache, 69002. Rens seulement sur le site ● auvergnerhonealpes-tourisme.com ●

■ **Gîtes de France – Association départementale du tourisme rural du Rhône** *(labels « Gîtes de France » et « Bienvenue à la ferme »)* **:** 1, rue du Général-Plessier, 69002. ☎ 04-72-77-17-50. ● gites-de-france-rhone.com ● Ⓜ Perrache. Pour demander des brochures ou réserver dans le département du Rhône.

Carte d'adhésion internationale aux auberges de jeunesse (carte FUAJ)

Cette carte vous ouvre les portes des 2 400 auberges de jeunesse du réseau *HI-Hostelling International* en France et dans le monde. Elle permet aussi de bénéficier de tarifs préférentiels avec les partenaires des auberges de jeunesse *HI* (excursions et activités variées). Il n'y a pas de limite d'âge pour séjourner en auberge de jeunesse. Il faut simplement être adhérent ; carte valable 1 an à compter de la date d'achat (sur Internet ou dans les AJ).

Renseignements et inscriptions

– ***En France :*** ● hihostels.com ● *Tarif : 11 €.*
– ***En Belgique :*** ● lesaubergesdejeunesse.be ●
– ***En Suisse :*** ● youthhostel.ch ●
– ***Au Canada :*** ● hihostels.ca ●

Si vous prévoyez un séjour itinérant, vous pouvez réserver plusieurs auberges de jeunesse en une seule fois en France et dans le monde.

Carte internationale d'étudiant (carte ISIC)

Elle prouve le statut d'étudiant dans le monde entier et offre de nombreuses réductions (billets d'avion, hôtels et auberges de jeunesse, assurances, parcs d'attraction, locations de voitures...).

Renseignements et inscriptions

– ***En France :*** ● isic.fr ● *Tarif : 13 € pour 1 année scolaire.*
– ***En Belgique :*** ● isic.be ●
– ***En Suisse :*** ● isic.ch ●
– ***Au Canada :*** ● isiccanada.ca ●

BUDGET

Recommandation à ceux qui souhaitent profiter des réductions et avantages proposés dans le *Routard* par les hôteliers et les restaurateurs.

À l'hôtel, pensez à les demander **au moment de la réservation** ou, si vous n'avez pas réservé, **à l'arrivée.** Ils ne sont valables que pour les réservations en direct et ne sont pas cumulables avec d'autres offres promotionnelles (notamment sur Internet). Au restaurant, parlez-en **au moment** de la commande et surtout **avant** que l'addition ne soit établie. Poser votre *Routard* sur la table ne suffit pas : le personnel de salle n'est pas toujours au courant et une fois le ticket de caisse imprimé, il est souvent difficile de modifier le total. En cas de doute, montrez la notice relative à l'établissement dans le ***Routard* de l'année** et, bien sûr, ne manquez pas de nous faire part de toute difficulté rencontrée.

Nous vous indiquons ci-dessous l'échelle des tarifs auxquels nous nous référons dans ce guide et pour l'ensemble de nos guides France.

Hébergement

D'une manière générale, nous indiquons des fourchettes de prix allant de la chambre double la moins chère en basse saison à celle la plus chère en haute saison (hors grands événements du type « Fête des lumières »). Ce qui implique parfois des écarts de prix, pas toujours en adéquation avec la rubrique dans laquelle l'établissement est cité. Le classement retenu est donc celui du prix moyen des chambres et de leur rapport qualité-prix.
– Les tarifs des ***campings*** sont calculés sur la base d'un emplacement pour 2 avec voiture et tente en haute saison. Ils sont classés en tête de rubrique « Où dormir ? ».
– Pour les ***auberges de jeunesse,*** le tarif indiqué est celui du lit en dortoir et/ou parfois de la chambre double, quand il y en a.
– En ***chambres d'hôtes,*** les prix sont donnés sur la base d'une chambre double. Ils incluent presque toujours le petit déjeuner. Les cartes de paiement sont rarement acceptées. Dans les cas contraires, nous indiquons « petit déj en sus » et « CB acceptées ».
– Concernant les ***hôtels,*** le prix retenu reste celui d'une nuit en chambre double (sans petit déjeuner). La fourchette de prix englobe toutes les saisons, mais il est important de noter que dans les grandes villes, les prix baissent significativement le week-end. Lorsque l'établissement dispose de chambres familiales, nous l'indiquons sans précision de prix.
– ***Bon marché :*** jusqu'à 70 €.
– ***Prix moyens :*** 70-100 €.
– ***Chic :*** 100-130 €.
– ***Plus chic :*** 130-160 €.
– ***Beaucoup plus chic :*** plus de 160 €.

Restaurants

Au restaurant, ***notre critère de classement est le prix du 1er menu servi le soir*** (hors boissons). Les notions de « Prix moyens » ou « Plus chic » n'engagent donc que les prix, pas le cadre, même si, souvent, ils vont de pair. Ainsi, certains restos gastronomiques (et chics) qui proposent parfois des formules avantageuses au déjeuner seront malgré tout classés dans la rubrique « Plus chic » en raison des tarifs pratiqués le soir. Ne boudez donc pas cette rubrique qui recèle parfois d'intéressantes pépites.
Enfin, la rubrique « ***Sur le pouce*** » référence des adresses que l'on recommande pour les sandwichs et plats à emporter. Les tarifs correspondent généralement à la rubrique « Très bon marché ».
– ***Sur le pouce :*** moins de 20 €.
– ***Bon marché :*** de 20 à 30 €.
– ***Prix moyens :*** de 30 à 45 €.
– ***Chic :*** de 45 à 60 €.
– ***Plus chic :*** plus de 60 €.

FÊTES ET MANIFESTATIONS

– ***BIG (Biennale internationale du goût) :*** *5 j. fin janv 2023 (seulement les années impaires).* ● *big-lyon.com* ● Un festival ouvert à tous, qui fédère toutes les communautés du goût, qui s'éclatent dans de nombreux lieux.

– ***Biennale des musiques exploratoires :*** *en mars les années paires.* Manifestation pluridisciplinaire sur la création musicale.

– ***La Foire de Lyon :*** *ts les ans pdt 10 j. fin mars, à Eurexpo, av. Louis-Blériot, 69680* ***Chassieu.*** *☎ 04-72-22-33-44. • foiredelyon.com • Autoroute direction Chambéry-Grenoble, sortie Eurexpo ; Ⓜ Vaulx-en-Velin/La Soie, puis bus n° 100 ou Ⓣ T5, arrêt Eurexpo.* Une foire absolument immense qui réunit un large public de particuliers et de professionnels. Une journée à la foire prend en général des airs de marathon, mais on peut manger, boire sur place, parfois même gratuitement aux stands qui organisent des dégustations.

– ***Quais du polar :*** *pdt 3 j. fin mars-début avr, 14, rue Gorge-de-Loup, 69009. • quaisdupolar.com •* Festival du roman et du film noirs. Pour les fans du genre policier sous toutes ses formes, des rencontres, conférences et activités sont organisées en différents lieux de la ville.

– ***Marché de la mode vintage :*** *mi-mars à La Sucrière. • marchemodevintage.com •* Un événement unique en son genre en Europe avec plusieurs centaines de stands qui proposent vêtements, accessoires et design des années 1950 à 1990.

– ***Les Nuits sonores :*** *w-e de l'Ascension. Rens sur • nuits-sonores.com •* Grand festival de musique électronique se déroulant sur plusieurs sites et attirant la jeunesse européenne pendant plusieurs jours à Lyon.

– ***La fête Renaissance des Pennons et la brocante du vieux Lyon :*** *2 fêtes traditionnelles qui se déroulent respectivement mi-mai et mi-juin, donnant un cachet particulier au quartier Saint-Jean.* Touristes mais aussi Lyonnais envahissent le quartier. Point d'orgue : reconstitution du mariage d'Henri IV et de Marie de Médicis.

Les Nuits de Fourvière : *juin-juil. Rens et programme à l'office de tourisme et sur • nuitsdefourviere.com •* L'amphithéâtre romain de Fourvière s'anime tous les soirs avec une programmation éclectique et de grande qualité.

– ***Les invites de Villeurbanne :*** *à* ***Villeurbanne,*** *une biennale les années impaires, dans des lieux accessibles avec le bus C26 (navette gratuite jusqu'aux Terreaux tte la nuit). ☎ 04-72-68-09-87. • invites.villeurbanne.fr • Les invites durent en général 4 j., mi-juin, autour du solstice. GRATUIT.* Décapant. Concerts, spectacles, arts de la rue, théâtre, installations plastiques créés par les habitants eux-mêmes.

– ***Tout le monde dehors :*** *juil-août. • tlmd.lyon.fr •* Nombreux rendez-vous artistiques gratuits en plein air.

– ***Festival Woodstower :*** *dernier w-e d'août, au Grand Parc Miribel-Jonage, à* ***Vaulx-en-Velin.*** *• woodstower.com •* Nombreux concerts et animations déjantées au programme du dernier week-end des vacances d'été.

– ***Les Biennales de la danse et de l'art contemporain :*** *sept-janv, années paires pour l'art contemporain, impaires pour la danse. Rens au ☎ 04-27-46-65-60. • labiennaledelyon.com •.* Les 2 biennales réunissent les plus grands noms de la danse et de l'art contemporain. Sur place, on laisse les préjugés et les idées préconçues au vestiaire et on se laisse surprendre, émouvoir devant un spectacle ou devant une œuvre. À ne pas rater, lors de la Biennale de la danse : la plus grande parade chorégraphique d'Europe ! Un défilé qui rassemble au cœur de la ville des troupes et les habitants de la région.

– ***La Foire aux Tupiniers :*** *2e w-e de sept, dans le quartier Saint-Jean. ☎ 04-72-77-92-42. • tupiniers.com •* Le plus important des marchés européens de poteries.

– ***Festival Lumière :*** *1 sem en oct. • festival-lumiere.org •* Créé en 2009, ce festival de cinéma classique fait découvrir les œuvres majeures et les trésors cachés de l'histoire du cinéma.

– ***La vogue de la Croix-Rousse :*** *oct-11 nov. • vogue-des-marrons.fr •* C'est la vogue des marrons et du vin bourru (le vin blanc doux nouveau) qui a lieu

tous les ans à l'automne et dure 5 semaines. La fête foraine se déroule sur le boulevard de la Croix-Rousse, qui se parfume pour l'occasion à la barbe à papa et aux marrons chauds.
– ***Festival Silk in Lyon :*** *4 j. mi-nov, pl. de la Bourse. • silkinlyon.com •*, visites commentées, ateliers, conférences, spectacle et événement. Ce festival haut en couleur comprend également un marché des soies où les soyeux lyonnais mettent en vente des tissus d'exception – jusque-là uniquement réservés aux grandes maisons de haute couture.

La Fête des lumières : *• fetedeslumieres.lyon.fr • Illuminations autour du 8 décembre. Voir « Les éclairages nocturnes » dans le chapitre « Arts de la rue » de « Hommes, culture, environnement ». Voir également « La basilique de Fourvière » dans la rubrique « À voir ».* 4 millions de visiteurs dans les rues de la ville, transformée pour l'occasion en une gigantesque fresque de couleurs. Des scénarios spectaculaires, projetés sur les façades des principaux édifices, aux petites formes implantées dans les traboules de la Croix-Rousse ou du vieux Lyon, les noctambules en prennent plein les mirettes grâce au talent d'artistes éclairagistes lyonnais et internationaux.

LA VIERGE PROTECTRICE

Dès 1643, on pratiquait des dévotions à sainte Marie, qui protégeait Lyon de la peste. Après plusieurs périodes d'interruption, le caractère religieux a été oublié pour en faire une fête éblouissante qui réunit les plus grands artistes en illuminations.

– Et une foultitude de ***festivals autour du cinéma*** : ciné *oclock,* cinéma britannique, cinéma asiatique, cinéma d'art et d'essai, cinéma d'animation... quasiment 1 festival par mois dans la ville des frères Lumière !

HÉBERGEMENT

– ***Logis Hôtels*** est la 1re chaîne de restaurateurs-hôteliers indépendants en Europe avec 2 200 établissements répartis dans 8 pays. Fort de ses 70 années d'expérience, le réseau offre l'assurance d'un accueil personnalisé et chaleureux, d'un hébergement de qualité ainsi que d'une restauration faite maison mettant à l'honneur produits locaux et de saison. Engagés sur les territoires, tous les établissements du groupe sont impliqués dans une démarche d'économie locale, privilégiant les circuits courts et les produits régionaux. Plus d'infos : *• logishotels.com •*

ITINÉRAIRES À VÉLO

– ***La ViaRhôna, du lac Léman à la Méditerranée :*** entre Genève et Sète, cette véloroute de plus de 700 km emprunte le spectaculaire sillon alpin, elle traverse la Savoie et le Dauphiné jusqu'à Lyon, puis s'engage dans les hautes côtes du Rhône entre vergers et coteaux viticoles, jusqu'à glisser de la Provence aux plages de la Méditerranée. À partir du pays d'Arles, l'itinéraire se sépare en 2 branches suivant les 2 bras du Rhône : le Grand, à l'est, jusqu'à Port-Saint-Louis, et le Petit, à l'ouest, jusqu'aux portes salines d'Aigues-Mortes et de Sète. En prime, le *Routard de la ViaRhôna* propose une boucle grandiose à travers la Camargue pour relier ces deux extrémités. En complément : *• viarhona.com •*
– ***La Voie Bleue :*** du Luxembourg à Lyon, 700 km d'itinéraire cyclable le long des rivières. Un parcours au fil de l'eau le long de la Moselle, puis du canal des Vosges et de la Saône.

LIVRES DE ROUTE

– ***Lyon secret et insolite,*** de Gérard Corneloup, Éditions Les Beaux Jours, 2017. Des aspects bel et bien surprenants, la face cachée de Lyon que nous dévoile ici l'auteur, historien et journaliste.
– ***Enfant de salaud,*** de Sorj Chalandon, Grasset, 2021. En reportage à Lyon pour couvrir le procès de Klaus Barbie en 1987, le journaliste se trouve confronté à sa propre histoire. Le salaud est-il cet homme mythomane au passé trouble pendant la guerre ou ce père qui s'est toujours défilé devant son fils ? Un récit poignant, où les témoignages des victimes du criminel nazi renvoient l'auteur à sa quête de vérité.
– ***Lyon et ses murs peints,*** de Corinne Poirieux, Lyonnaises Éditions, 2005. C'est autour des murs de Lyon, véritable fil d'Ariane, que s'organise la découverte de la ville.
– ***Le Nom de Lyon,*** de Gilbert Vaudey, Éditions Bourgois, 2013. Après avoir écrit *Le Goût de Lyon* en 2004, une anthologie sur la cité des gones, l'auteur revient sur sa ville natale.
– ***La Gerbe d'or,*** d'Henri Béraud, Éditions Visibilis, 2002. Description émouvante de l'enfance de l'auteur dans le Lyon du tournant du XXe s. La vie à Bellecour et les événements sociopolitiques (assassinat de Sadi Carnot, 1er film des frères Lumière, etc.). Une enfance lyonnaise superbement dépeinte.
– ***L'Histoire de Lyon en BD,*** de Gilbert Bouchard, Éditions Glénat, 2005. 3 tomes pour illustrer l'histoire de Lugdunum, ou comment, de la fondation de la ville par César jusqu'à nos jours, en passant par son rattachement au royaume par Philippe le Bel puis par la Révolution, Lyon s'est fait une place dans l'Histoire...
– ***Les Légendes de Lyon,*** de Cyrielle, Morgane Velten, Anaïs Depommier et Marie Avril, éditions Lyon Capitale, 2017. En BD, 8 mythes lyonnais où s'entremêlent légendes et histoire.
– ***La Bonne Cuisine des bouchons lyonnais,*** d'Évelyne et Jean-Marc Boudou, Éditions Glénat, 2015. À vos fourneaux !
– Et pour retomber en enfance, une bonne dizaine des 38 volumes de la série des ***Six Compagnons*** (Éditions Hachette, coll. « Les Classiques de la rose ») se déroule à Lyon, comme l'inaugural *Les Six Compagnons de la Croix-Rousse.*

Spécial polar

– ***120, rue de la Gare,*** de Tardi, Éditions Casterman, 2015. Un classique de la bande dessinée. Cette superbe adaptation du célèbre roman de Léo Malet nous donne à voir et quasiment à sentir le Lyon de l'entre-deux-guerres.
– ***San Antonio chez les gones,*** de Frédéric Dard, Éditions Pocket, 2013. Le plus célèbre des commissaires français de la 2de moitié du XXe s dans les monts du Lyonnais.
– ***Les Suppliciées du Rhône,*** de Coline Gatel, éditions Préludes, 2019. Le 1er roman de l'auteure nous mène sur les traces des enquêteurs qui tentent de tirer au clair une série de meurtres à Lyon, en cette fin de XIXe s. Un polar historique bien ficelé, récompensé au festival *Quais du Polar*.
– ***L'Enfer,*** de René Belletto, Folio, 2007. Un été caniculaire dans la ville de Lyon abandonnée. C'est dans un contexte d'un calme oppressant que Michel Soler, désœuvré, se trouve enrôlé malgré lui dans un enchevêtrement de violences auquel il ne peut échapper. Le roman à l'humour noir aiguisé a été récompensé du prix Femina en 1986. Les amateurs de polars apprécieront aussi ***Sur la terre comme au ciel*** (Folio, 2007), du même auteur.
– Pour découvrir les nouveaux auteurs ou même les anciens, il ne reste plus qu'un seul lieu à Lyon (et même dans la région), sur les pentes de la Croix-Rousse. Cette librairie-café spécialisée dans le polar organise des soirées chaque jeudi *(**Un Petit Noir,** 57, montée de la Grande-Côte, 69001).*

PERSONNES HANDICAPÉES

Tourisme et Handicap

Tourisme & Handicap est la seule marque d'État qui labellise des sites touristiques (campings, restaurants, musées, monuments...) accessibles aux personnes en situation de handicap. Elle leur permet de vivre des vacances comme tout un chacun. Les sites sont identifiés grâce à un logo qui symbolise chacune des quatre familles de handicap (auditif/mental/moteur/visuel), et garantit un maximum d'autonomie :

Les informations et sites labellisés sont disponibles sur : • *tourisme-handicap.gouv.fr/fr* •

En complément, **Acceslibre** est une **plateforme collaborative** portée par le ministère de la Transition écologique. Des informations d'accessibilité essentielles aux personnes en situation de handicap y sont collectées et affichées sur des cartes pour savoir si un lieu leur est accessible ou non. Sur mobile ou ordinateur, ce service permet de préparer au mieux sa sortie ou de collaborer en partageant de nouvelles informations.

Pour contribuer et/ou profiter d'Acceslibre : • *https://acceslibre.beta.gouv.fr/* •

Par ailleurs, dans notre guide, nous indiquons par le logo ♿ les établissements qui possèdent un accès ou des chambres pouvant accueillir des personnes handicapées. Certaines adresses sont équipées selon les critères les plus récents. D'autres, plus simples, plus anciennes aussi, sans répondre aux normes actuelles, favorisent l'accueil des personnes handicapées en facilitant l'accès à leur établissement, tant sur le plan matériel que sur le plan humain. Appelez donc auparavant pour savoir si l'équipement de l'hôtel ou du resto est compatible avec votre niveau de mobilité.

SITES INTERNET

• ***routard.com*** • Le site de voyage n° 1, avec près de 250 000 membres et plusieurs millions d'internautes chaque mois, ainsi que 600 000 abonnés sur Instagram et Facebook. Pour s'inspirer et s'organiser, près de 300 guides destinations actualisés, avec les infos pratiques, les incontournables et les dernières actus, ainsi que les reportages terrain et idées week-end de la rédaction. Partagez vos expériences avec la communauté des voyageurs : forums avec avis et bons plans, carnets de route et photos de voyage. Et retrouvez les meilleurs prix pour réserver vos voyages, vols, hébergements, voitures et activités.

– ***Bon à savoir :*** entre 2 millésimes, des événements fortuits (formalités, taux de change, catastrophe naturelle, conditions d'accès aux sites, fermetures inopinées, etc.) peuvent intervenir et modifier vos projets de voyage ou de visite. Pour éviter les déconvenues, nous vous recommandons de consulter la rubrique « Inspirations » par destination et cliquer sur l'onglet « Actus ».

• ***alalyonnaise.fr*** • des idées de sorties, les événements culturels et sportifs, les bons plans et découvertes insolites.

• *le-lyonnais.org* • Que faire dans les alentours de Lyon ? Une foule de choses dans les monts et coteaux du Lyonnais que vous retrouverez sur ce site organisé par thèmes (balades, patrimoine, loisirs et activités, événements, gastronomie et produits du terroir).

LYON

• Plan d'ensemble de la ville et zoom détachables en fin de guide.

ADRESSES ET INFOS UTILES

Infos touristiques

Voir plus haut « Avant le départ. Adresses et infos utiles ».

– ***Visites guidées avec l'office de tourisme :*** *sur résa ☎ 07-72-77-69-69. • visiterlyon.com • Compter 10-15 €/pers selon le thème et la durée ; réduc.* Les guides de l'office de tourisme (30 guides conférenciers), passionnés, proposent plus de 70 thèmes de visites guidées en 9 langues. Des visites incontournables à la rencontre de 2 000 ans d'histoire, dans les rues étroites et traboules du vieux Lyon, sur les pas des tisseurs de soie à la Croix-Rousse ou, plus insolites, à la découverte d'édifices prestigieux rarement ouverts au public.

– ***Promenades contées :*** *sur résa au 📱 06-59-90-06-47. • lyon-insolite.fr • En français seulement et pour les groupes auto-constitués jusqu'à 30 pers (tarif global : 200 €/2h). Sinon, visite ouverte à ts les ven et dim 1 sem sur 2 (15 € ; réduc).* Contacter Jean-Luc Chavent ou Éloïse Boisroux, guides indépendants et conteurs émérites, qui vous montreront un Lyon différent au travers de balades à la carte.

– ***Praline et Rosette :*** *sur résa au 📱 06-14-50-52-81. • pralineetrosette.fr • Food tours 39-54 € (2h-3h de balade). Pass MIAM 22,90 € (en vente sur le site).* Audrey, lyonnaise d'origine et passionnée de gastronomie, organise des « very gone trip » autour des spécialités lyonnaises (charcuterie, fromage, confiserie, etc.) en formule « petite » ou « grande faim » dans la presqu'île et également aux halles. Une belle découverte. Et pour ceux qui souhaitent se débrouiller seuls, *Praline et Rosette* propose un *pass* « MIAM », qui permet de découvrir les 10 adresses les plus gourmandes de la presqu'île et d'y faire des dégustations à l'aide des 5 jetons dégustation inclus. Le plus difficile sera la sélection !

– ***Cybèle :*** *☎ 04-20-88-00-34. • cybele-arts.fr • Compter 15-25 €/pers.* Des visites guidées des quartiers de Lyon vraiment pas comme les autres : Clémence et Olivier, le duo à l'origine de l'initiative, parlent d'« extraplorations » ! Sur les pentes de la Croix-Rousse, façon jeu de rôles, en pleine révolte des canuts, ou bien visites théâtralisées autour des femmes dans l'histoire de Lyon.

– Également des ***visites guidées du centre de Lyon dans un autobus à impériale ou du quartier de la Croix-Rousse dans un petit train*** avec des commentaires disponibles dans plusieurs langues *(• lyoncitytour.fr •)*.

– Pour les fans de croisières, consulter le site des Bateaux Lyonnais. Horaires variables selon la saison *(• lesbateauxlyonnais.com •)*.

■ ***Centre régional information jeunesse – site Lyon :*** *66, cours Charlemagne, 69002. ☎ 04-72-77-00-66. • crijrhonealpes.fr • Lun-ven 13h30-18h, plus mer 10h-12h30.* Informations sur les loisirs, les sports, les vacances, les formations, les métiers, la vie quotidienne, la santé, les séjours à l'étranger.

Transports

• Plan détachable en fin de guide.

Commençons par les transports terrestres. Il y a ***3 grandes gares SNCF*** à Lyon :

Gare SNCF de la Part-Dieu *(plan détachable F4)* **:** *bd Vivier-Merle, 69003. Sur la rive gauche du Rhône.* Créée en 1983 pour remplacer la gare des Brotteaux, depuis réhabilitée pour accueillir bureaux et commerces, c'est la gare de la vallée du Rhône, donc pour les trains en partance vers le Nord, le Sud et le Sud-Est. C'est la plus grande gare de correspondances d'Europe, qui devrait voir son parvis et tout le quartier entièrement métamorphosés d'ici 2026.

Gare SNCF de Perrache *(plan détachable B-C6)* **:** *cours de Verdun, 69002. En plein centre-ville, au sud de Bellecour.* Dessert en priorité les destinations vers le Sud et l'Ouest, mais la plupart des TGV de Paris s'y arrêtent. Un pôle de rencontres qui est loin de faire l'unanimité et qu'une transformation progressive devrait humaniser dans les mois et années à venir. À côté de la gare SNCF, ***gare routière de Perrache*** d'où partent les cars pour différentes destinations régionales et nationales (voir le chapitre « Comment y aller ? » en début de guide).

***Gare SNCF Saint-Exupéry TGV* :** *à l'aéroport du même nom.* Magnifique construction de béton comme 2 ailes d'oiseau, conçue par l'Espagnol Calatrava. Véritable « plate-forme multimodale », comme on dit dans les ministères (air, rail, route). Des TGV, venus de Paris et du Nord, empruntent cette ligne récente.

Quant à la ***gare Jean-Macé*** *(plan détachable D6),* elle dessert des destinations régionales (TER).

– Pour celles et ceux qui doivent prendre l'avion depuis Lyon, l'aéroport est désormais facilement accessible, notamment par le tram. Il se trouve à 25 km à l'est de Lyon. En voiture, autoroute A 43 (Chambéry, Grenoble).

***Aéroport international de Lyon-Saint-Exupéry* :** *à 25 km à l'est de la ville.* ☎ *0826-800-826 (0,15 €/mn).* • *lyonaeroports.com* • Cet aéroport international fonctionne 24h/24. En taxi, la liaison avec le centre-ville coûte entre 50 et 60 € en journée (70-80 € la nuit), péage de l'autoroute compris. Le tramway T3, puis le bus nº 47 relient le centre-ville à l'aéroport en 1h, au prix d'un ticket (1,90 €) et compris dans la *Lyon City Card*.

Le tramway *Rhônexpress* relie le centre-ville à l'aéroport en 30 mn.

■ ***Rhônexpress* :** • *rhonexpress.fr* • *Tram ttes les 15 mn, entre la Part-Dieu et l'aéroport Lyon-Saint-Exupéry, tlj 6h-21h ; et ttes les 30 mn, 5h-6h et 21h-minuit ; 1er départ 4h25. Compter 30 mn de trajet et 16,30 € l'aller simple, 28,30 € l'A/R. Réduc. Gratuit moins de 12 ans.* Un tram relie le centre de Lyon à l'aéroport. Idéal pour éviter les célèbres bouchons lyonnais. Mais pas donné, on vous l'accorde. Possibilité de coupler son billet *Rhônexpress* avec la *Lyon City Card* (voir plus haut dans la rubrique « Avant le départ. Adresses et infos utiles »).

Transports urbains

■ ***TCL (Transports en commun lyonnais)* :** ☎ *04-26-10-12-12.* • *tcl.fr* • *Infos dans les stations de métro Vieux-Lyon, Perrache, Bellecour, Cordeliers, Part-Dieu, Croix-Rousse...* Les 4 lignes du métro (A, B, C et D) circulent de 5h à minuit (2h ven-sam) et quadrillent la ville en se croisant en 4 points. 2 funiculaires complètent le réseau en montant vers Fourvière ou Saint-Just. Également 7 lignes de tramway, sans compter *Rhônexpress* (T1 : IUT Feyssine – Debourg ; T2 : Perrache – Saint-Priest ; T3 : Part-Dieu – Meyzieu ; T4 : La Doua-Gaston Berger – Feyzin ; T5 : Grange-Blanche – Parc-du-Chêne ou Eurexpo ; T6 : Debourg – Hôpitaux Est-Pinel) ; T7 : Vaulx-en-Velin La Soie – Décines OL Vallée. Ce réseau est renforcé par des bus et trolleybus qui

rayonnent sur le Grand Lyon. Carnet de 10 tickets : 17,60 €. On peut acheter des tickets à l'unité (1,90 € au distributeur, 2,20 € dans le bus), le ticket *Liberté* 24h (6,20 €), bien pratique, existe également pour 48 et 72h (12-16 €). Quand le métro s'endort, il vous reste les 4 lignes de bus *Pleine lune* avec 2 points de départ du centre-ville (Terreaux et Hôtel-de-Ville) et 4 itinéraires desservant les principaux lieux de sortie en fin de semaine. Ticket *Liberté soirée* pour les noctambules, valable de 19h jusqu'à la fin du service (3,20 €). Transports inclus dans la *Lyon City Card* (de 27 à 57 €, soit de 1 à 4 jours tarifs adultes, voir plus haut « Avant le départ. Adresses et infos utiles »), vendue à l'office de tourisme ainsi que dans les agences TCL des gares Part-Dieu et Bellecour. Il est possible de valider directement son trajet avec sa carte bancaire.

– Également des lignes urbaines de ***bus*** qui sillonnent toute la ville. Pour profiter du paysage, prenez la ligne S6 qui mène sur le plateau de la Croix-Rousse au départ d'Hôtel-de-Ville, ou encore la S1 de la gare Saint-Paul jusqu'au quartier de la Confluence en passant par Bellecour.

■ ***Taxis :*** ***Allo Taxi,*** *☎ 04-78-28-23-23.* ***Taxi-radio,*** *☎ 04-72-10-86-86.* ***Taxi Lyonnais,*** *☎ 04-78-26-81-81.* Attention, pas évident de trouver un taxi en maraude hors du centre-ville.

■ ***Stations Vélo'V :*** *• velov.grandlyon.com • Un système qui met à disposition plus de 4 000 vélos, tlj 24h/24. Formule 1 j. (4 €) et offre City Card 3 j. (5 €). Gratuit les premières 30 mn (1re heure gratuite avec la* Lyon City Card*). Nombreuses offres sur le site selon la durée envisagée. Caution : 150 €. CB acceptées aux bornes.* Plus de 400 stations réparties dans la ville, à Villeurbanne et dans la périphérie de Lyon. Comme dans toutes les villes munies de ce dispositif, on part de la station de son choix et, la balade terminée, on dépose son vélo à n'importe quelle autre station. Plan des stations *Vélo'V* disponible à l'office de tourisme. Près de 1 000 km de pistes cyclables dans la Métropole de Lyon.

■ ***Vaporetto :*** *circule de mi-mars à fin déc, ttes les 1h20 9h30-21h30. Ticket 5 €, gratuit moins de 5 ans et* Lyon City Card *; résa possible : • lyon-france.com •* Comptez 30 mn de Vaise (24, quai Arloing) à Confluence (halte nautique), avec 2 arrêts intermédiaires, à la gare Saint-Paul et au quai Célestins (au niveau du pont Bonaparte, côté Bellecour). *Attention,* sachez que le Vaporetto est très prisé le week-end quand il fait beau et, souvent, il n'y a pas de place pour tout le monde !

■ ***Cyclo City Tours :*** *résa au 📱 06-2314-30-08. • cyclocitytours.com • Départ des vélos-taxis de la pl. Bellecour (devant l'office de tourisme), lun-ven 12h-19h, sam 10h30-19h. Également sur résa par tél. Visites insolites commentées pour 2 pers : 50 € (1h) ou 100 € (2h30). Réduc avec la* Lyon City Card. Véhicule électrique (sorte de pousse-pousse moderne et confortable, avec toit panoramique), conduit par un pilote qui assure une visite commentée. 2 places adultes et 1 place pour un enfant de moins de 6 ans. Un moyen original, écolo et pas fatigant pour se déplacer dans la ville. Plusieurs parcours sont proposés.

■ ***Lyon tout électrique :*** pour ceux qui n'aiment pas sortir couverts et préfèrent prendre le risque du plein air, ***des trottinettes et des scooters électriques*** ont envahi le paysage urbain. ***Lyon Bike Tour*** *• lyonbiketour.com •* propose des circuits accompagnés en vélo électrique. Ou encore, ***Cap Confluent,*** *• cap-confluent.com •*, des locations de bateaux électriques et sans permis pour découvrir les quartiers au fil de l'eau.

■ ***Balades à rollers :*** *l'association* ***Générations Roller*** *(• generationsroller.fr •) organise des randonnées ouvertes à ts le ven soir (sauf pluie). Participation gratuite, mais l'adhésion de 25 €/pers est conseillée.* Pour les débutants débrouillards, le rendez-vous est donné à 20h30, place Bellecour, pour une randonnée d'un peu plus de 1h et de 12 km en moyenne. Retour place Bellecour à 22h, où la relève est prise par les plus sportifs pour une rando de 20 km. Le parcours, changeant tous les vendredis, est indiqué sur la page Facebook de l'association. Les protections (en particulier le casque) sont vivement recommandées.

■ ***Location de voitures :*** les grandes compagnies se trouvent à l'aéroport, aux gares, en centre-ville (dans le 3e arrondissement).

■ **Parkings :** *les* ***parkings du centre*** *gérés par Lyon Parc Auto (☎ 04-72-41-65-25 ; ● lpa.fr ●) restent ouv tte la nuit. Compter env 2,80 €/h, forfait 24h : 24,80 € à la Part-Dieu. Résa obligatoire.* Beaucoup ont été aménagés au bout des lignes de métro afin d'inciter les automobilistes à préférer les transports collectifs. Certains sont décorés par des artistes (jetez un œil à celui des Célestins, même si vous n'avez pas de voiture).

Les rendez-vous des quais

On vous signale plus loin les quais où l'on peut flâner et trouver à manger en toutes saisons (« Où faire son marché ? Où acheter de bons produits locaux ? »), mais voici quelques rendez-vous de la chine à noter sur vos tablettes, si vous venez passer un week-end à Lyon.

– **Les puces du Canal :** *5, rue Eugène-Pottier, 69100* ***Villeurbanne.*** *☎ 04-69-85-66-28. ● pucesducanal.com ● Dim 7h-15h ; également petit marché jeu 7h-13h et sam 9h-13h.* On y va d'abord pour l'ambiance, le folklore. Mais, comme dans tous les marchés aux puces, on fouille, on chine et on fait parfois de bonnes affaires. Environ 400 stands, professionnels et particuliers confondus, certains sous abris, les autres en plein air. L'hiver et par temps pluvieux, on patauge dans la gadoue, on se réchauffe en buvant un chocolat chaud ou en mangeant une merguez. Des puces, on repart toujours avec un petit quelque chose, un vieil ours en peluche, un meuble ou une pièce détachée introuvable. Alors, que vous soyez collectionneur ou curieux, n'oubliez pas de marchander.

– **Le marché de la Création :** *ts les dim mat sur les quais de Saône, quai Romain-Rolland de Saint-Jean à Saint-Paul, 8h-13h.* Le rendez-vous des artistes et des artisans de toute la région Rhône-Alpes, des peintres (essentiellement), des sculpteurs, des créateurs de bijoux... Pour dépenser 3 sous ou 1 mois de salaire, on trouve de tout sous les arbres des quais de Saône.

– **Les bouquinistes :** *ts les w-e 10h-18h, sur le quai de la Pêcherie, à partir du pont de la Feuillée.*

Médias

En dehors du *Progrès* qui rencontre la dure concurrence des gratuits *20 Minutes* et *Métro*, et de la *Tribune de Lyon*, 1er hebdo généraliste (chaque jeudi), voici d'autres publications locales.

– **Le Petit Bulletin :** l'hebdo gratuit de la vie culturelle lyonnaise (ciné, théâtre, musique, expos, conférences...). Tous les programmes ponctués de chroniques et d'interviews. Disponible dans plus de 1 000 points de la ville : FNAC, commerces de proximité... une référence pour beaucoup de Lyonnais. ● *petit-bulletin.fr/lyon* ●

– **Exit, Sortir à Lyon :** le mensuel de l'actualité culturelle. Plein de bons plans pour le week-end. À consulter également en ligne sur ● *exitmag.fr* ●

– **Lyon capitale (Lyon cap')** est, quant à lui, le mensuel « des esprits libres » ; un regard sur l'actu qui nous plaît bien. En kiosque le mardi. ● *lyoncapitale.fr* ●

– **Grains de sel** et **Bulles de gones :** mensuel et bimestriel gratuits d'infos culturelles à destination des enfants. On les trouve dans les mairies, à l'office de tourisme... ● *grainsdesel.com* ● *bullesdegones.com* ●

– Côté guides, on trouve aussi ***Le Petit Paumé,*** édité tous les ans en septembre par les étudiants de l'E.M. Lyon. Sympa et gratuit. Voir également les avis d'internautes sur leur site ● *petitpaume.com* ●

– Quant à l'office de tourisme, il recense restos, boutiques et sorties culturelles sur ● *alalyonnaise.fr* ● Non exhaustif, mais très complet et riche en infos pratiques... et tout aussi gratuit !

– Pour les blogueurs, ***Lyon City-Crunch,*** le webzine à dévorer... ● *lyon.citycrunch.fr* ●

À vos marques, prêts, partez !

Lyon est composée de telle manière que ses principaux quartiers possèdent une identité propre et bien marquée. Il est donc très facile de s'y retrouver. D'emblée et pour faire simple, il faut retenir que Lyon possède, d'abord, 2 collines et 2 « fleuves » : le Rhône, la Saône (qui n'en est pas un).

– ***Fourvière :*** connue des automobilistes estivaux pour son trop fameux tunnel. Mais avant d'être un tunnel, Fourvière est une colline paisible dominant l'ouest de la ville et le vieux Lyon. C'est l'ancienne ville romaine, aujourd'hui dominée par une célèbre basilique. C'est « la colline qui prie » puisque ce petit quartier est couvert d'écoles, de centres religieux et d'espaces verdoyants.

– ***Le vieux Lyon :*** il s'étend au pied de la colline, le long de la Saône. C'est la ville de la Renaissance, la 2e plus grande d'Europe après Venise.

– ***La presqu'île :*** en traversant la Saône, on tombe sur la presqu'île, étroite bande de terre de 600 à 800 m de largeur, « où l'on gagne de l'argent ». On est là entre Saône et Rhône. C'est le siège des places Bellecour et des Terreaux, de l'opéra et de l'hôtel de ville... Saône et Rhône se rejoignent à l'extrémité sud de la presqu'île qui voit s'ériger, au sud de Perrache, le nouveau quartier de ***la Confluence,*** destiné à doubler la superficie de l'hypercentre lyonnais.

– ***La Croix-Rousse :*** c'est « la colline qui travaille », située au nord de la presqu'île. La Croix-Rousse, bastion des canuts, a conservé une vie de village populaire, malgré l'embourgeoisement du quartier. On distingue les pentes de la Croix-Rousse du plateau, plus haut.

– ***La rive gauche :*** au-delà du Rhône, la dernière extension de la ville, vers l'est, du quartier d'affaires autour de la gare de la Part-Dieu à la Cité internationale en passant par le chic quartier des Brotteaux (6e) et le poumon vert du parc de la Tête-d'Or.

– Et puis, au sud-est, les ***quartiers de la Guillotière, de La Mouche, de Gerland, des États-Unis,*** où l'architecte Tony Garnier (1869-1948) réalisa un important ensemble d'habitations au début du XXe s.

OÙ DORMIR ?

Ville de congrès, Lyon a l'habitude d'accueillir du monde et s'est équipée en conséquence. Toutefois, en période de manifestations importantes comme la Fête des lumières, il vaut mieux s'y prendre longtemps à l'avance et savoir que les hôtels majorent fortement leurs tarifs pour l'occasion. À l'inverse, la plupart des hôtels proposent aussi des ***tarifs « spécial week-end ».***

CAMPINGS DANS LES ENVIRONS DE LYON

Camping de Lyon : *porte de Lyon, 69570* ***Dardilly.*** *☎ 04-78-35-64-55. • info@camping-lyon.com • camping-lyon.com • Accès par l'A 6, sortie n° 33.2 (depuis Lyon) ; bus n° 89 depuis la station de métro Gare-de-Vaise (ligne D). ♿ Ouv tte l'année. Emplacements env 23-29 € pour 2 pers. Également chalets, mobile homes, roulottes, tentes toile et bois.* Très confortable, à 2 pas de l'autoroute, avec tout ce que ça représente comme avantages et inconvénients : restaurant et bar de mi-juin à mi-septembre. Piscine, ping-pong, volley-ball... Environ 200 emplacements ombragés au bord de l'A 6. Vraiment idéal pour une simple halte, avec des grandes surfaces, une station-service et toutes les commodités.

Camping des Barolles : *88, av. Foch, 69230* ***Saint-Genis-Laval.*** *☎ 04-78-56-05-56. • contact@barolles.fr • campingdesbarolles.fr • À 20 mn de bus au sud de Lyon. Très bien desservi, notamment par le bus n° 10 depuis Bellecour (7 km* *env). ♿ Ouv tte l'année. Compter env 21-27 € pour 2 pers. Également loc de 6 mobile homes (4 pers) 230-305 €.* Dans la même famille depuis 1960, petit camping modeste de 45 emplacements, à proximité du joli parc de Beauregard. Bar et épicerie sur place.

APPART'HÔTELS ET RÉSIDENCES DE TOURISME

Appart'hôtel Odalys Confluence (*plan détachable Confluence-Gerland B3,* **10**) : *7, cours Bayard, 69002. ☎ 04-78-82-49-02. • odalys-vacances.com • Ⓣ T1, arrêt Sainte-Blandine. À partir de 79 €/nuit pour un studio 2 pers, (linge de lit et de toilette fourni, lits faits à l'arrivée). Parking payant.* Une résidence confortable et lumineuse, au cœur de cet étonnant quartier où Lyon s'invente un nouveau futur, à seulement 2 stations de tram de Perrache. Studios et appartements confortables avec kitchenette et balcon. Sur place : piscine couverte, salle de fitness et salle de petit déjeuner. Un emplacement bien pratique.

Résidence Villemanzy – Belambra City (*plan détachable C3,* **11**) : *21, montée Saint-Sébastien, 69001. ☎ 04-72-00-19-00. • residence.villemanzy@belambra.fr • belambra-villemanzy.fr • Ⓜ Croix-Rousse ; bus S6. ♿ Résa conseillée. Loc de studios et de deux-pièces (4 pers max) 89-130 €, petit déj 11 €. Parking privé.* 88 logements avec kitchenette sur les pittoresques pentes de la Croix-Rousse, avec, selon les chambres, une vue époustouflante sur Lyon. L'établissement est installé dans l'ancien couvent des Colinettes du XVIIe s aux volumes impressionnants. Dans les couloirs en ogive du rez-de-chaussée, derniers témoignages de l'architecture du XVIIe s, une collection de pianos anciens se dévoile en sourdine. C'est un dépôt du facteur d'orgues voisin ! Une résidence de bon standing, labellisée « accueil vélo ».

AUBERGES DE JEUNESSE

Away Hostel (*plan détachable C-D3,* **12**) : *21, rue Alsace-Lorraine, 69001. ☎ 04-78-98-53-20. • bonjour@awayhostel.com • awayhostel.com • Ⓜ Croix-Paquet. Ouv 24h/24, tlj. Selon saison, nuitée 20-32 € en dortoir 4-12 pers. Doubles 70-120 €. Au déj, plat du jour 10,50 €.* Un emplacement idéal, sur les pentes de la Croix-Rousse, face à un jardin public et au métro. Dans une ancienne maison de canuts, pleine de charme, le cadre est résolument contemporain et chaleureux avec vaste espace *lounge* et *coffee-shop,* ouverts aux non-résidents. Belle cuisine équipée à dispo, laverie, casiers, rien ne manque. Côté chambres, de beaux dortoirs hauts de plafond (d'anciens ateliers de canuts), spacieux et impeccables, de 4 à 12 lits-cabanes avec matelas confortables. Certains sont réservés aux filles. Quant aux chambres doubles, elles sont lumineuses et d'un grand confort, avec parquet, salle de bains privée, machine *Nespresso,* etc. Aux commandes, une équipe dynamique et motivée.

Slo Living Hostel (*plan détachable D-E5,* **13**) : *5, rue Bonnefoi, 69003. ☎ 04-78-59-06-90. • slo-hostel.com • Ⓜ Guillotière. Nuitée 25-27 € en dortoir 2-8 pers. Doubles 75-95 € ; petit déj sur résa 7 €. Petite restauration.* Une auberge de jeunesse nouvelle génération qui joue la carte design, confort et convivialité. Les dortoirs sont d'une blancheur immaculée avec lits-cabines en bois, et la déco aussi esthétique que pratique, dans un esprit scandinave. Tablettes, prises individuelles et rideau permettent à chacun d'avoir son intimité. Salles de bains et sanitaires privés dans les doubles, de bon confort hôtelier : elles ont même une machine à café. Beaux volumes, sympathique patio avec transats en saison, brasero (grillades le soir) et bar à vins où sont organisées des rencontres sur le thème du voyage. L'équipe jeune et dynamique met aussi à disposition des jeux de société et propose des vélos à louer (label « accueil vélo »).

Le Flâneur Guesthouse (*plan détachable D6,* **14**) : *56, rue Sébastien-Gryphe, 69007. ☎ 04-78-02-09-18. • hello@leflaneur-guesthouse.com • leflaneur-guesthouse.com •*

Ⓜ Guillotière ; Ⓣ T1, arrêt Saint-André. Ouv 24h/24, tlj. Nuitée en dortoir 20-28 €/pers ; double 65 € ; familiales. *Le Flâneur,* un joli nom pour une *guesthouse* solidaire au cœur de la Guillotière, où l'on est à l'écoute des autres, entre amoureux du voyage et de la ville. Cuisine ouverte commune et espace de repos très *friendly* avec jeux, bibliothèque. 1re auberge montée en SCOP, en coopérative, autrement dit, *Le Flâneur* propose 80 lits répartis en 8 dortoirs (dont un réservé aux filles) et 3 chambres, dans un esprit cool. L'équipe propose des visites de la ville (participation libre), et s'investit pour créer du lien entre les voyageurs de passage et les habitants du quartier en les conviant notamment à leurs événements (concerts, karaoké...).

Ho 36 *(plan détachable D5,* ***15****) : 36, rue Montesquieu, 69007. ☎ 04-37-70-17-03. • hello@ho36hostels.com • ho36hostels.com • Ⓜ Guillotière ; Ⓣ T1, arrêt Saint-André. Nuitée en dortoir env 25-27 €/pers, petit déj 4-8 €. Doubles 50-130 €. Au resto, formule déj 24 €.* Réparties sur les 5 étages d'un ancien hôtel de passe, des chambres à la déco sobre, avec ou sans salle de bains privée et sans TV. Côté auberge de jeunesse, des chambres-dortoirs de 6 lits dont l'une est réservé aux femmes, et des chambres doubles ou familiales jusqu'à 6 personnes avec salle de bains privée, côté hôtel. Café-resto particulièrement agréable où voisins de quartier et touristes se retrouve autour des tables dépareillées.

Alter'hostel *(plan détachable A3,* ***16****) : 32, quai Arloing, 69009. ☎ 04-26-18-05-28. 📱 07-53-63-69-01. • hello@alter-hostel.com • alter-hostel.com • Ⓜ Valmy. Bus n° 31 de la gare de Perrache, arrêt Pont-Koenig rive droite. ♿ Nuitée en dortoir 21-28 €, petit déj 3-8 € ; serviette de toilette en sus (1 €).* Une petite structure conviviale et écoresponsable (« écollective », plutôt) bien desservie (10 mn à pied du métro, à 50 m de l'arrêt de bus et une station de *Vélo'V* à 2 pas). 50 lits répartis en dortoirs de 6, 8, 10 ou 18 lits. Chambres propres et très calmes. Une auberge de jeunesse participative, qui incite à devenir bénévole pour l'une des associations partenaires. Une pièce commune baignée de lumière, un bar, une cuisine à disposition, quelques concerts, des ateliers, des jeux... Tout pour tisser des liens ! Et rassurez-vous, le bar métalleux qui partage la cour de l'*hostel* ne laisse pas échapper ses décibels ! Atmosphère très sympa, pleine de bonne humeur.

HÔTELS ET CHAMBRES D'HÔTES

Autour de la colline de Fourvière et dans le vieux Lyon

De chic à plus chic

Collège Hôtel *(zoom détachable C4,* ***18****) : 5, pl. Saint-Paul, 69005. ☎ 04-72-10-05-05. • contact@college-hotel.com • college-hotel.com • Ⓜ Vieux-Lyon ou Hôtel-de-Ville. ♿ Doubles 89-299 €. Petit déj 19,50 €. Garage payant.* Un hôtel 4 étoiles pas comme les autres, dans un beau bâtiment Art déco des années 1930 entièrement rénové. Côté réception, le décor d'un collège d'un autre temps donne le ton maison, avec ses fauteuils club et ses objets vintage. À côté, la *Cantine,* salle de petit déj façon réfectoire. En face, dans la bibliothèque, on s'avachit volontiers dans un canapé Chesterfield, un bouquin à la main. Côté chambres, le même univers potache, spartiate et blanc : la chaise et le bureau de classe, l'armoire en fer façon casier, le lit, la salle de bains pas grande... Les plus chères ont un balcon. On vous conseille celles du 7e et dernier étage pour la vue sur Fourvière et les toits de la ville ! Belle terrasse végétalisée au 2e étage avec un bar ouvert à tous.

Fourvière Hôtel *(plan détachable A-B4,* ***19****) : 23, rue Roger-Radisson, 69005. ☎ 04-74-70-07-00. • contact@fourviere-hotel.com • fourviere-hotel.com • Ⓜ Vieux-Lyon, puis funiculaire Fourvière ou Saint-Just.*

♿ *Resto ouv lun-sam et dim midi (brunch). Doubles 138-379 €. Formule 26 € le midi. Parking payant.* Un couvent 4 étoiles conçu par l'architecte de la basilique. Rien que la réception, dans l'ancienne chapelle classée revitalisée par les audaces design de Pablo Reinoso, redonne le sourire, surtout si l'on a choisi de grimper au travers des théâtres gallo-romains, depuis la sortie du funiculaire, pour arriver jusqu'à cet ancien couvent des Visitandines. 75 chambres-cellules réparties sur 3 niveaux, sobres, calmes et de grand confort, chacune à l'effigie d'une grande figure locale. Des terrasses, un jardin, un bar pour le soir, un couloir de nage (chauffé) pour se détendre à la fraîche, un spa, et un restaurant, ***Les Téléphones,*** dans le cloître à l'image de la maison. On comprend que certains, arrivés jusqu'ici, n'aient plus envie de redescendre dans le vieux Lyon.

Sur la presqu'île

Prix moyens

🏠 **Hôtel du Théâtre** *(zoom détachable C4,* ***20****) : 10, rue de Savoie, 69002. ☎ 04-78-42-33-32. • contact@hotel-du-theatre.fr • hotel-du-theatre.net • Ⓜ Bellecour. Réception au 2e étage. Doubles 76-96 €.* 24 chambres joliment arrangées et assez spacieuses. Pas de clim, mais des ventilateurs efficaces et une double porte dans la moitié des chambres : les oreilles sensibles au bruit apprécieront. Les supérieures, qu'il vaut mieux réserver à l'avance, donnent sur le beau théâtre des Célestins. Seul bémol, toutes sont au 4e ou 5e étage, sans ascenseur. Accueil doux, comme les prix qui restent identiques quelle que soit la période de l'année. Un bon plan !

🏠 **Hôtel Victoria** *(plan détachable C6,* ***21****) : 3, rue Delandine, 69002. ☎ 04-78-37-57-61. • contact@hotelvictorialyon.com • hotelvictorialyon.com • Doubles 60-150 €.* Dans une petite rue derrière la gare, le faste du *Grand Hôtel Victoria* appartient au passé, mais les photos en têtes-de-lit et les multiples références au train maintiennent les clients dans les rails. Si vous voyagez en dehors de la touffeur de l'été, privilégiez les chambres du 6e étage qui dominent les toits : on voit jusqu'à Fourvière ! Sinon, elles donnent sur la *brasserie Georges* ou sur la cour. Pas de clim mais des ventilos dans chaque chambre. Un bon plan à Lyon, au calme. Seul hic : les cabines de bains minuscules. Accueil très serviable.

Chic

🏠 ***Hôtel des Célestins*** *(zoom détachable C4,* ***22****) : 4, rue des Archers, 69002. ☎ 04-72-56-08-98. • info@hotelcelestins.com • hotelcelestins.com • Ⓜ Bellecour. Réception au 1er étage. Doubles 81-125 €, hte saison 105-155 € ; familiales.* Un petit hôtel en étages, très discret et bien entretenu, dans un immeuble calme aux belles portes palières ouvragées. 25 chambres meublées de façon personnalisée et chaleureuse avec du mobilier chiné et des tableaux. Les supérieures donnent sur rue et sont plus lumineuses que les chambres sur cour. Salles de bains compactes mais modernes. Pas la peine de vous presser pour le petit déj – copieux –, il est servi sous forme de buffet jusqu'à midi dans une salle à manger très agréable. Accueil charmant.

🏠 **Hôtel La Résidence** *(plan détachable C5,* ***23****) : 18, rue Victor-Hugo, 69002. ☎ 04-78-42-63-28. • hotel-la-residence@wanadoo.fr • hotel-la-residence.com • Ⓜ Bellecour ou Ampère-Victor-Hugo. ♿ Doubles 100-200 € ; familiales.* Une situation privilégiée, à mi-chemin de Perrache et de Bellecour, dans une rue piétonne commerçante et donc très animée. Un hôtel à la façade élégante, avec lambrequins aux fenêtres. Sur 5 étages (ascenseur), des chambres sur le même moule, sans grande fantaisie mais confortables (clim, bouilloire, double porte dans certaines chambres). De nombreuses familiales, ce qui n'est pas si fréquent à Lyon. Le type même de l'hôtel qui se transmet de génération en génération avec le souci constant de bien faire. Bon rapport qualité-prix-emplacement.

🏠 ***Hotelo Lyon Charité*** *(plan détachable C6, **24**) : 37, cours de Verdun-Récamier, 69002. ☎ 04-78-37-39-03. • contact.charite@groupe-hotelo.com • groupe-hotelo.com • Ⓜ Perrache. ♿ Doubles 80-180 € ; familiales. Parking payant. Un café offert sur présentation de ce guide.* Ne vous fiez pas à la façade qui fait grise mine, cet hôtel de famille à 2 pas de la gare est fringant. Déco contemporaine avec quelques touches de couleur. La belle rampe d'escalier en bois personnalise la réception. Certaines chambres sont assez petites et les « troglodytes » avec leur fenêtre en hauteur sur cour gagnent en calme ce qu'elles perdent en lumière. Toutes sont coquettes et climatisées. Salles de bains compactes et modernes, avec douche à l'italienne. Bel accueil.

🏠 |●| ***Hôtel du Simplon*** *(plan détachable C6, **25**) : 11, rue Duhamel, 69002. ☎ 04-78-37-41-00. • reception@hotel-simplon.fr • hotel-simplon-lyon.com • ♿ Doubles env 75-180 € ; familiales. Garage fermé payant. 1 petit déj/pers et par nuit offert sur présentation de ce guide (non cumulable avec d'autres remises et à signaler à la résa).* La façade un brin défraîchie ne laisse pas deviner la quarantaine de chambres chaleureuses et rénovées avec des clins d'œil déco qui rappellent la montagne. Sympathique espace au rez-de-chaussée : un confortable salon – avec un piano (avis à ceux qui ont des talents) – et une belle salle de petit déjeuner lumineuse où, selon une formule originale, que l'on soit de passage ou voisin, on peut déjeuner ou dîner pour une poignée d'euros... et se joindre à la cuisine participative (plus d'infos sur • *lespetitescantines.org* •).

🏠 ***Hôtel Vaubecour*** *(plan détachable B5, **26**) : 28, rue Vaubecour, 69002. ☎ 04-78-37-44-91. • contact@hotelvaubecour-lyon.com • hotelvaubecour-lyon.com • Ⓜ Ampère-Victor-Hugo. ♿ Au 2e étage. Congés : 1re sem de janv et 3 sem en août. Doubles 89-150 € ; familiales.* Ce petit hôtel avait été bâti après-guerre dans 2 appartements bourgeois dont il reste encore quelques traces (cheminée, moulures, lambrequins). Ce qui fut une « maison de joie » avant de devenir un « hôtel social » a été joliment aménagé par les propriétaires actuels qui ont créé ici un esprit maison d'hôtes, où l'on prend soin des visiteurs, à commencer par le petit déjeuner, sain et reconstituant. Une quinzaine de chambres douces à vivre et hautes de plafond, dont le plancher patiné participe à l'âme du lieu. Pas de clim mais des ventilateurs. Accueil prévenant.

🏠 ***Hôtel des Remparts*** *(plan détachable B6, **27**) : 10, pl. Carnot, 69002. ☎ 04-78-42-00-46. • info@hoteldesrempartslyon.com • hoteldesrempartslyon.com • Ⓜ Perrache. ♿ Doubles 89-199 €.* Une cinquantaine de jolies chambres colorées, d'un confort moderne ; les plus sympa au 6e et dernier étage (ascenseur) et donnant sur la place Carnot joliment arborée (les plus calmes côté cour, en revanche). Une adresse fonctionnelle.

De chic à beaucoup plus chic

🏠 ***Hôtel de Verdun 1882*** *(plan détachable C6, **28**) : 82, rue de la Charité, 69002. ☎ 04-78-37-34-71. • hoteldeverdun.lyon@gmail.com • hoteldeverdun1882.com • Ⓜ Perrache. Doubles 115-260 € ; familiales.* À côté de la gare, cet ancien hôtel particulier a eu plusieurs vies avant que ses propriétaires actuels ne le rénovent pour lui donner cachet et personnalité. À la réception, les murs sont tombés, transformant celle-ci en un spacieux salon baigné de lumière où livres et souvenirs de voyages attirent l'œil, sans encombrer l'espace. Gilles et Isabelle ont apporté le même soin aux chambres hautes de plafond, décorées avec de beaux tissus et des meubles chinés. Dans les plus grandes, des lits placards se déploient pour accueillir 4 personnes. Confort optimal jusque dans les détails ; l'insonorisation a aussi été revue et aucun bruit ne vient troubler le calme des nuits. Et comme l'accueil est prévenant, il est difficile de quitter ce cocon !

🏠 |●| ***Hôtel Globe et Cécil*** *(zoom détachable C4-5, **29**) : 21, rue Gasparin, 69002. ☎ 04-78-42-58-95.*

• accueil@globeetcecilhotel.com • globeetcecilhotel.com • Ⓜ Bellecour. ♿ Fermé 3 sem en août. Doubles 120-360 € ; petit déj 18 €. 1 petit déj/ chambre et par nuit offert sur présentation de ce guide. Déjà, au XIXe s, les prélats de Rome descendaient ici, et l'hôtel a gardé son standing. Chaque chambre possède son ambiance, ses couleurs, son style propre et une décoration personnalisée ; les tissus ont été choisis avec soin, tout comme le mobilier. Opter de préférence pour les chambres sur rue, les plus lumineuses. Du charme, du confort et du pratique, à 50 m de la place Bellecour ! Service impeccable, accueil souriant et vraiment gentil. Et un bar-restaurant dans l'air du temps, où l'on peut grignoter en dehors des heures des repas (voir plus loin dans la rubrique « Où manger sur la presqu'île ? »).

Hôtel des Artistes *(zoom détachable C4, **30**) : 8, rue Gaspard-André, 69002. ☎ 04-78-42-04-88. • reservation@hotel-des-artistes.fr • hotel-des-artistes.fr • Ⓜ Bellecour. Sur la pl. des Célestins. ♿ Doubles 87-194 € ; familiales.* Devant le joli théâtre des Célestins, un 3-étoiles qui ne joue pas la comédie. Pas d'extravagance dans la déco, mais un confort bienvenu dans les chambres spacieuses et très confortables, toutes équipées de bureau et frigo. Les supérieures ont vue sur la place des Célestins et le théâtre. Attention, éviter celles qui finissent par le chiffre 5, quasi aveugles car donnant sur un étroit puits de lumière.

Grand Hôtel des Terreaux *(zoom détachable C3, **31**) : 16, rue Lanterne, 69001. ☎ 04-78-27-04-10. • ght@hotel-lyon.fr • grand-hotel-des-terreaux.fr • Ⓜ Hôtel-de-Ville. Doubles 115-235 € ; petit déj 17 €.* Dans une rue qui vit le jour comme la nuit, cet ancien relais de poste à la façade Art déco est resté l'une de ces adresses chics où il fait bon poser ses bagages. Les chambres, cossues mais de style très « classique », plairont à ceux qui sont exigeants en matière de confort. Accueil pro. Seul bémol, le petit déj se prend dans une salle bordée par les 3 bassins de la piscine intérieure, aux odeurs de chlore !

Hôtel des Beaux-Arts *(zoom détachable C4, **32**) : 73-75, rue du Président-Édouard-Herriot, 69002. ☎ 04-78-38-09-50. • h2949@accor.com • accorhotels.com • Ⓜ Bellecour ou Cordeliers. Doubles env 130-269 € ; petit déj 18,90 € !* Dans le quartier des boutiques de luxe et dans un bel immeuble du XIXe s caractéristique de l'architecture lyonnaise, un établissement de la chaîne Mercure qui propose des chambres certes standardisées, mais sans fausse note. Celles de catégorie *standard* ne sont pas forcément plus petites que les *privilège*. Ces dernières sont équipées de quelques gadgets supplémentaires (peignoirs, machine *Nespresso,* oreillers à mémoire de forme...). Accueil très pro.

Grand Hôtel Château Perrache *(plan détachable B6, **33**) : 12, cours Verdun-Rambaud, 69002. ☎ 04-72-77-15-00. • h1292@accor.com • accorhotels.com • Ⓜ Perrache. Doubles 105-220 € ; petit déj 18,90 € !* Ancien hôtel *Terminus* construit en 1906, classé Monument historique, aujourd'hui appartenant au groupe Accor (Mercure). L'entrée, surmontée d'une marquise de fer forgé, immerge le visiteur dans le seul espace témoignant à Lyon du style Art nouveau. Un style qui ne se limite pas à l'architecture (corniches décorées de frises sculptées au thème floral), mais s'étend aussi aux ferronneries, aux lambris d'acajou et au mobilier. Chambres spacieuses et claires, avec une touche de design et un confort adapté aux exigences actuelles. On oublie presque la vue sur les rails. Et un bar lounge au charme suranné. Accueil pro.

Mob Hôtel *(plan détachable Confluence-Gerland B4, **34**) : 55, quai Rambaud, 69002. ☎ 04-58-55-55-88. • welcome.lyon@mobhotel.com • mobhotel.com • Ⓜ Perrache puis tram T1 ou navette S1. Doubles 75-300 €. Petit déj 16 € ! Repas complet env 32 €.* Un bâtiment moderne et alvéolé à 5 mn à pied du musée des Confluences. Architecture *hype* et branchée où l'on reconnaît la patte de Starck pour ses volumes et ses idées déglinguées mais sympa. Chambres théâtrales où la tête de lit rend hommage à Guignol. Pas de TV pour privilégier les contacts humains (nous, on préfère décider nous-mêmes si on regarde la télé ou pas !), mais balcon et vue sur la Saône ou le musée des Confluences. Un bon point : les terrasses. Resto avec une immense bibliothèque et surtout ses rideaux ornés de vedettes (dont les instigateurs du lieu...). Cuisine bio plutôt minimaliste mais avec de très bonnes pizzas. Petit déj réussi. Équipe tellement enthousiaste que vous hésiterez à apporter une critique si vous en avez une à formuler.

Hôtel de l'Abbaye (*plan détachable B5*, **35**) **:** *20, rue de l'Abbaye-d'Ainay, 69002.* ☎ *04-78-05-60-40.* • *contact@hotelabbayelyon.com* • *hotelabbayelyon.com* • Ⓜ *Ampère. Doubles 150-280 €. Resto ouv mar-sam plus dim midi ; menus déj en sem 22-26 € ; le soir 49-74 €.* Cet ancien presbytère, qui fut ensuite une école primaire, est devenu aujourd'hui un superbe boutique-hôtel. La restauration méticuleuse en fait un lieu chic et intime, qui a préservé son âme. Les chambres, à la déco élégante et confortable, bien que de taille moyenne (surtout les standard), plairont aux amoureux. Salles de bains au diapason, avec baignoire pour certaines. Le plus, les chambres avec vue sur la basilique d'Ainay. Au rez-de-chaussée, *L'Artichaut,* ouvert à tous, a sans doute la terrasse la plus charmante du quartier avec ses tables au calme devant la basilique. Une belle adresse, un poil sophistiquée.

OÙ DORMIR ?

À la Croix-Rousse

De prix moyens à Chic

Chambres d'hôtes Nos Chambres en Ville (*plan détachable C3*, **36**) **:** *12, rue René-Leynaud, 69001.* ☎ *04-78-27-22-30.* 📱 *06-60-11-32-57.* • *contact@noschambresenville.com* • *noschambresenville.com* • Ⓜ *Hôtel-de-Ville ou Croix-Paquet. Fermé dim soir. Congés : août. Seulement sur résa. Double 100-115 € ; familiales.* Un bel appartement aménagé dans un ancien atelier de soierie, qui mêle avec bonheur architecture métallique et bois. Élégant et très lumineux grâce à une haute baie vitrée donnant sur un jardin, c'est un lieu apaisant où il fait bon séjourner, en toute simplicité, dans une atmosphère familiale. Les 3 chambres tout confort ont été décorées avec beaucoup de goût et de soin par Karine, qui a installé son atelier de couture à l'étage. Calme total puisqu'on donne sur une cour intérieure et que les chambres n'ont pas la TV. Un coin-salon est réservé aux hôtes.

Chambres d'hôtes La Villa des Canuts (*plan détachable C1*, **37**) **:** *5, rue Jean-Jullien, 69004.* ☎ *09-83-61-63-67.* 📱 *06-85-18-54-98.* • *contact@villa-des-canuts.com* • *villa-des-canuts.com* • Ⓜ *Hénon. Suite 110 €. Petit déj 15 €.* À quelques minutes de la Maison des Canuts, cette villa avec jardin a été relookée par un couple amoureux de l'art, de la musique et de la vie saine. Pas de chambre avec vue, hélas, mais un coin-terrasse joliment aménagé et un confort total, pour un séjour au calme. Soued de Bernardi a le sens de l'accueil et connaît toutes les bonnes adresses du quartier.

Aux Brotteaux et à la Part-Dieu

De prix moyens à chic

Hôtel Edmond W (*plan détachable F3*, **40**) **:** *17, rue du Professeur-Weill, 69006.* ☎ *04-78-65-02-12.* • *lyon@hotel-edmondw.fr* • *hotel-edmondw.fr* • Ⓜ *Masséna ou Brotteaux.* ♿ *Doubles 115-260 €.* Boutique-hôtel charmant, dans une rue très calme du quartier des Brotteaux, tout à côté de l'ancienne gare du même nom, à 5 mn du parc de la Tête-d'Or et à 10 mn de la gare de la Part-Dieu. Installées dans un immeuble banal au départ, les chambres sont une vraie bonne surprise pour le quartier. Déco cocooning, clin d'œil aux cabinets de curiosités d'autrefois. Machine à café dans chaque chambre et méridienne dans les supérieures. Très bon accueil.

Hôtel Foch (*plan détachable D3*, **41**) **:** *59, av. Foch, 69006.* ☎ *04-78-89-14-01.* • *accueil@hotel-foch.fr* • *hotel-foch.fr* • Ⓜ *Foch. Fermé 3 sem en* *août. Doubles 90-210 €.* Nous pourrions parler du « charme discret de la bourgeoisie » pour décrire cet hôtel ancien et indépendant installé au 2e étage (ascenseur) d'un immeuble cossu. Une belle réception avec salon, fauteuils en cuir. Moquette et cheminée pour la salle de petit déj. Un endroit très calme, et des chambres bien équipées à la déco un brin désuète. Accueil attentionné et personnalisé, car l'hôtel ne possède qu'une quinzaine de chambres.

Hôtel Le Roosevelt *(plan détachable E3,* ***42****) : 48, rue de Sèze, 69006. ☎ 04-78-52-35-67. • info@hotel-roosevelt.com • hotel-roosevelt.com • Ⓜ Foch. Doubles 110-300 € ; petit déj 18 €, parking 18 € !* Charmant hôtel situé dans un quartier très agréable, à proximité du parc de la Tête-d'Or et du centre des affaires de la Part-Dieu. Ne regardez pas la façade très seventies, mais laissez-vous séduire par le confort des chambres, à la décoration contemporaine et aux lits bien larges qui incitent à se prélasser. Minibar, bouilloire bureau et clim dans chacune. Accueil pro. Avis aux cyclistes, l'hôtel est labellisé « accueil vélo ».

Hôtel Au Patio Morand *(plan détachable E3,* ***43****) : 99, rue de Créqui, 69006. ☎ 04-78-52-62-62. • accueil@hotel-morand.fr • hotel-morand.fr • Ⓜ Foch. Doubles 79-220 € ; familiales.* Dans la partie la plus agréable du 6e arrondissement, cet hôtel cache, derrière sa façade rose, un adorable patio du XVIIIe s, avec une petite tour et une bien agréable terrasse. Les chambres sont petites mais rénovées et bien équipées, chacune avec une personnalité différente. Certaines ont la clim. Dommage que certaines salles de bains ne dépassent pas la dimension XS.

À la Guillotière

Chic

Mama Shelter *(plan détachable D6,* ***45****) : 13, rue Domer, 69007. ☎ 04-78-02-58-00. • food.lyon@mamashelter.com • mamashelter.com • Ⓜ Jean-Macé. ♿ Doubles 79-239 € (bons plans sur le site internet) ; familiales. Au resto, formules déj 20-22 € et carte env 45 € le soir. Brunch dominical 42 € (animations enfants sur résa).* Pas besoin d'enseigne clinquante, le « kibboutz urbain » décontracté chic du groupe Trigano associé à Starck s'est naturellement imposé dans le quartier. L'entrée et le resto, dans le prolongement, annoncent la couleur : le plafond noir a été réveillé par un graffeur qui a opéré à la craie, et le béton brut des murs est réchauffé par le sourire et la gentillesse de l'équipe. Côté chambres (150 quand même, et pas de jaloux : il n'y a qu'une seule catégorie), c'est toujours le royaume du béton brut et de la moquette-qui-raconte-des-trucs, avec, à chaque fois, une couleur pastel sur les murs ou le plafond. L'équipement ? Frigo, micro-ondes, bureau, coffre-fort et TV avec VOD gratos à portée de clic. Les familles privilégieront celles qui communiquent. Très beau et vaste resto, cuisine ouverte, guirlande de bouées au-dessus du long bar, tissus imprimés qui se télescopent sur les canapés, baby-foot... Et une scène pour des concerts jazzy au brunch du dimanche ou des soirées DJs en fin de semaine. Superbe terrasse qui prend des airs de guinguette avec ses lampions lumineux.

Dans le quartier de Vaise et au pied des monts d'Or

De prix moyens à chic

L'Ermitage Hôtel *(hors plan détachable par A3) : chemin de l'Ermitage, 69450* ***Saint-Cyr-au-Mont-d'Or.*** *☎ 04-72-19-69-69. • contact@ermitage-college-hotel.com • ermitage-college-hotel.com • Doubles 119-299 €. Parking gratuit.* Sur les hauteurs de Saint-Cyr-au-Mont-d'Or, à 15 mn du centre de Lyon, un hôtel design idéal si l'on a envie de dormir au calme, dans des chambres avec vue sur Lyon et les monts d'Or voisins. Piscine intérieure et extérieure (chauffée), spa avec jacuzzi. Une bulle hors du temps, où l'on se détend entre 2 balades et où l'on peut aussi profiter d'un restaurant avec vue, *La Cuisine à manger (ouv tlj).*

OÙ MANGER ?

« L'homme a toujours besoin de manger et de se reproduire, et dans les 2 cas, il faut passer à la casserole. »

Paul Bocuse

La table à Lyon fut longtemps à l'image de ces bouchons parfois centenaires, où l'on servait les plats traditionnels locaux : andouillette, tablier de sapeur (fraise de veau panée), saucisson chaud, quenelles, cervelle de canut (fromage blanc aux herbes)... Évidemment, certains ont poussé un peu trop loin le « bouchon », côté accueil bourru, mais il reste des lieux vraiment typiques, revenus dans la mouvance actuelle par leur côté rassurant, ou repris par des chefs, des équipes apportant leur touche de modernité sans en dénaturer l'esprit.
Sa réputation de capitale culinaire, Lyon la doit d'abord à ses ***mères*** (mère Brazier, mère Pompon, mère Caron...), des femmes qui préparaient les crêtes de coq comme personne. Si celles-ci ont disparu, d'autres femmes en cuisine réalisent, à midi souvent, une cuisine familiale authentique, dans des cadres relookés.
Mais ce sont surtout les fils et petit-fils adoptifs de ces bonnes mères, grandis dans des écoles réputées ou revenus au pays après un tour du monde ou une émission de télé qui les aura rendus célèbres, qui vous feront vibrer, avec leur cuisine du moment, souvent créative, toujours enthousiaste. Une cuisine au top de ce qui se fait aujourd'hui dans le monde. Celle qui a fait de Lyon la ville où il se passe chaque jour du neuf à table. Du frais, du locavore, dressé avec panache, à prix sympathiques le midi en semaine. Le week-end, ne vous laissez pas surprendre, nombreux sont les restaurants à baisser le rideau !

LES ÉLÈVES DE MONSIEUR PAUL !

Les temps changent, mais la tradition peut encore avoir du bon. Bien sûr, on prend toujours autant de plaisir à aller déjeuner aux ***halles de la Part-Dieu,*** à moins de préférer un resto à l'ancienne où la quenelle est maison et le pâté en croûte un morceau d'anthologie à lui tout seul. Pour arroser le repas, n'hésitez pas à commander un pot de beaujolais ou de côtes-du-rhône, flacons autochtones de 46 cl.

Bocuse (monsieur Paul !) a contribué largement à placer Lyon en chef de file de la gastronomie française, mais aussi internationale, en faisant naître des vocations en Asie, en Europe comme en Amérique du Sud. À Lyon, ce sont près de 1 000 étudiants qui se forment au tournemain du chef iconique à l'institut Paul Bocuse, qui compte aussi une dizaine de campus à l'étranger.
Une ville où les nouveaux talents ne cessent d'éclore et d'évoluer, bousculant les codes traditionnels, ouvrant des lieux nouveaux, dans des décors, des ambiances et à des prix qui réjouissent les cœurs.

L'ART DE VIVRE À LA LYONNAISE !

Ce n'est donc pas un scoop de déclarer que l'on mange fort bien aujourd'hui à Lyon, à des prix encore inférieurs à ceux pratiqués à Paris, dans des cadres souvent remarquables, voire originaux, quand ce n'est pas en pleine rue, en terrasse ou dans l'un de ces *food courts* qui cartonnent. C'est d'ailleurs réjouissant de voir que la ville peut sortir des bouchons pour filer sur la voie d'une cuisine qui réconcilie les sexes, les âges, les populations, une cuisine ouverte aux saveurs du monde.

UNE CUISINE QUI BOUSCULE LES CODES

Aujourd'hui, la Croix-Rousse, la Guillotière, Gerland, la Confluence attirent les jeunes, pour les petits prix, la cuisine décomplexée et la vie de quartier dans les 2 premiers cas, pour les nouveaux espaces et les architectures qui décoiffent dans les 2 derniers. *Street food* ou cuisine d'humeur d'un côté, terrasses avec vue et *world food* de l'autre.
Les hôtels s'y mettent, jouant non seulement la carte brunch mais accueillant aussi des chefs qui vont ouvrir ces lieux à un nouveau public. Même le vieux Lyon, qu'on croyait perdu pour la gastronomie, rugit de nouveau de plaisir en proposant des expériences inédites de cuisine style *Food Traboule* à la Tour Rose.
Pour vous guider, quelques adresses qu'on aime bien, dans tous les styles et tous les secteurs.

Où manger sur la presqu'île ?

DANS UN BOUCHON TRADITIONNEL

En grande majorité, les bouchons traditionnels se situent dans la presqu'île. En voici une sélection, partiale, on le reconnaît, car pour nous l'accueil et l'addition finale comptent autant que la cuisine... D'autant plus que ce sont souvent de vrais bons chefs qui reprennent ces adresses méritoires, pour faire une restauration digne de ce nom. Le label « ***Les Bouchons lyonnais*** », lancé par la chambre de commerce et d'industrie et Onlylyon Tourisme, défend la mémoire gastronomique de la ville et recense une vingtaine d'établissements.
Un dernier conseil : la plupart de ces tables étant de véritables institutions, dotées souvent de peu de couverts, ***il est quasi indispensable de réserver,*** surtout le soir et le week-end ! D'autant plus que l'offre se restreint en fin de semaine : ***il n'est pas rare que les restos ferment le samedi et le dimanche***.

De bon marché à prix moyens

I●I ***La Mère Jean*** *(zoom détachable C5,* ***60****)* **:** *5, rue des Marronniers, 69002.* ☎ *04-78-37-81-27.* Ⓜ *Bellecour. Tlj sauf dim. Congés : 3 sem en août et Noël-Jour de l'an. Résa indispensable. Ouv au déj et 2 services le soir (19h et 21h). Menus 18-29 €.* Jadis épicerie-resto (on y vendait la nourriture au poids), *La Mère Jean* est demeurée lyonnaise de la tête (de veau) au pied (de cochon) en passant par l'andouillette. Depuis 1923, on se refile l'adresse de ce mouchoir de poche. Et si ce n'est plus une « mère » mais un chef qui vous accueille, ce sont toujours les mêmes recettes qui garnissent généreusement l'assiette : tête de veau, tablier de sapeur, quenelles, tarte aux pralines...

I●I ☂ ***Café-comptoir Abel*** *(plan détachable B5,* ***62****)* **:** *25, rue Guynemer, 69002.* ☎ *04-78-37-46-18.* • *cafecomptoirabel@orange.fr* • Ⓜ *Ampère. Entrée par la rue d'Ainay en hiver et par la rue Bourgelat en été. Tlj. Menus 32-49 € (39-51 € déj le dim).* En franchissant la porte de ce petit restaurant, on repart comme en 1914, littéralement. Dans ces anciennes réserves à charbon, tout semble être d'époque, du parquet qui craque aux boiseries patinées. Le décor a de la gueule, et on continue, depuis 1726, à servir ici les ris de veau ou le poulet aux morilles à la crème, tout en prenant son temps. Terrasse au calme sur la rue Bourgelat et épicerie à 2 pas, ***l'épicerie Abel*** *(26, rue Vaubecour, ouv tlj sauf dim ap-m 9h30-14h, 17h-20h),* pour qui serait tenté de rapporter une terrine maison, un fameux pâté en croûte ou un saucisson brioché, qu'il est possible de faire mettre sous vide.

I●I ***Le Poêlon d'Or*** *(plan détachable C5,* ***63****)* **:** *29, rue des Remparts-d'Ainay, 69002.* ☎ *04-78-37-65-60.* • *contact@lepoelondor-restaurant.fr* • Ⓜ *Ampère. Fermé dim-lun. Congés : 2 sem en* *août. Formule 24 € le midi en sem, menus 30-37 €. Café offert sur présentation de ce guide.* Une adresse centenaire reprise par une équipe tonique. Les bouchons historiques ont tout à gagner lorsqu'ils sont tenus, comme ici, par un chef qui ne badine pas avec la qualité des produits tout en allégeant sa cuisine au beurre et en s'adaptant aux goûts de la clientèle. Bonne ambiance où bourgeois lyonnais et gourmands de passage se régalent de concert dans les jolies salles aux touches Art déco.

|●| ***La Tête de Lard*** *(zoom détachable C3,* ***64****) : 13, rue Désirée, 69001. ☎ 04-78-27-96-80. • bouchonlatetedelard.fr • Ⓜ Hôtel-de-Ville. Fermé dim-lun. Congés : env 15 juil-10 août. Formule déj 16,50 €. Menus 22 € (midi)-30 € (soir et w-e).* Pour une fois, la salle est plutôt spacieuse, avec ses murs jaunes ensoleillés, de confortables banquettes de moleskine rouge et un plancher à l'ancienne. Ce qui n'empêche pas de prendre ses repas au coude à coude, comme le veut l'esprit bouchon. Évidemment, le menu-carte met les spécialités lyonnaises à l'honneur, avec de beaux produits du terroir que le chef, passé chez les gastros, maîtrise, voire même magnifie.

|●| ***Chez Mounier*** *(zoom détachable C5,* ***65****) : 3, rue des Marronniers, 69002. ☎ 04-78-37-79-26. • cehezmounier@orange.fr • Ⓜ Bellecour. ♿ Fermé dim-lun. Congés : 1 sem à Pâques, 3 sem en août. Formule 9-16,90 € midi sem. Autres menus 23-26 €. CB refusées.* De sa vitrine, Guignol sourit aux promeneurs, les invitant à entrer. Plus de 3 décennies de bons et loyaux services. 2 petites salles d'une sobriété monacale, mais, n'ayez crainte, l'ambiance est bonne. La cuisine régionale est simple : gnafrons (petits saucissons), tripes, quenelles, du lyonnais pur et dur. Terrasse aux beaux jours.

|●| ***Le Bouchon des Filles*** *(plan détachable C3,* ***66****) : 20, rue du Sergent-Blandan, à 2 pas de la pl. Sathonay, 69001. ☎ 04-78-30-40-44. • lebouchondesfilles@gmail.com • Ⓜ Hôtel-de-Ville. Ouv ts les soirs, plus à midi w-e. Menu unique 30 €, café offert sur présentation de ce guide.* Isabelle et Laura ont voulu faire perdurer la tradition des « Mères » avec le bouchon des « Filles ». Pari plutôt réussi ! En cuisine, cela donne des plats traditionnels mais revisités, allégés comme le croustillant de boudin aux pommes servi avec une salade d'herbes, un défilé de saladiers en entrée, mais il faut aussi garder une petite place pour le fromage et le dessert. En salle, le service est souriant, le cadre, chaleureux et, en plus, c'est ouvert le dimanche soir, ce qui est rare à Lyon.

|●| ***Le Comptoir de Léa*** *(zoom détachable C4,* ***67****) : 11, pl. Antonin-Gourju, 69002. ☎ 04-78-42-03-13. Ⓜ Bellecour. Tlj sauf dim-lun. Menus 26-36 €.* De Léa qui a, plus de 40 ans durant, habité (dans tous les sens du terme) ce resto, ne reste plus que le décor avec les boiseries, les banquettes et les murs rose dragée. Aujourd'hui le lieu s'est réinventé en comptoir avec une cuisine traditionnelle de bouchon, résolument canaille. On retrouve la quenelle, le gratin d'andouillette... *La Mère Léa,* quant à elle, s'est installée juste à côté, dans une version bouchon gastronomique et dans un décor beaucoup plus contemporain.

|●| ***La Meunière*** *(zoom détachable C4,* ***68****) : 11, rue Neuve, 69001. ☎ 04-78-28-62-91. • contact@lameuniere.fr • Ⓜ Cordeliers. Tlj sauf dim-lun. Formule déj 18,50-21,50 € ; menus 29-36 €. Mâchon sur résa lun-sam à 9h, 30 €.* Un bouchon (labellisé *Bouchon Lyonnais)* centenaire poussé encore plus loin par le chef qui est revenu aux sources du bouchon, en y ajoutant générosité et bonne humeur. Un des derniers à proposer encore le « mâchon » (petit déj des canuts avec charcuterie, plat du jour, fromage, pot...)! Au menu et à la carte, cuisine lyonnaise tout à la fois classique et généreuse : œufs meurette, fromage de tête, quenelles de brochet, tablier de sapeur... Ambiance chaleureuse et conviviale. On retrouve également *La Meunière* au *Food Traboule* à la Tour Rose (voir plus loin).

|●| ***Le Garet*** *(zoom détachable C-D3,* ***69****) : 7, rue du Garet, 69001. ☎ 04-78-28-16-94. Ⓜ Hôtel-de-Ville. Tlj sauf sam-dim. Menus 23 € au déj, 31 € le soir.* Un authentique bouchon où la déco n'a pas changé depuis les années

1940. Jean Moulin y a pris l'un de ses derniers repas, à la table juste à droite en entrant (dos au mur pour surveiller les allées et venues), avant son arrestation par la Gestapo dans la maison du docteur Dugoujon à Cuire, transformée en mémorial (voir plus loin « À voir »). Le chef, Emmanuel Ferra, mijote des plats traditionnels pour les amateurs de cuisine lyonnaise : tête de veau, tripes, andouillettes et une délicieuse quenelle gratinée avec une bisque maison, servie avec des épinards (RIP le riz). Fort de son passage dans de grandes maisons (Bocuse, entre autres), le chef propose aussi une cuisine de marché avec de beaux produits de saison. En prime, accueil sympathique. Résa indispensable, succès oblige.

DANS LES AUTRES RESTAURANTS DE LA PRESQU'ÎLE (1er ET 2e ARRONDISSEMENTS)

Sur le pouce

Café Joyeux *(zoom détachable C4,* ***70****)* **:** *13, rue Ferrandière, 69002. ☎ 04-78-71-90-26. • lyon@cafejoyeux.com • Ⓜ Bellecour ou Hôtel-de-Ville. Ouv lun-sam 9h-19h. Fermé dim. Pas de résa. Formules déj 14-16 €.* Le café solidaire, qui emploie une joyeuse équipe de personnes handicapées, propose une petite cuisine maison pas compliquée : tartes, salades, croques, cookies, cakes... Tout est fait sur place et servi avec le sourire dans la salle aux tons jaunes ou en terrasse (sur rue). Une adresse où le meilleur ingrédient reste la bienveillance, et qui fait chaud au cœur !

Café Thomas *(plan détachable C5,* ***71****)* **:** *1, rue Laurencin, 69002. ☎ 04-72-16-28-64. • info@restaurant-thomas.com • Ⓜ Ampère. Tlj sauf w-e. Tapas 3-14 €. Formule 17 € (déj) ; le soir 21 €.* Un bar à tapas créé par le chef Thomas Ponson, à l'entrée d'une rue autrefois peu passante, qu'il a rendue gourmande en multipliant les points de restauration (voir plus loin dans la catégorie « Chic »). Un lieu animé où il fait bon se retrouver, au coin d'une table de bistrot ou au bar. À midi, c'est plat du jour et le soir, délicieux « amuse-gueules » froids et chauds imaginés par un chef qui ne cesse d'innover. Du frais, du saisonnier. Bons vins au verre.

Café Lisboa *(zoom détachable C4,* ***72****)* **:** *9, rue des Quatre-Chapeaux, 69002. ☎ 04-78-42-83-10. • cafelisboa.lyon@gmail.com • Ⓜ Cordeliers. Ouv mar-sam 12h-15h, 19h-22h. Fermé dim-lun. Plats 18-20 €, brunch dim 25 €.* Si vous êtes en mal de dépaysement, cette petite table lisboète est toute recommandée. Au menu, une carte courte où la morue est évidemment à l'honneur, en gratin comme en beignet. De la bière jusqu'aux *pasteis de nata* qu'on dévore en dessert, les spécialités lusitaniennes sont à l'honneur ! Accueillante salle avec tables dépareillées et toiles cirées fleuries. Miniterrasse sur le trottoir.

Two Amigos *(plan détachable C5,* ***73****)* **:** *1, rue Henri-IV, 69002. ☎ 09-53-11-86-70. • reservation@twoamigos.fr • Ⓜ Ampère. Ouv tlj midi et soir. Plats env 15 €.* Face à la cuisine ouverte, une salle aux murs de pierre pas bien grande qui ravira les gringos en quête d'exotisme. Les incontournables de la cuisine mexicaine répondent présents : *burritos, nachos, quesadillas, tacos.* Les tortillas, les galettes de blé, sont fabriquées sur place et généreusement garnies de produits frais : poulet ou bœuf braisé, guacamole, haricots... Et comme le service adorable ne pousse pas à la conso, on peut se partager un plat savoureux et roboratif, à accompagner d'une margarita. Jeune et sympa.

Point Nommé *(plan détachable Confluence-Gerland B3,* ***74****)* **:** *26, cours Suchet, 69002. ☎ 09-87-10-34-32. • pointnomme.com • Ⓣ Suchet. Juste derrière Perrache. Fermé sam midi, dim et lun soir ; les autres jours, ouv en continu. Formules déj 17 €, plat du jour 12 €, café offert sur présentation de ce guide.* Un bar de quartier ouvert par Tess (diplômée d'histoire de l'art) et Florian (issu de l'hôtellerie/restauration). La diversité de leurs formations donne un mélange sympathique en cuisine et dans l'énergie qu'ils déploient pour donner de la vie à ce quartier en plein mouvement. À la fois restaurant, bar, café, lieu d'expositions, scène ouverte... Bref, un lieu d'échange, de partage et de vie qui tombe à point nommé !

Heat-Hall à manger *(plan détachable Confluence-Gerland B4,* **75***) : 70, quai Perrache, 69002. • h-eat.eu • Ⓣ Montrachet ou Musée des Confluences. Accès à l'arrière du bâtiment H71. Lun-mer 12h-14h30 ; jeu-ven 12h-14h30, 17h30-23h30 ; sam-dim 12h-minuit (22h dim). Plats 8-15 €.* L'arrière de cet ancien hôtel particulier d'une famille d'industriels (qui abrite aujourd'hui des start-up porteuses de projets) est occupé par un *food hall* qui accueille 4 containers programmant des chefs qui changent toutes les semaines. Au total, 250 restaurateurs lyonnais y ont déjà participé. *La Boîte Rose* est le seul à ne pas se faire la malle : à votre passage, vous devriez donc pouvoir apprécier leurs savoureuses pizzas. On passe sa commande aux bornes ou au bar, on vient la chercher au container avant de s'installer sur les grandes tables sous la charpente métallique du *food hall.* À midi, c'est la cantine de l'incubateur, et quand vient le soir, ça s'agite au son des concerts fréquemment programmés.

Bon marché

Bistro Martine *(plan détachable B5,* **76***) : 4, rue d'Enghien, 69002. ☎ 04-37-57-03-98. • bistromartinelyon@gmail.com • Ⓜ Ampère. ♿ Lun-ven. Ouv jusqu'à 23h les lun, jeu et ven (17h mar-mer). Fermé sam-dim. Congés : 15 j. début août. Plat 14 €. Formules déj 18,50-23 €, le soir 20-25 €.* Un petit resto de quartier où l'on déjeune au coude à coude avec la clientèle d'habitués qui apprécient manifestement la cuisine de marché. Terrasse sympa avec vue sur la basilique Saint-Martin-d'Ainay. À l'ardoise, courte sélection proposant aussi une option végétarienne. Produits frais, travaillés avec une réelle maîtrise des saveurs. Accueil souriant de la jeune équipe.

Le Petit Grain *(plan détachable C5,* **77***) : 19, rue de la Charité, 69002. ☎ 04-72-41-77-85. Ⓜ Ampère ou Bellecour. Face au musée des Tissus. Ouv mar-sam 12h-15h (salon de thé jusqu'à 19h). Fermé dim-lun. Congés : 2de quinzaine d'août et Noël-Nouvel An. Menus env 22 €. Apéritif offert sur présentation de ce guide.* Une succession de petits espaces joliment décorés qui respirent l'Extrême-Orient, dans une ancienne boutique de modiste, à peine agrandie et tenue depuis un bail par Olivier, qui a gardé son sourire et son enthousiasme. D'origine vietnamienne, sa cuisine intègre le *bobun,* généreux bol de vermicelles de riz agrémentés de bœuf ou de poulet et relevés d'herbes, la crépinette saïgonnaise ou la volaille au gingembre, et plein de salades réalisées au gré du marché. Succulentes tartes l'après-midi.

Morfal *(zoom détachable C3,* **78***) : 16, rue Hippolyte-Flandrin, 69001. ☎ 04-78-08-14-03. Ⓜ Hôtel-de-Ville. Ouv ts les soirs sauf dim. Le soir, petites assiettes 3-9 € (compter 3-4/pers).* *La Bijouterie* a changé de nom mais pas de chef, et cartonne toujours avec Steven aux manettes. Les assiettes aux intitulés minimalistes, concoctées avec passion sous vos yeux s'affranchissent des protocoles et des frontières, comme cette tête de veau chimichurri ! Mais la courte carte aura sans doute changé : le chef gamberge en permanence, s'amuse avec les légumes, les épices, et on se laisse embarquer par sa cuisine voyageuse. Les tables en terrasse sont à réserver, mais on aime aussi se jucher sur un tabouret le long du bar en observant du coin de l'œil les assiettes. Ambiance jeune et décontractée comme on aime.

Mamasan *(zoom détachable D4,* **79***) : 46, rue Ferrandière, 69002. ☎ 04-78-37-44-84. • mamasan.eu • Ⓜ Cordeliers. Tlj sauf dim-lun. Carte env 25 €.* Une vraie bonne cantine vietnamienne, au nom qui flashe, aux couleurs qui réveillent. Déco atelier industriel, pour amateurs de *bobun* et de vrai *phô* qui laissent en bouche un goût de reviens-y. 2 des cheffes sont nord-vietnamiennes et leur « bouillon de poule » est une petite merveille (poulet-gingembre-citronnelle-coriandre). Belle escapade culinaire. Même les toilettes font voyager.

Brasserie Bouillon Baratte *(zoom détachable C-D3,* **80***) : 25, rue du Bât-d'Argent, 69001. ☎ 04-78-39-58-58. • bouillonbaratte@orange.com • bouillonbaratte.com • Ⓜ Hôtel-de-Ville. Tlj 12h-minuit. Menus 25-28 €, plat du jour 12,90 €.* Une jeune équipe a fait le pari de reprendre une ancienne institution chic de la presqu'île et d'en faire une brasserie accessible à tous. L'immense espace a été totalement rénové. Le pari est plutôt réussi, entre authenticité et modernité. La carte fait la part belle aux saisons, en changeant à chacune d'elles, sans oublier les classiques revisités façon gastro. Une table gourmande et originale où l'on se régale à prix modique, en mode brasserie. Service continu tous les jours, ce qui est une prouesse à Lyon ! En salle et en terrasse, c'est jeune, sympathique, efficace et souriant.

Trattoria Carmelo, Big Mamma *(zoom détachable C4,* **81***) : 7, rue Neuve, 69001. • bigmammagroup.com • Ⓜ Cordeliers. Tlj 12h-23h. Plats 13-19 €.* La célèbre enseigne, solidement implantée à Paris, Lille, Bordeaux et Marseille, a ouvert cette adresse dans la capitale de la gastronomie française, en plein cœur de la presqu'île. Sur près de 800 m², ce ne sont pas moins de 200 places assises qui s'offrent aux Lyonnais et clients de passage, et surtout à celles et ceux qui ne peuvent imaginer la vie culinaire sans pizzas, pâtes, gnocchis et autres mets de la gastronomie italienne. L'entrée se fait par un *candy shop* vintage à l'italienne. Les murs des salles sont couverts, l'une de bouteilles de vin, l'autre de photos noir et blanc, la suivante d'assiettes jusqu'au plafond, ou encore d'affiches et objets rappelant le 7e art. Soyez patient, la queue peut être longue.

Prix moyens

La Table Wei *(zoom détachable C4,* **82***) : 13, rue Neuve, 69001. ☎ 04-78-28-58-79. • contact@latablewei.com • Ⓜ Cordeliers. Tlj sauf dim-lun. Menus 21-25 € à midi, 39-58 € le soir. Carte env 35 €.* Cet adorable petit resto, tout de blanc vêtu, a été créé par 2 jeunes sortis tout droit de l'institut Paul Bocuse. Les touches asiatisantes apportent aux saveurs de leur cuisine française l'exotisme qui fait la différence. Délicieux, créatif et copieux, cuisiné avec talent, ils sauront vous faire partager leur gourmandise et leur amour de la cuisine. Réservation recommandée, la salle n'est pas bien grande.

Le Comptoir Cécil *(zoom détachable C4-5,* **29***) : 21, rue Gasparin, 69002. ☎ 04-78-42-58-95. • accueil@globeetcecilhotel.com • Ⓜ Bellecour. Lun-ven midi et soir. Fermé sam-dim. Menu midi et soir 28 €, carte env 30 €.* Un restaurant d'hôtel pas comme les autres, chaleureux et élégant, mais pas prise de tête. Du charme, du sincère, du goûteux, de l'originalité aussi dans les saveurs. Le menu du jour, servi midi et soir, est une belle affaire. Service impeccable, accueil souriant et vraiment gentil. Un lieu atypique qui casse les codes de la restauration traditionnelle, où l'on peut venir grignoter presque tout au long de la journée et profiter de la terrasse sur la rue piétonne, à 2 pas de la place Bellecour.

Café Arsène *(plan détachable B5,* **83***) : 2, rue Vaubecour, 69002. ☎ 04-78-05-41-68. ♿ Ouv lun-ven au déj et le soir lun, jeu-ven. Fermé w-e. Formules déj 20-25 € ; le soir, compter env 40 €.* En voilà une adresse qui a du pep's, et qui sait emballer les gourmets du quartier d'Ainay avec ses plats créatifs qui se renouvellent en permanence ! Au déjeuner, on ne tergiverse pas longtemps devant l'ardoise : 3 choix seulement, dont 1 plat végétarien, mais quelle richesse dans les saveurs ! De belles surprises à se mettre sous la dent. Le soir, entre amis, on pique dans les assiettes qui revisitent le terroir. Terrasse sur la place Antoine-Vollon, peu passante. Une adresse réjouissante.

Le Troquet *(plan détachable C5,* **84***) : 34, rue des Remparts-d'Ainay, 69002. ☎ 04-78-37-22-23. • letroquetdessens@hotmail.fr • Ⓜ Ampère. Fermé w-e. Formule déj 18-22 € ; le soir, assiettes 7-14 € (compter 2-3 / pers).* Une jolie trouvaille dans ce quartier d'Ainay qui recèle quelques pépites discrètes. Dans ce bistrot de potes avec pierre aux murs et poutres aux plafond, les cuistots s'amusent à taquiner les papilles avec des plats expressifs, autour de belles viandes notamment (le boucher est en face). La formule déjeuner laisse le choix entre viande et poisson. Le soir, pas de mauvaise pioche parmi les assiettes à partager : que de belles découvertes ! Côté boissons, l'armoire où s'alignent les flacons laisse deviner que la dive bouteille est ici choyée. On se laisse donc guider sans sourciller. Un seul regret : la fermeture le week-end !

Sapna *(zoom détachable C3, **85**) : 7, rue de la Martinière, 69001. ☎ 09-81-77-27-25. • contact@sapna.fr • Ⓜ Hôtel-de-Ville. Ouv le soir mar-sam, plus le midi ven-sam. Fermé dim-lun. Carte env 30-40 €. Café offert sur présentation de ce guide.* Arnaud Laverdin a réalisé son rêve (*sapna,* en hindi) en proposant une carte réduite d'inspiration asiatique, voire mondialiste, façon cuisine de rue. Les petits plats goûteux invitent au partage, à la découverte du canon qui va bien. Et le *bao,* cette brioche chinoise garnie, est déclinée en version salée ou sucrée. Comme c'est aussi beau que bon, on ne se lasse pas de la vue sur la cuisine ! Rémy Havetz (ex-Ducasse) y confectionne des desserts qui explosent en bouche et peu sucrés puisqu'il y introduit aussi des légumes. Une inventivité incroyable !

Bel Ami *(plan détachable C3, **86**) : 34, rue Sergent-Blandan, ancienne voie du Rhin, 69001. ☎ 09-87-14-20-50. • info@bistrotbelami.fr • Ⓜ Hôtel-de-Ville. Tlj sauf dim-lun. Menus déj 21-24 €, tapas 8-18 € (soir).* Ce serait dommage de ne pas passer la porte de cette sobre et élégante devanture. Comme le héros de Maupassant qui, lui, séduit toutes les femmes, le chef Javier séduira vos papilles avec son menu déjeuner et ses assiettes version tapas au dîner. Les plats s'encanaillent le soir venu avec des assiettes créatives et originales, comme ce *ceviche* d'espadon, maïs, *leche de tigre,* le jambon bellota hyper tendre ou encore ce poulpe à la galicienne. La version tapas permet de goûter un peu plus, sans oublier de garder une petite place pour le sucré qui n'est pas en reste ! Côté boissons, on saura vous proposer le meilleur de la superbe cave.

Café Terroir *(zoom détachable C4-5, **87**) : 14, rue d'Amboise, 69002. ☎ 09-53-36-08-11. • contact@cafeterroir.fr • Ⓜ Bellecour. Tlj midi et soir sauf dim-lun. Congés : 2 sem en août. Menus déj en sem 24 €, 35 € le soir ; carte env 30-40 €.* Dans un recoin des Célestins, un bistrot-rôtisserie qui ne propose que des produits de saison du terroir rhônalpin. Bœuf charolais, poulet fermier de l'Ain ou de Bresse coupé en salle, gros escargots au beurre persillé, œufs fermiers à la coque avec mouillettes au beaufort... Une cuisine un brin régressive, mais que du bon, du sain, du gourmand. C'est la cantine des habitants du quartier ! Cadre chaleureux, déco qui honore les vignobles locaux, cuisine ouverte et service attentionné.

B.L.O. *(plan détachable C6, **88**) : 37, rue de la Charité, 69002. ☎ 04-72-31-76-95. • blo-restaurant.com • Ⓜ Ampère. Tlj sauf dim. Formule déj 19-23 €. Plats 25-35 €.* Pour passer pour un authentique Lyonnais ou mieux encore, pour un habitant du quartier d'Ainay, prononcez B-LO. Ce resto qui fait le plein de carnivores bon teint, à chaque service, on le doit à la boucherie *Bello,* juste à l'angle de la rue. Dans un esprit convivial de table d'hôtes, on se régale avec le pâté en croûte 4 volailles, tout en lorgnant déjà sur la découpe en direct de belles viandes grillées ensuite *a la plancha* et servies avec de vraies frites découpées au couteau. Spécialité de viandes maturées, certains amateurs viennent de loin pour y goûter. Avis à tous ceux qui ont les crocs...

La Maison Marie *(zoom détachable C4, **89**) : 5, rue Tupin, 69002. ☎ 04-78-42-38-12 (12h-13h30, 19h-21h30). • marielaurencemazuir@gmail.com • Ⓜ Cordeliers. Tlj sauf dim-lun. Fermé 15 j. en janv et 15 j. en août. Résa conseillée. Menu déj en sem 26 € ; le soir 38 €. Café offert sur présentation de ce guide.* Dans une rue piétonne et animée, pierre et bois se répondent dans une déco aussi discrète qu'élégante, avec une indéniable touche féminine. Marie est une parfaite hôtesse, formée à l'école Bocuse. Et le chef nous régale avec de jolis produits, dans un esprit bistrot revu et corrigé. Petite terrasse.

Mirtillo (zoom détachable C5, **90**) : 5, rue des Marronniers, 69002. ☎ 09-71-16-01-38. • le_mirtillo@outlook.fr • M. : Bellecour. Ouv tlj sauf dim soir. Formule déj 16 € ; plat du jour 12 €. Le soir, menu 28 €. Carte env 40 €. À 2 enjambées de la place Bellecour, dans cette petite rue piétonne où les restos sont au coude à coude, cet italien donne le change avec sa déco contemporaine et sa généreuse cuisine transalpine. Pas de pizzas, mais des *antipasti* soignés qui peuvent faire office de plat, comme ce mille-feuille d'aubergines ultra fondant. Un choix sympathique de pâtes et risottos, dont une recette s'affiche toujours au menu. En été, on préfère s'asseoir sur les chaises violettes de la terrasse plutôt que dans la salle climatisée. Service sympa et pro.

Le Petit Persan (zoom détachable C4, **91**) : 8, rue Longue, 69001. ☎ 04-78-28-26-50. • parsamans@gmail.com • Ⓜ Cordeliers. Ouv mar-sam 19h-23h, plus sam 12h-15h. Fermé dim, lun et j. fériés. Congés : 1re sem de fév et août. Menus 27, 34 et 37 €. Digestif maison ou café offert sur présentation de ce guide. Dans cette étroite et courte rue Longue, une cuisine persane parfumée et délicate, à base de fines herbes et épices douces, servie avec beaucoup de gentillesse dans un décor raffiné. Tout est très alléchant : des feuilles de vigne farcies maison à la brochette de poulet à l'ail, en passant par le gigot d'agneau aux pois cassés ou le paleron de bœuf mitonné aux fines herbes...

De prix moyens à chic (dans une belle brasserie)

La Brasserie Georges (plan détachable C6, **92**) : 30, cours de Verdun, 69002. ☎ 04-72-56-54-54. • contact@brasseriegeorges.com • Ⓜ Perrache. Ouv tlj. Service continu 11h30-23h (minuit le w-e). Menus 25,50-28,50 € ; carte env 30-35 €. La Brasserie Georges est un monument, ne serait-ce que pour le gigantisme de ses proportions : son immense salle sans un seul pilier, au plafond orné de fresques de Guillermin, en fait l'une des plus grandes d'Europe. En 1836, Georges Hoeffherr prend pour emplacement un terrain insalubre mais stratégique : le carrefour de l'axe Paris-Lyon-Marseille. En 1857, l'étape des diligences cède la place à la gare de Perrache. Lamartine, Verlaine, Jules Verne, les frères Lumière, le peintre Jongkind, Mistinguett, Zola, Rodin fréquentent cette institution, qui accueille tous les grands banquets électoraux. Le temps a passé... Mais le cadre Art déco est là pour rassurer. Quant à la cuisine, dans la grande tradition des brasseries, elle assure, et c'est très bien comme ça. Encore un mot : si les lumières s'éteignent souvent au cours du repas, ce n'est pas parce que la note d'électricité n'a pas été payée : on vient ici pour fêter les anniversaires de toutes sortes. Gardez une place pour l'omelette norvégienne, si vous avez craqué pour une des fameuses choucroutes maison. Pour profiter du cadre sans dîner, on s'accoude au bar à côté des cuves pour tremper ses lèvres dans une bière brassée sur place. Merci, monsieur Georges.

Le Nord (zoom détachable C4, **93**) : 18, rue Neuve, 69002. ☎ 04-72-10-69-69. • nord@brasseries-bocuse.com • Ⓜ Cordeliers. Tlj jusqu'à 22h30 (23h ven-sam, 22h dim). Formule du jour env 21 € en sem ; menus w-e 34,20-37,40 € ; compter 40-50 € à la carte. Une adresse entrée dans la légende du siècle : la 1re brasserie reprise par Bocuse à Lyon, en 1994. Tous les âges, toutes les couches sociales, ou presque, se rencontrent sur ces banquettes. Pour goûter un vrai saucisson chaud pistaché en brioche, une savoureuse quenelle de brochet, ou s'offrir un foie de veau poêlé à la lyonnaise, on ne fait pas mieux. Et puis il y a le spectacle des serveurs, sur un fond de décor « or du temps » que les tentatives de rénovation successives laissent de marbre.

Chic

L'Atelier des Augustins (zoom détachable C3, **94**) : 11, rue des

Augustins, 69001. ☎ 04-72-00-88-01. • contact@latelierdesaugustins.com • Ⓜ Hôtel-de-Ville. Tlj sauf sam midi et dim-lun. Congés : 1re quinzaine d'août, Noël-Jour de l'an. Menus surprise ; 39 € au déj et 54-68 € le soir. Nicolas Guilloton, formé par des chefs étoilés avant de s'aventurer au Mali durant 5 ans, a ouvert cet atelier où il réalise une « cuisine inspirée », tout en surprises. Un festival de subtilités pour les papilles, avec un accord mets-vins d'une grande justesse proposé par un sommelier émérite et très sympathique. Le cadre est superbe avec sa mezzanine à la déco un brin ethnique. L'ambiance est conviviale et nullement guindée. Bref, un coup de cœur, même si on aurait préféré avoir du choix dans les menus.

|●| **L'Étage** *(zoom détachable C3,* ***95****) : 4, pl. des Terreaux, 69001. Au 2e étage. ☎ 04-78-28-19-59. • restaurantletage@live.fr • Ⓜ Hôtel-de-Ville. Tlj sauf dim-lun. Congés : 2 sem en août. Résa impérative. Mar-sam, formule déj 26 € ; Le soir, menus 50-57 €.* Pénétrez au fond de cet étroit couloir et gravissez l'escalier à vis jusqu'à... *L'Étage.* Poussez la lourde porte et installez-vous dans le décor raffiné de ce petit salon boisé tendu de rouge, ancienne boutique où l'on vendait la soie en gros. Si vous avez la chance d'avoir une table près de la fenêtre, vous profiterez de la vue sur la place et le musée des Beaux-Arts. Le décor est à l'image de la cuisine : gracieux, fin et précis. Carte courte dont la simple lecture vous mettra l'eau à la bouche. Excellent accueil du chef, qui navigue entre les fourneaux et la salle.

|●| **Regain** *(zoom détachable C3,* ***96****) : 3, rue d'Algérie, 69001. ☎ 09-81-10-65-08. • contact@regainrestaurant.fr • Ouv lun-ven midi et soir. Fermé w-e. Formules déj 21-24 € ; le soir, menus 3 ou 4 temps 39-49 €.* Laissez-vous séduire par la façade habillée d'élégantes baies voûtées et franchissez la porte de ce resto bien dans son temps. Du beau, du chic, dans le décor comme dans les assiettes : lumières tamisées, pierre, bois vernis et cuir répondent à des compositions culinaires harmonieuses. Et si les saveurs explosent, les prix, eux, se contiennent. On aurait tort de ne pas céder à la tentation d'une cuisine bistrotière de haute volée, encore sublimée par une carte de vins étudiée. Pas plus de fausses notes côté service. Une adresse qui sonne juste !

|●| ***Victoire et Thomas*** *(zoom détachable D3,* ***97****) : 27, rue de l'Arbre-Sec, 69001. ☎ 04-81-11-86-19. • contact@victoire-thomas.com • Ⓜ Hôtel-de-Ville. Fermé dim-lun. Menu du jour 24 € le midi ; carte le soir env 40 €.* Du bon, du chaleureux, du sympa, qui ne se prend pas au sérieux le midi, mais assure côté fraîcheur et inventivité. Le chef ne travaille que des produits locaux de saison, en circuit court. Accords mets-vins faciles à réaliser si on ne regarde pas à la dépense, le choix de vins au verre étant parfait. Il y a des caves à l'ambiance feutrée pour les soirées arrosées ou non, et la vue sur les cuisines pour ne rien cacher. Le soir, cuisine de partage.

|●| **Culina Hortus** *(zoom détachable D3,* ***98****) : 38, rue de l'Arbre-Sec, 69001. ☎ 04-69-84-71-08. • contact@culinahortus.com • Ⓜ Hôtel-de-Ville. Fermé dim-lun. Formules 35 € le midi ; le soir 70 €. Résa indispensable.* On n'aurait jamais imaginé qu'un jour le resto le plus tendance de Lyon serait un gastro 100 % végétarien. Adrien Zedda, le chef de *Victoire et Thomas,* réalise une cuisine très visuelle, sur fond de décor un peu brut. Des plats actuels, colorés, où le goût des produits du jardin potager (*culina hortus* en version latine) n'est jamais masqué. Comme la cuisine ouverte, où des jeunes des écoles de cuisine viennent régulièrement se former à la cuisine végétarienne et végane.

|●| **Thomas** *(plan détachable C5,* ***71****) : 6, rue Laurencin, 69002. ☎ 04-72-56-04-76. • info@restaurant-thomas.com • Ⓜ Ampère. ♿ Tlj sauf sam-dim. Congés : 2 sem début août. Résa impérative. Menus déj 21-25 € ; le soir 49 € ; sinon 23-29 € au bouchon en face.* La rue est à lui, ou presque. Thomas fait partie de ces chefs lyonnais de la 3e génération post-bocusienne qui ont longtemps joué les dissidents avant de multiplier, avec ses copains des *Gueules de Lyon,* les expériences et les restos. Tout en continuant de

mettre les produits en valeur, de respecter les saveurs, qualités qui ont fait sa force et sa réputation. Il a ouvert plusieurs adresses à son nom dans la rue dont un ***bouchon,*** avec terrasse en été (cuisine lyonnaise et ardéchoise) et une ***poissonnerie*** pour une ambiance coquillages et crustacés. Voir aussi plus haut le ***Café Thomas*** pour manger sur le pouce.

I●I ***Vatel – École hôtelière*** *(plan détachable C6,* ***99****) :* *8, rue Duhamel, 69002. ☎ 04-78-38-21-92. ● info.lyon@rvatel.fr ● Ⓜ Perrache. À côté de la gare de Perrache, entre la pl. Carnot et le Rhône. Tlj sauf dim-lun. Congés : de mi-juil à fin août. Menus déj 33-47 €.* Un rapport qualité-prix imbattable. Des élèves tirés à quatre épingles (mais jamais à l'abri d'une légère bévue), des assiettes superbes et copieuses, et des recettes parfois inventives. Le buffet de pâtisseries est redoutable (pour la ligne !). On est loin des espaces lounge et de la cuisine fusion. Pour les nostalgiques des flambages et découpages, devenus si rares de nos jours.

I●I ***Chez Pimousse*** *(zoom détachable B3,* ***100****) :* *27, quai Saint-Vincent, 69001. ☎ 09-82-47-73-60. ● contact@chezpimousse.com ● Ouv lun-ven 12h-13h30, 19h30-21h. Fermé w-e. Formules déj 27-35 € ; le soir, menu dégustation 75 € ; carte env 70-80 €.* C'est en bord de Saône que Pimousse, sobriquet du chef Pierre-Michaël Martin, a investi cette ancienne maison close toute fringante. Après avoir fourbi ses casseroles chez la mère Brazier et au *Bistrot du Potager,* il fait désormais des étincelles dans sa propre cuisine, ouverte sur une salle lumineuse avec tables rustiques, chaises bistrot, bar en zinc et zelliges. Le cadre a de la gueule et les plats inventifs font mouche : de la mise en bouche aux mignardises, on se laisse embarquer par les recettes qui trouvent le juste équilibre entre innovation et respect des produits, toujours de saison et dénichés chez des producteurs triés sur le volet. Une belle escale au pied des pentes de la Croix-Rousse !

I●I ***L'Établi*** *(plan détachable C5,* ***101****) :* *22, rue des Remparts-d'Ainay, 69002. ☎ 04-78-37-49-83. ● contact@letabli-restaurant.fr ● ♿ Tlj sauf sam-dim. Congés : août. Menus déj 34-55 €, menus en 5-7 services le soir 64-84 €.* Le renouveau du quartier d'Ainay, il est là. Décor épuré qui fait moins dans l'élégance feutrée que dans le charme décalé, avec des clins d'œil aux artisans établis autrefois par ici et aux vignerons proches. Louis Fargeton, ancien de Têtedoie, joue le local, la simplicité, et associe les noms de celles et ceux qui œuvrent à la réussite du plat que vous mangerez. Joyeux, audacieux, savoureux et rigoureux tout à la fois.

Où manger dans le vieux Lyon ?

Le vieux Lyon est en passe de retrouver non pas des couleurs, car il n'en a jamais manqué ces dernières décennies, mais des saveurs authentiques. Des grandes tables s'y sont installées, à des prix qui grimpent plus vite que le (portefeuille du) routard moyen. Également quelques trouvailles d'adresses sympa où manger sur le pouce, que nous vous livrons.

Sur le pouce

I●I ***Lyon Particule*** *(zoom détachable C4,* ***102****) :* *1, rue des Estrées, 69005. 📱 06-10-76-57 90 ; ● lyonparticule@gmail.com ● Ⓜ Vieux-Lyon. Mer-dim 11h45-20h, 23h en été. Plats 11,50-14,50 €. Café offert sur présentation de ce guide.* À la fois galerie d'art dédiée à l'art contemporain et resto-café. Salle à la déco dépareillée « bohême ». Petite terrasse face au jardin archéologique avec vue sur la basilique de Fourvière et le chevet de la cathédrale Saint-Jean. Une courte carte avec des produits du marché, frais et également de bonnes pâtisseries artisanales (mais pas maison pour ces dernières). La spécialité ? Les gaufres salées : saumon en été, tartiflette en hiver ! Le tout à déguster confortablement installé dans les canapés ou en terrasse.

I●I ***BMD*** *(zoom détachable C4,* ***103****) :* *3, rue des Trois-Maries, 69005.*

☎ 04-72-41-38-11. • bmd-lyon@orange.fr • Ⓜ Vieux-Lyon. Lun-sam 11h (17h30 mar-mer)-minuit, dim 11h-17h. Formules 15,90-19,90 €. Verres de vin à partir de 5 €. Les 3 initiales annoncent la couleur : « Bois, mange et détends-toi ! » Ce petit bar à vins, vraiment pas prétentieux, tient largement ses promesses grâce à une sélection de belles bouteilles et bons canons réalisée par un responsable passionné. À l'ardoise, charcuterie, quiche lorraine et tartare que l'on peut partager tout comme la bouteille de la cave. Peu de tables, mieux vaut réserver si l'on ne veut pas finir le bec dans l'eau, ce qui, ici, ferait tache !

Café de Fourvière *(zoom détachable B4,* ***104****) : 11, montée de Lange (pl. de Fourvière), 69005. ☎ 04-78-37-39-61. • info@pignol.fr • Ouv tlj 10h-19h. Formules 9,50-13,70 €.* Pas besoin de casser sa tirelire pour grignoter face à la vue plongeante sur la Saône et la presqu'île. Le traiteur *Pignol* propose quiches, sandwichs, wraps, salades et burgers à commander au comptoir avant de se percher à l'étage, dans la salle vitrée face au panorama bluffant. En terrasse sur l'esplanade arborée, on est aussi drôlement bien !

De bon marché à prix moyens

Food Traboule *(zoom détachable B4,* ***105****) : 22, rue du Bœuf, 69005. ☎ 04-87-91-55-33. • foodtraboule.com • Ⓜ Vieux-Lyon. Tlj 11h45-14h30, 18h-22h (sam 23h), service continu le w-e, sur résa ou pas. Ticket moyen 15-18 €.* *Food Traboule* s'est installé dans un lieu magique, la Tour Rose, qui retrouve vie grâce à un duo de jeunes chefs, Tabata et Ludovic Mey (*Les Apothicaires*, voir plus loin). Plus qu'un *food court*, un nouveau lieu de vie, familial et festif, pour boire un verre, se régaler dans un *corner* gourmand. Un concept relativement récent qui accueille sur 2 étages 12 chefs et leur comptoir, aux cuisines très variées. Produits de 1re qualité garantis ! On retrouve, entre autres, *Le comptoir des Apothicaires*, *Le Substrat* et le bouchon *La Meunière*. Le bip que l'on vous donne vous prévient lorsque c'est prêt ! Poutres au plafond ici, verrière végétalisée à l'étage avec vieille pierre au sol, coin bibliothèque cosy dans un recoin... Autant d'ambiances que de salles ! Une carte de fidélité vous offre quelques réductions sous forme de crédit sur la carte.

La Salle à Manger *(zoom détachable B4,* ***104****) : 2, esplanade de Fourvière, 69005. ☎ 04-28-69-01-50. • lasalleamanger-fourviere@apprentis-auteuil.com • Ouv au déj mar-dim et le soir en été jeu-sam. Fermé lun. Formules 19,50-22,50 €.* C'est en plein air, sous les arbres de l'esplanade de Fourvière, à côté de la basilique, que *La Salle à Manger* déploie sa belle terrasse en été. Il s'agit d'un restaurant-école créé par les Apprentis d'Auteuil pour former les jeunes. De septembre à juin, ils assurent en cuisine comme en salle pour devenir les cuistots et serveurs de demain. Au choix, 2 entrées, 2 plats et 2 desserts concoctés sur place avec des produits frais, bio et locaux de préférence. On tire notre chapeau à cette initiative sociale qui dote Fourvière d'une bonne adresse à prix doux. En été, pendant les vacances des apprentis, des étudiants assurent la relève. Également une autre adresse dans le quartier de Confluence *(52, cours Charlemagne, 69002 ; ☎ 04-72-40-95-97).*

The Phamily *(zoom détachable C4,* ***106****) : 7, rue du Bœuf, 69005. ☎ 04-78-92-83-20. • the.phamily@outlook.com • Ouv tlj sauf mar. Menu 24 €. Plats env 15 €.* Une coquette enclave vietnamienne entre les murs de pierre, où les traditionnels chapeaux coniques en feuilles de latanier protègent non pas du soleil mais de la lumière des ampoules. L'incontournable *bobun* est délicieux, comme les autres spécialités préparées avec dextérité par le chef que l'on voit s'agiter dans la cuisine ouverte. Service aussi efficace que sympathique. Une halte pas ruineuse pour changer des traditionnelles cochonnailles lyonnaises.

De prix moyens à chic

Grive *(zoom détachable B5,* ***107****) : 1, rue du Viel-Renversé, 69005.*

☎ 04-72-64-15-26. • contact@grivee picierbistrotier.com • Tlj sauf lun soir. Formule déj 22-25 €. Le soir, petits plats 9-13 €. Carte réduite dim soir. À quelques enjambées de la Saône et de l'église Saint-Georges, l'adresse a de quoi séduire avec son épicerie qui se mue en bar à vins en fin de journée. À midi, la formule unique change tous les jours. Le soir, on se partage les jolies assiettes qui attisent la curiosité. C'est frais et enlevé, si bien que les plats ont un petit goût de reviens-y (compter environ 3 assiettes par personne). Les gourmands auront du mal à céder une cuillérée de leur dessert, qui sont tout simplement divins... Dans le verre, des vins nature ou travaillés en biodynamie, doux au palais mais à des prix qui cognent vite. Aux beaux jours, c'est la belle terrasse qui est tout simplement grisante !

Café-restaurant du Soleil *(zoom détachable B4,* ***108****) : 2, rue Saint-Georges, 69005. ☎ 04-78-37-60-02. • compta.cafedusoleil@outlook.fr • Ⓜ Vieux-Lyon. Sur la petite pl. de la Trinité. Tlj (en continu sam-dim). Menus 24-29 €, carte env 35 €.* Une adresse sympathique dans une maison du XVIIe s, sur une adorable placette. Pas mal de propositions lyonnaises, notamment des quenelles de Pascal Bonhomme, qui restent une référence. Une bonne halte en descendant de Fourvière, surtout quand quelques rayons de soleil viennent frapper la charmante terrasse. Tiens, saviez-vous que la façade a longtemps servi de décor au 1er *Guignol* ?

Daniel & Denise Saint-Jean *(zoom détachable B4,* ***109****) : 36, rue Tramassac, 69005. ☎ 04-78-42-24-62. • stjean@danieletdenise.fr • Ⓜ Vieux-Lyon. Fermé dim-lun et j. fériés. Formule déj en sem 21 € ; menu 40 €.* Joseph Viola, cuisinier MOF (meilleur ouvrier de France) réputé, a dynamisé cette institution au décor resté dans son jus. C'est le 2[d] bouchon gourmand créé par le chef de *Daniel & Denise Créqui,* à 2 pas des halles. Et c'est une des tables que l'on peut vous conseiller les yeux fermés, même si vous perdriez beaucoup, dans ce cas, au spectacle des serveuses découpant lau viande devant vous, du pâté en croûte ou des terrines posées à même la table, des quenelles préparées et proposées à l'ancienne, avec un gratin servi dans son caquelon en cuivre. Du goûteux, du savoureux, du respectueux.

Cinq Mains *(zoom détachable B4,* ***110****) : 12, rue Monseigneur-Lavarenne, 69005. ☎ 04-37-57-30-52. • cinqmains@gmail.com • Ⓜ Vieux-Lyon. Ouv mar-sam. Fermé dim-lun. Menus 24 € midi sem, le soir 38 €.* Au cœur de Saint-Georges, Grégory Cuilleron, jeune cuisinier lyonnais, a surmonté les handicaps de la vie autant que ses passages très médiatisés à la télévision pour ouvrir avec son frère et un ami ce lieu convivial. Poutres apparentes et murs de pierre pour rassurer les Lyonnais, déco contemporaine chaleureuse et vue sur les quais de Saône depuis la grande terrasse sur la place. Plats ludiques et accessibles qui portent la marque d'une cuisine décomplexée, à l'image d'un chef quarantenaire attaché à sa ville mais pas forcément à ses traditions. Carte de vins d'artisans vignerons et qui privilégie les vins nature.

Les Adrets *(zoom détachable B4,* ***111****) : 30, rue du Bœuf, 69005. ☎ 04-78-38-24-30. M. : Vieux-Lyon. Fermé sam-dim. Menu le midi 20 € ; autres menus 30-40 €.* Un resto discret, où l'on s'arrache l'excellent menu du midi qui, non content d'être réalisé avec plaisir, ne fait pas dans le mesquin. Service efficace. Une bonne adresse du vieux Lyon, qui se maintient malgré les changements de propriétaire, c'est tout dire.

Les Lyonnais *(zoom détachable B4,* ***112****) : 19, rue de la Bombarde, 69005. ☎ 04-78-37-64-82. • restaurantlyonnais@gmail.com • M. : Vieux-Lyon. Tlj sauf dim soir-lun. Menus 31,90-37,90 €. Apéritif offert sur présentation de ce guide.* Au pied de Fourvière, on zieute déjà l'extérieur pour lire les dictons écrits à la peinture. De la bonne humeur en somme, à l'image de l'accueil, de l'humour et de la gourmandise. En salle, de grandes tablées en bois qu'on peut être amené à partager. Des photos des fidèles adeptes et des assiettes qui font évidemment la part belle aux spécialités locales.

Où manger à la Croix-Rousse et sur les pentes ?

De bon marché à prix moyens

Le Comptoir du Vin *(plan détachable C2,* ***113****) : 2, rue de Belfort, 69004. ☎ 04-78-39-89-95. M. : Croix-Rousse. Tlj sauf sam soir-dim. Carte env 25 €. CB refusées.* Atmosphère de bistrot populaire, et un chef et patron qui a autant de personnalité que l'endroit. Sa cuisine sans chichis, familiale, simple et généreuse, c'est aussi lui qui la sert. Cochonnailles, patates à l'ail et bonnes viandes, poêlées ou en sauce, que l'on fait glisser avec un vin ne faisant mal ni à la tête ni au portefeuille. Comme on dit à Lyon, mieux vaut attraper chaud en buvant que froid en travaillant !

Bistrot Jutard *(plan détachable C2,* ***114****) : 2, rue de la Terrasse, 69004. ☎ 04-78-28-22-06. • alexandre@bistrotjutard.com • Ⓜ Croix-Rousse. Tlj 12h-14h30, 18h30-22h30, fermé sam-dim midi. Plats 13-18 €.* Adresse bien croix-roussienne, avec son décor de vieux bistrot au plancher patiné, ses moulures au plafond, son zinc où patienter en attendant qu'une table se libère, ses plats bistrotiers vite envoyés. Pas de menu mais une ardoise sympa. Terrasse animée. Il y a même un écailler de septembre à mai, du jeudi au dimanche. Accueil sympa et décontracté.

Le Desjeuneur *(plan détachable C2,* ***115****) : 3, rue des Pierres-Plantées, 69001. • ledesjeuneur@gmail.com • Ⓜ Croix-Rousse. Tlj 10h-16h. Congés : juil. Brunch 18,50 € et formules 13-17,50 €. Pas de résa.* Sur le plateau de la Croix-Rousse, toujours beaucoup de monde dehors (car il faut souvent patienter pour trouver une table) et dans ce lieu où le brunch est roi le week-end comme en semaine. Formule œufs au plat, lard fermier et pancakes banane, noisettes, sirop d'érable pour les amateurs. Et des plats mitonnés, des pâtisseries et des soupes à base de produits frais, de saison et issus de producteurs locaux... De quoi vous mettre de bonne humeur à toute heure !

Prix moyens

Chez Lucien *(plan détachable C2,* ***116****) : 0, rue de Belfort, 69004. ☎ 04-26-07-35-76. • lucien@chez-lucien.fr • Ⓜ Croix-Rousse. Tlj sauf dim-lun 12h-14h, 19h30-22h. Formule déj 21 € ; menu-carte 36 €.* À proximité du Gros Caillou, un lieu où l'on n'a pas besoin de montrer patte blanche pour entrer. On s'y lèche les babines au milieu de bipèdes satisfaits d'avoir trouvé le n° 0 de la rue. Cuisine qui a l'art de renouveler les classiques en jouant sur les textures, les parfums du moment. Cuissons justes, beaux produits que le chef, élevé à l'école Bocuse, adore : boudin noir de Christian Parra, filet de canette du Père Léon. Réservez une table dans le petit jardin du fond, insoupçonnable de l'entrée. Au fait, Lucien, c'est le beau bouledogue anglais de la maison, il ne vient que pour finir les restes, quand il y en a.

Copains Copines sur la Colline *(plan détachable B2,* ***117****) : 3, rue Duviard, 69004. ☎ 04-78-61-73-88. • restaurant-ccslc@gmail.com • Ⓜ Croix-Rousse. Tlj sauf mar-mer. Formule déj en sem 25 €. Menus 30-36 €.* Un bistrot typique de la Croix-Rousse, où l'on se sent bien dans son assiette comme dans son époque. De l'entrée au dessert, même soin du détail, de la perfection, de l'équilibre. Et beaucoup de gentillesse dans l'accueil et dans le service. Terrasse calme aux beaux jours. Brunch très couru le dimanche.

Mr Edgar *(plan détachable C2,* ***118****) : 4 bis, rue de Belfort, 69004. ☎ 04-78-61-73-13. • mredgar@orange.fr • Ⓜ Croix-Rousse. Tlj sauf dim-lun. Formules déj en sem 19 € ; menus 28-32 €.* Cadre rétro et chaleureux avec photos de famille, livres partout, mobilier d'antan et agréable véranda lumineuse et verdoyante. Dans l'assiette, une cuisine traditionnelle revisitée, franche, généreuse et savoureuse, servie avec attention et gaieté. On en redemande ! Le choix varie selon la saison et le marché, mais on trouvera toujours un bon poulpe façon

OÙ MANGER ?

carpaccio ou autre (la recette varie) ou un tartare. Et remerciez *Les Aristochats* pour avoir donné vie à *Edgar !*

Balthaz'art *(plan détachable C2,* ***115****) : 7, rue des Pierres-Plantées, 69001. ☎ 04-72-07-08-88. • fda.balthazart@orange.fr • Ⓜ Croix-Rousse. Ouv le soir mar-mer, midi et soir jeu-sam. Fermé dim-lun. Congés : 1re quinzaine de janv et 2e quinzaine d'août. Formule déj jeu-ven 21 € ; menu 37 €. Carte env 40 €.* Tableaux aux murs, déco rétro chic, à découvrir surtout à l'étage, dans une salle basse de plafond à l'atmosphère hors du temps. Cuisine d'aujourd'hui, en revanche, mettant en avant le produit, autant que la présentation de l'assiette. Un classique (et un vrai régal !), le tartare de bœuf coupé au couteau. Sinon, la courte carte changeant régulièrement, vous devriez n'avoir que des surprises sympa.

La Bonâme de Bruno *(plan détachable D3,* ***119****) : 5, Grande-Rue-des-Feuillants, 69001. ☎ 04-78-30-83-93. • laboname@orange.fr • Ⓜ Croix-Paquet. Fermé sam midi et dim-lun. Congés : août. Formules déj 23-35 € ; menu le soir 35 €, apéritif offert sur présentation de ce guide.* Accueil chaleureux et souriant, ambiance d'appartement avec une âme, on se sent tout de suite bien ! Bruno officie aux fourneaux et aime faire plaisir en offrant une cuisine du moment, généreuse, savoureuse. Ce passionné surprend en jouant sur les épices, les associations de saveurs. Les produits sont d'une extrême fraîcheur, les cuissons parfaites.

Daniel & Denise Croix-Rousse *(plan détachable C2,* ***120****) : 8, rue Cuire, 69004. ☎ 04-78-28-27-44. • danieletdenise.croixrousse@gmail.com • Ⓜ Croix-Rousse. Tlj sauf dim-lun. Résa conseillée. Menu 33 €.* 3e établissement ouvert par Joseph Viola, un chef lyonnais qui poursuit la tradition des bouchons dans ce qu'elle a de plus authentique. Ici encore, on retrouve les nappes à carreaux et les verres ballons sur les tables. Terrasse face à la place des Tapis.

Le Canut et les Gones *(plan détachable C2,* ***121****) : 29, rue de Belfort, 69004. ☎ 04-78-29-17-23. Ⓜ Croix-Rousse. Tlj sauf dim-lun, 12h-13h, 19h30-20h45. Formule déj en sem 22-25 €. Menu 39 €.* Véritable concentré de Croix-Rousse, ce restaurant propose une cuisine à la fois inventive et traditionnelle, variant au gré du marché, des saisons et de l'humeur du chef. Des plats originaux et japonisant créés par Junzo. De la mise en bouche au pousse-café, cette adresse est un enchantement. Des horloges par dizaines, des bouteilles au plafond : son décor kitschissime lui donne en plus un charme fou. Un vrai coup de cœur, et qui dure !

Mon Père était Limonadier *(plan détachable C2,* ***122****) : 9, rue Justin-Godart, 69004. ☎ 04-78-30-93-10. • jmdeveaux63@hotmail.com • Ⓜ Croix-Rousse. Mar-sam soir ; juil-août lun-sam soir. Congés : janv-fév. Carte env 40 €.* Déco colorée, un rien broc. Petite terrasse bancale au pied d'une volée de marches, typique du quartier. La carte, qui varie selon le marché, est en fait un tableau noir qui se promène entre les tables. Et quand le chef, qui est de Perpignan, fait des incursions en terre catalane, il ne rentre jamais bredouille, ce qui se répercute tout de suite sur l'ardoise. Carte de bières intéressante.

Chic

Le Substrat *(plan détachable C1-2,* ***123****) : 7, rue Pailleron, 69004. ☎ 04-78-29-14-93. • substrat-restaurant.com • Ⓜ Croix-Rousse ou Hénon. Tlj sauf dim et sam midi. Midi sem, plats 14 € ; menus 37-58 €, dégustation 48-76 €.* De la cuisine ouverte sortent des plats d'une apparente simplicité mais qui fourmillent d'idées qu'on pourrait parfois juger osées si le chef ne retombait pas toujours sur ses pieds. Il était autrefois sommelier : on s'en serait presque douté au vu de l'épatante carte des vins. Mention spéciale pour le service. Le déjeuner est souvent servi sur les grandes tablées de la *Cabane Substrat,* juste en face, qui fait office d'arrière-cuisine ! Également un comptoir au *Food Traboule* (voir plus haut « Où manger dans le vieux Lyon ? »).

Où manger rive gauche ?

Les bonnes adresses ne manquent pas sur la rive gauche du Rhône, en marge des circuits touristiques mais qui regroupe une bonne moitié du territoire lyonnais. Jouxtant le parc de la Tête-d'Or, le chic et résidentiel quartier des Brotteaux n'est pas le plus ébouriffant côté trouvailles culinaires. Plus au sud, la Guillotière se gentrifie doucement. Un signe, ces établissements accueillants qui poussent à chaque coin de rue et qui donnent envie de pousser la porte.

Autour du parc de la Tête-d'Or et dans le quartier des Brotteaux (6e arrondissement)

De bon marché à prix moyens

|●| ***Les Saveurs du Bistrot*** *(plan détachable F3,* ***124****) : 10, rue du Professeur-Weill, 69006. ☎ 04-37-24-14-25. 📱 06-99-33-45-69. • lessaveursdubistrot@gmail.com • Ⓜ Masséna. Fermé w-e et j. fériés. Menus servis lun-ven midi et soir 23,50-30,50 €, plat du jour 14,50 €. Café offert sur présentation de ce guide.* Du beau travail, dont on peut suivre la préparation en cuisine tout en discutant avec Damien et son équipe, avant de voir arriver des assiettes qui mettent en appétit et donnent irrémédiablement soif. La salle, colorée et actuelle, n'a rien de bouleversant, la cuisine, si. Intuitive, forcément goûteuse – Éric Hubert étant passé dans de belles et grandes maisons.

|●| ***Café-comptoir Chez les Garçons*** *(plan détachable D3,* ***125****) : 5, rue Cuvier, 69006. ☎ 04-78-24-51-07. Ⓜ Foch ; bus n° 4. Fermé le soir (sauf jeu) et le w-e. Plat du jour 14 € ; formules et menus 19-21 € (déj) et 25-30 € jeu soir.* Un bistrot de quartier aux murs tapissés d'un tas de cadres et d'objets, et une collection de billets de banque des 4 coins du globe. Côté ambiance, c'est le 6e arrondissement version décoincée, ça s'embrasse au comptoir entre copains-copines. Une grosse clientèle d'habitués, on les comprend, car on mange fort bien et copieusement chez ces garçons. Les viandes en sauce ont pris le temps de cuire, les salades sont croquantes, fraîches et colorées, et les desserts qui trônent sur la table de billard feraient pâlir de jalousie pas mal de grands-mères.

|●| ***Le Poivron Bleu*** *(plan détachable F3,* ***126****) : 12, rue du Professeur-Weill, 69006. ☎ 04-78-24-86-66. • contact@lepoivronbleurestaurant.fr • Ⓜ Masséna ou Brotteaux. Fermé le soir (sauf jeu-ven) et le w-e. Menu 26 € (déj) et 35 € (soir).* Seul en cuisine, Julien s'applique à faire bien et bon à partir de produits soigneusement choisis chez des producteurs qui travaillent avec la même passion. De réjouissants plats s'affichent à l'ardoise dans une petite salle toute sobre. Prix tout aussi emballants que la cuisine (et que la carte des vins). Une « cuisine agitée du biocal » dont on ferait bien sa cantine.

|●| ***Sauf Imprévu*** *(plan détachable D4,* ***127****) : 40, rue Pierre-Corneille, 69006. ☎ 04-78-52-16-35. • restaurantsaufimprevu@gmail.com • Ⓜ Foch. Ouv au déj seulement et le jeu soir. Fermé sam-dim. Menus 24-28 € le midi, 32 € le jeu soir.* 2 noms célèbres dans cette rue, Corneille et Gagnaire. Pour ce dernier, ce n'est pas de Pierre qu'il s'agit, mais de Félix, son fils, qui a eu la bonne idée d'ouvrir ce bistrot du midi qui fait dans la sobriété côté cadre, la simplicité goûteuse dans l'assiette. Cuisine vive, épatante, réalisée par un jeune chef aussi sincère que doué, et formé à bonne école lui aussi. Tout est bien servi, y compris les vins au verre ! Sympa aussi, la petite salle à manger derrière le comptoir, à réserver pour 6-8 personnes. Félix et son équipe enjouée soignent l'accueil... sauf imprévu.

|●| ⛱ ***Brasserie des Brotteaux*** *(plan détachable F3,* ***128****) : 1, pl. Jules-Ferry, 69006. ☎ 04-72-74-03-98. • contact@brasseriedesbrotteaux.com • Ⓜ Brotteaux. Fermé dim. Assiette brasserie 19 € ; menu 25 € le midi ; menu-carte 42 €.* Face à l'ancienne gare des

Brotteaux, une brasserie centenaire (inchangée depuis 1913, mais rénovée et climatisée) campée dans un décor de glaces et de faïences Art nouveau, drapé de rideaux satinés retenus par des embrasses. Cuisine de tradition revisitée et savoureuse, mais on vient d'abord pour le cadre somptueux qui mérite le détour. Possibilité de 90 couverts, plus 60 en terrasse, vous devriez pouvoir trouver une place.

Chez Terra *(plan détachable E3, **129**)* **:** *81, rue Duguesclin, 69006. ☎ 04-78-89-05-04. Ⓜ Foch. ♿ Fermé dim, lun et j. fériés. Congés : 1 sem à Noël, Pâques et 3 sem en août. Menus midi 15-28 €, carte env 35 €, sinon menu dégustation 65 € (sur résa).* Nous sommes ici dans un *izakaya,* un vrai bistrot japonais et pas seulement de sushis. Ragoût de porc merveilleusement confit, *gyozas* (raviolis maison), tempuras... Intéressante carte de sakés. Clientèle japonaise et lyonnaise : certains soirs, on se sent plus à Tokyo qu'à Lyon. Dommage que le cadre soit si banal !

De prix moyens à chic

Le Simple Goût des Choses *(plan détachable F3, **130**)* **:** *84, cours Vitton, 69006. ☎ 04-78-52-47-28. • lsgdc@outlook.fr • Ⓜ Brotteaux. Tlj sauf sam-dim. Menus déj 23,50-26,50 € ; le soir 30,90-36,90 €.* Un décor tout en sobriété, mais un resto bien dans l'air du temps, où le chef privilégie avant tout le plaisir. À l'ardoise, 3 propositions accompagnées de beaux légumes de saison qui rivalisent de créativité, dont une végétarienne. Une belle adresse pour se laisser surprendre.

PY *(plan détachable E3, **131**)* **:** *16, cours Vitton, 69006. ☎ 04-78-52-71-30. Ⓜ Masséna. Tlj sauf dim-lun. Formule déj en sem 21-25 € ; menus 31-35 € soir et sam.* Pierre et Yuko ont quitté le cadre intimiste de leur resto de la Croix-Rousse pour ouvrir ce lieu feutré, où l'on retrouve la finesse de cuisine chez Pierre et le service très attentionné de Yuko. Il arrive parfois que les influences japonaises se mêlent aux saveurs traditionnelles. Cuissons parfaites, belles présentations, vins à prix raisonnables, on est conquis.

Le Bistrot du Potager Stalingrad *(plan détachable F3, **132**)* **:** *163, bd Stalingrad, 69006. ☎ 04-78-93-19-75. • contact@lebistrotdupotager2.com • Ⓜ Masséna. Ouv lun-sam. Menu déj 23 € ; carte 38 €.* Bistrot, bar à manger, restaurant... Difficile de mettre *Le Bistrot du potager* dans une case et c'est tant mieux ! À 2 pas des Brotteaux, dans un décor chaleureux « esprit récup », on s'attable à la bonne franquette autour d'assiettes à partager réalisées – potager oblige – à partir de produits de saison issus de petits producteurs. De petits plats aussi bons que beaux, rehaussés de fleurs comestibles, et de belles pièces de viande maturées qui font saliver les amateurs.

Le Café du Peintre *(plan détachable F3-4,**133**)* **:** *50, bd des Brotteaux, 69006. ☎ 04-78-52-52-61. • contact@lecafedupeintre.com • Ⓜ Brotteaux. Ouv au déj seulement, plus jeu-ven soir. Fermé w-e. Congés : 1re quinzaine de mai et 3 sem en août. Menus 25 € le midi, 30 € le soir ; carte env 40 €.* Un des rares bouchons de ce côté du Rhône. En vraie mère lyonnaise, Florence Perier revisite des plats de tradition (cervelle d'agneau, tête de veau) en fonction du marché et de l'humeur (pour la terrine). Pour les accords mets-vins, on peut faire confiance à Maxime, son fils : plus de 1 200 références de flacons sélectionnés chez des vignerons qui travaillent en biodynamie ou en agriculture raisonnée. Les habitués sont nombreux à avoir leur rond de serviette, mais vous devriez trouver une petite place dans cette salle d'allure néobistrot (ou sur la petite terrasse quand le temps le veut).

Brasserie L'Est *(plan détachable F3, **134**)* **:** *14, pl. Jules-Ferry, 69006. ☎ 04-37-24-25-26. Ⓜ Brotteaux. Tlj jusqu'à env 23h selon affluence. Formules et menus 25,90-28,70 € ; carte env 40 €.* Installée dans l'ancienne et superbe gare des Brotteaux, petit bijou architectural typique du XIXe s avec son armature en pierre et fer forgé. Voici l'une des brasseries lyonnaises de feu Paul Bocuse. Dans l'immense salle qui se remplit vite, l'œil est sans cesse sollicité. Il y a toujours quelque chose à lire, à découvrir, et on surveille le trafic des trains miniatures qui tournent inlassablement autour de la salle, le ballet des serveurs, des cuisiniers coiffés d'immenses toques blanches, qui nous rejouent les grands classiques du répertoire, comme sur scène, car la cuisine est totalement ouverte sur la salle. Dans les assiettes, des plats de brasserie qui restent dans les rails.

M Restaurant *(plan détachable D3, **135**) : 47, av. Foch, 69006. ☎ 04-78-89-55-19. • mrestaurant@orange.fr • Ⓜ Foch. Tlj sauf sam-dim, 12h-14h, 19h30-22h. Congés : 3 sem en août. Formule déj 35 € ; dîner 44 €.* Dans un quartier bourgeois et tranquille, Julien Gautier, formé à bonne école, propose une cuisine à la fois rigoureuse et créative qui suit les saisons. Service à la fois pro et décontracté. Sans conteste, un excellent rapport qualité-prix et le menu-carte du soir laisse l'embarras du choix. Ce chef entreprenant a eu la bonne idée de créer, juste à côté, le ***Bouchon Sully*** *(20, rue Sully ; ☎ 04-78-89-07-09 ; fermé w-e ; formules déj 18-22 € ; le soir 27 €).* Si vous n'avez pas encore goûté à un pâté en croûte ou à un vol au vent dans la tradition, vous pouvez vous fier à cette adresse constante au service impeccable. Quant au menu, il est d'un rapport qualité-prix réjouissant.

OÙ MANGER ?

Plus chic

Les Apothicaires *(plan détachable D3, **136**) : 23, rue de Sèze, 69006. ☎ 04-26-02-25-09. • lesapothicairesrestaurant@gmail.com • Ⓜ Foch. Congés : 3 sem de fin juil à mi-août. Fermé sam-dim. Formules 44-55 € le midi ; menu unique le soir 84-95 €.* Après avoir quitté Bocuse et s'être offert un tour du monde culinaire, Tabata et Ludovic Mey sont revenus à Lyon pour y créer leur nid, devenu le repaire incontournable des gourmands qui ont décidé de casser la tirelire. À tel point qu'ils sont parvenus au firmament... de la 1re étoile ! Une cuisine qui leur ressemble, dans un cadre où l'on se sent bien. Du bleu canard au mur, une bibliothèque remplie de bocaux, de livres et de babioles marrantes, et dans l'assiette une cuisine d'instinct qui fait la part belle au végétal, au fumé, à la créativité, un poil complexe dans les intitulés, mais en réalité tout simplement élégante et enthousiasmante. Le couple jamais à court d'idées a fait le buzz avec l'ouverture du *Food Traboule,* dans la Tour Rose où *Les Apothicaires* est également présent (voir plus haut « Où manger dans le vieux Lyon ? »).

33 Cité *(plan détachable F1, **137**) : 33, quai Charles-de-Gaulle, 69006. ☎ 04-37-45-45-45. Parking P3. Bus nos 4 et 58, arrêt Cité-Universitaire. Au bout de la Cité internationale, face à l'amphithéâtre. ♿ Tlj sauf dim. Formules déj 24,50-27,90 € ; carte env 50 €. Parking payant.* Design entre bois et chrome, larges baies vitrées ouvrant sur la terrasse, l'amphithéâtre et le parc de la Tête-d'Or. Pour donner vie en cuisine à cette brasserie moderne, les plats ont l'esprit voyageur. Un registre plutôt classique qui navigue entre brises méditerranéennes et régionales.

À la Part-Dieu et dans le reste du 3e arrondissement

Spécial Halles de Lyon

Les restos des Halles de Lyon – Paul-Bocuse *(plan détachable E4, **138**) : halles de Lyon, 102, cours Lafayette, 69003. Ⓜ Place-Guichard ; bus no 1 ou C3. Tlj sauf lun 7h-19h (13h le dim, jusqu'à 16h30 pour les restos).* Vous ne pouvez pas séjourner à Lyon sans aller au moins une fois déjeuner aux halles, pour vivre en direct la magie de cet univers emprisonné dans une poche de béton, qui éclate pourtant de vie, quand on est à l'intérieur. Derrière *Colette Sibilia,* la reine du saucisson à cuire, voilà le *Resto Halle,* un petit bar-restaurant qui a une sérieuse tendance à empiéter sur l'allée. 1er d'une série à vous proposer tablier de sapeur, quenelles de brochet. Un plat que vous propose également la *Maison Giraudet,* un peu plus loin.

On ne mange pas que de la cochonnaille à Lyon ! Il n'y a qu'à voir, le dimanche midi, le monde qui se presse autour de l'étal de la *Maison Rousseau.* Cette institution propose des plateaux de fruits de mer à emporter ou à déguster sur place. S'il y a trop de monde, vous avez le choix, parmi les concurrents. *Merle,* écailler. *Cellerier,* écailler. *Chez Léon,* écailler. Mais prenez le temps de tourner plusieurs fois dans les allées, vous êtes dans l'un des plus beaux marchés de France, pas spécialement bon marché, il faut l'avouer. Un espace où les bistrots ne manquent pas : on se jette un apéro à l'incontournable bar *Le Fer à Cheval,* un savoureux chausson salé chez *Toké,* à moins de se concocter un pique-nique chez le traiteur *Cellerier,* à croquer en plein air dans le Jardin suspendu, perché au 8e étage sur le toit du parking des Halles. Tables, transats et chaises disséminés entre les arbustes, et vue plongeante sur le quartier de la Part-Dieu. Voir aussi plus loin « Où faire son marché ? Où acheter de bons produits locaux ? ».

Bon marché

|●| ***MSB – Mon Salade Bar*** *(plan détachable E4,* ***139****) : 92, rue Moncey, 69003. ☎ 04-78-79-93-80. Tlj sauf sam-dim 7h45-14h30. Formule 13,90 € ; salade 9,90 €.* Une ambiance « atelier industriel » pour une cuisine créative, puisque chacun compose sa salade sur mesure. Plus de 60 ingrédients ultrafrais (même chauds) sont proposés chaque jour pour laisser libre cours à votre imagination. Végétarienne, sans gluten, light ou encore roborative, il y en a pour tous les goûts, on ne vous raconte pas de salade.

|●| ***Grum & Gram*** *(plan détachable E5,* ***140****) : 264, rue Duguesclin, 69003. ☎ 04-72-31-60-57. • grumetgram@gmail.com • Ⓜ Place-Guichard ou Ⓣ Palais-de-Justice. Fermé sam-dim. Congés : août. Au resto, formules déj 18-22 € et le soir 23-28 €.* Cuisine de bistrot fraîche, enthousiaste, vins de producteurs à découvrir, ça pulse, ça vit, les habitués s'accrochent au comptoir pour voir le chef travailler. Accueil pro, prix doux, déco revigorante et terrasse sur la rue calme. L'ardoise, qui propose des plats de saison joliment travaillés, se renouvelle tous les jours. Et les curieux apprendront forcément à *grumer* leur vin. Une adresse plus tranquille le soir.

|●| ***Le Bistrot du Palais*** *(plan détachable E4,* ***139****) : 220, rue Duguesclin, 69003. ☎ 04-78-14-21-21. Ⓜ Place-Guichard ou Ⓣ Palais-de-Justice. Fermé dim et j. fériés. Congés : 3 sem en août. Formules 23-28,90 € ; carte env 20-25 €.* En face du palais de justice et à 2 pas de la mairie du 3e, une grande salle de brasserie à l'ancienne et une véranda accueillante sur la rue piétonne. Bienvenue dans un des « bistrots de cuisiniers » créés par Jean-Paul Lacombe. L'équipe en place propose chaque jour une cuisine fraîche de style bistrot, vive, parfois inventive, servie prestement : andouillette de la maison Sibilia, suprême de volaille à l'estragon... Rapport qualité-prix extra. D'ailleurs, au déjeuner, l'assiduité des gens de robe sonne comme un verdict.

De prix moyens à chic

|●| ***L'Âme Sœur*** *(plan détachable E4,* ***141****) : 209, rue Duguesclin, 69003. 📱 06-97-71-34-04. • paget.fleurie@orange.fr • Ⓜ Place-Guichard ; bus C3. Fermé lun soir, w-e et j. fériés. Congés : 2e quinzaine d'août. Menu 29 € ; menu saisonnier 52 €.* À 2 pas du palais de justice, la table est discrète au 1er abord, mais l'atmosphère gagne très vite en convivialité. Cuisine de goût, originale et de saison. Olivier Paget joue sur les saveurs du moment, pour vous faire passer précisément un joli moment à table. Carte des vins à tomber.

|●| ***Daniel et Denise Créqui*** *(plan détachable E4,* ***142****) : 156, rue de Créqui, 69003. ☎ 04-78-60-66-53. • crequi@danieletdenise.fr • Ⓜ Place-Guichard ; bus C3. Fermé le w-e et certains j. fériés. Formule déj en sem 21,50 € ; menu de saison 41 €.* Véritable institution lyonnaise, ce bouchon propose une réjouissante cuisine canaille.

En entrant, le vieux bar est toujours là pour accueillir les fidèles ; il y a quelques jolis cuivres aux murs et subsistent aussi les barres qui servaient à pendre les saucissons, palettes fumées et autres merveilles (on est dans une ancienne charcuterie). L'atmosphère est chaleureuse, et la cuisine bien maîtrisée de Joseph Viola a l'avantage de jouer sur 2 registres : les classiques lyonnais et des plats de saison. Pâté en croûte d'anthologie (champion du monde 2009), on ne vous dit que ça ! Du vrai travail d'artisan à l'ancienne. Équipe bien rodée en salle.

|●| ***Arsenic Pépinière de Chefs*** *(plan détachable D4,* ***143****) :* *132, rue Pierre-Corneille, 69003. ☎ 09-62-39-85-55. • contact@arsenicrestaurant.com • Ⓜ Place-Guichard. Tlj sauf w-e 12h-13h15, 19h30-21h. Congés : 3 sem en août. Formule 25 € déj en sem, menu 39 € le soir.* Derrière cette enseigne qui peut y faire réfléchir à 2 fois se cache une pépinière de jeunes chefs passés chez Christian Têtedoie. Le chef étoilé offre chaque année à l'un d'eux une scène où s'exprimer (art scénique-arsenic : jeu de mots subtil !) pendant 6 mois à 1 an. Un tremplin pour la suite de leur carrière ! Place à la créativité débarrassée du protocole : ne reste que le plaisir d'une cuisine inspirée et la convivialité d'une adresse décontractée.

|●| ***Ravigote*** *(plan détachable E4-5,* ***144****) :* *76, rue Mazenod, 69003. ☎ 04-72-15-45-54. • leravigote@gmail.com • Ⓜ Place-Guichard. Lun-ven 11h30-15h, et 19h-23h jeu-ven. Fermé sam-dim. Résa quasi obligatoire. Menus déj 25-28 € ; le soir 49 € (6 plats ; accord mets et vins 73 €) ou carte, plats 26-28 €.* Dans son décor aux airs d'atelier design (cuisine semi-ouverte, chaises d'école et murs décapés volontairement inachevés), ce néobistrot à 2 pas de la Bourse mérite plus qu'un arrêt. Au piano, Xavier Radojewski titille vos papilles dès l'amuse-bouche avec une ravigote maison à « saucer » avec bonheur. Le menu change toutes les semaines et les plats suivent le marché comme l'humeur du chef. L'association des produits est originale, les saveurs sont recherchées et le résultat parfait. Côté flacons, on s'en remet à Marie-Laure et ses conseils avisés. À côté, ***L'Annexe*** *(ouv lun-ven 8h-19h),* où l'on peut faire un tour du monde culinaire autour de sandwichs et de snacks renversants, à savourer sur place ou à emporter. L'occasion de goûter leurs fameux babkas chocolat-noisette !

À la Guillotière (7e arrondissement) et vers Gerland

Les historiens se demanderont peut-être un jour ce qui a fait du 7e arrondissement, naguère si mal coté, la nouvelle Croix-Rousse. Des petits restos-bars-coffee-shops sympa à tous les coins de rue ou presque, où l'on traîne devant son ordi et un café avant de revenir à l'heure de l'apéro et plus tard pour un vrai plat ou plus si affinités et quelques billets de 10 € au fond de la poche. On est ici dans un nouvel univers de *coolitude* gourmande, où l'on transgresse les codes aussi bien de la cuisine lyonnaise que de la cuisine asiat' (voir plus loin *En Mets Fais ce qu'il te Plaît*), où l'on s'attarde en terrasse ou au bar avant de passer à table ou à autre chose.

Sur le pouce

|●| ***La Commune*** *(plan détachable Confluence-Gerland C4,* ***145****) :* *3, rue du Pré-Gaudry, 69007. • hello@lacommune.co • Ⓜ Jean-Macé. Ouv tlj (sam en continu) sauf dim soir et lun. Carte env 20 €. Pas de résa.* Une ancienne menuiserie reconvertie en incubateur pour futurs restaurateurs. Le grand *food hall* réunit une douzaine de stands gourmands parmi lesquels piocher selon son humeur. On glane de l'un à l'autre un classique burger, une cuisine du monde ou des créations plus audacieuses. Car les jeunes cuisiniers en résidence ici pendant 6 mois à 1 an ont été triés sur le volet par un jury, pour leur mettre un pied à l'étrier avant d'ouvrir leur propre restaurant. Terrasse fleurie aux beaux jours, concerts, marché de producteurs et activités, voilà quelques facettes de ce lieu de vie branché !

OÙ MANGER ?

De bon marché à prix moyens

🍽 ☕ ***Kitchen*** *(plan détachable D6,* ***146****) : 34, rue Chevreul, 69007. 📱 06-03-36-42-75. Ⓜ Jean-Macé. Tlj sauf mar-mer 8h (8h30 sam-dim)-18h30. Menus sem 22-26 €, w-e 31-35 €.* Un endroit tout riquiqui et plein d'énergie. Elle est suédoise (ça se remarque un peu dans la déco et dans certains plats) et cuisinière, lui français et pâtissier. Ce qui transparaît aussi dans la cuisine, fraîche et enlevée, c'est le passage de ce duo chez quelques grands. Les jolies pâtisseries donnent d'ailleurs envie d'y revenir l'après-midi autour d'un thé ou d'un chocolat, ou d'y prendre le petit déj. Le plus dur étant d'y trouver une table...

🍽 🍷 ***Le Bistrot des Fauves*** *(plan détachable D5-6,* ***147****) : 29, rue Saint-Michel, 69007. ☎ 09-81-44-46-05. Ⓜ Saxe-Gambetta. Tlj 8h30-1h (9h30-1h le w-e). Formules déj en sem 18,90-23,40 € ; le soir plat 18,90 € ; carte env 34 €.* Un bistrot à la cool, avec des chaises dépareillées et un carrelage qui a vu défiler quelques générations de pieds. Ce lieu qui vit tous les jours (et à Lyon, ça tient quasiment du miracle !), du petit noir du matin à l'apéro, régale aussi son monde d'une cuisine de marché à prix contenus. En revanche, la circulation rugissante n'incite pas vraiment à s'installer en terrasse.

🍽 🍷 ***La Tête dans le Local*** *(plan détachable D5-6,* ***147****) : 26, av Jean-Jaurès, 69007. ☎ 04-81-10-81-64. • contact@latetedanslelocal.net • Ouv lun-ven midi et soir. Fermé w-e. Formules déj 16-18 € ; carte env 40 €.* Une adresse un peu décalée à la Guil', où le mobilier de récup apporte une touche bohème à la salle en longueur, avec murs de pierre et mezzanine. Il y a de l'idée dans les plats mijotés (toujours une proposition végétarienne), présentés en bocaux, mais les vraies vedettes, ce sont les produits locaux, bios pour la plupart. Même exigence côté bières, souvent artisanales et brassées dans la région. Les appétits solides affirmeront qu'à la qualité on peut aussi associer la quantité, mais tant que les prix ne déraillent pas, on ne va pas faire sa tête de lard.

De prix moyens à chic

🍽 ***Imouto*** *(plan détachable D5,* ***149****) : 21, rue Pasteur, 69007. ☎ 04-72-76-99-53. Ⓜ Guillotière. Tlj sauf dim soir et lun. Résa vivement conseillée. Menu déj 27 €, 47 € le soir ; carte env 65 €.* En lisière d'un petit quartier asiat', un resto de cuisine fusion franco-asiatique qui propose des plats dressés comme des œuvres d'art, savoureux et surprenants. Un de ceux qui ont œuvré à populariser en France l'idée de cuisiner à la japonaise les produits du terroir. Cadre design et zen, avec cuisine ouverte où s'agite en silence une brigade concentrée, et une autre salle plus feutrée à l'étage. Rançon du succès, c'est toujours plein !

🍽 ***Le Suprême*** *(plan détachable E6,* ***150****) : 106, cours Gambetta, 69007. ☎ 04-78-72-32-68. • contact@lesupremelyon.com • Ⓜ Garibaldi. Tlj sauf sam midi, dim-lun. Résa conseillée. Congés : août et vac scol de Noël. Formules et menus déj 25-30 € ; menus le soir 51-61 € ; pas de carte.* Bon, l'emplacement sur un carrefour est moche, le cadre épuré, l'ambiance bistrot chic, mais dans l'assiette... Une bisque de fruits de mer à tomber, une volaille de Bresse d'anthologie, et une spécialité à faire saliver les connaisseurs : le gâteau de foie blond, dont vous nous direz des nouvelles ! Le couple franco-coréen qui vous accueille ici a une conception du suprême de volaille qui devrait vous enchanter.

🍽 ***En Mets Fais ce qu'il te Plaît*** *(plan détachable D6,* ***151****) : 43, rue Chevreul, 69007. ☎ 04-78-72-46-58. • enmets@free.fr • Ouv lun-ven et sam soir. Fermé dim. À midi, menus 24-25 €. Le soir 38 € (sem) ou 48 € (w-e).* L'entrée – qui donne sur la cuisine ouverte – n'est pas très engageante, on vous l'accorde... Et, à l'intérieur, ça tient plus du capharnaüm que du resto japonais épuré. Mais c'est ce qui fait son succès auprès des habitués et de tous ceux qui feront fi des préjugés. Katsumi Ishida, le chef d'origine japonaise, d'une sincérité désarmante et d'une probité certaine, préfère l'assiette au décor et à l'ambiance. Et on ne s'en plaint pas quand justement débarquent les assiettes. Environnement atypique, donc, pour une cuisine souvent exceptionnelle...

|●| ***L'Art et la Manière*** *(plan détachable E6, **152**) : 102, Grande-Rue-de-la-Guillotière, 69007. ☎ 04-37-27-05-83. • contact@art-et-la-maniere.fr • Ⓜ Guillotière. Tlj sauf sam-dim, 12h-13h30, 19h-21h. Congés : 3 sem en août. Formules 23-29 € au déj ; compter 35-49 € le soir.* Derrière les dives bouteilles suspendues en vitrine, le cadre intimiste mêle la pierre apparente et le contemporain. Le plaisir continue dans l'assiette avec une cuisine originale et savoureuse. À midi, le menu est une belle affaire. Du grand art, sans trop de manières ! À côté, retour aux banquettes et aux nappes à carreaux : ***Les Bonnes Manières,*** pour réapprendre les classiques de la cuisine lyonnaise à moindres frais.

|●| ***Le Bistrot du Potager Gerland*** *(plan détachable Confluence – Gerland C4, **153**) : 83, rue de Gerland, 69007. ☎ 04-37-70-36-95. • lebistrotdupotager.com • Ⓜ Place-Jean-Jaurès. ♿ Tlj sauf sam-dim et mar soir. Formule déj 23 € ; le soir, carte env 50 €.* Une ancienne halle aux allures de loft industriel. On se presse autour du bar ou sur les banquettes bleu canard pour se régaler de tapas à la lyonnaise (ah, les couteaux gratinés au beurre d'escargot !) ou de coquineries, comme la fricassée de ris de veau et pommes de terre nouvelles, réalisée devant vos yeux par une équipe *punchie*. Nombreuses références de vins, commentés par des sommeliers pleins d'humour.

Où faire son marché ?
Où acheter de bons produits locaux ?

Allez faire un tour aux Halles de Lyon, bien sûr, mais aussi sur les marchés et dans les adresses de la presqu'île que nous vous indiquons, pour préparer votre panier pique-nique (direction le parc de la Tête-d'Or ou les berges du Rhône) ou rapporter quelques spécialités lyonnaises à la maison. Rosette, saucisson de Lyon, saucisson à cuire, sabodet, cervelas pistaché et/ou truffé, fromages en tout genre, vins des coteaux lyonnais... Mais aussi des pains, des fruits, des légumes superbes. Les marchés de produits frais sont des lieux de haute importance à Lyon. Imaginez ! C'est le point de départ de la cuisine, la trame de toute l'histoire culinaire. Pensez si c'est sérieux !

Sur la presqu'île

|●| ***Les halles du Grand Hôtel-Dieu*** *(zoom détachable D5) : 1, pl. de l'Hôpital, 69002. ☎ 04-78-41-30-42. Ⓜ Bellecour. • grand-hotel-dieu.com • Tlj sauf dim 9h-19h30.* Si le nouveau ventre de Lyon reste pour l'instant un peu plat, c'est que ces halles n'ont, autant le préciser, rien de très bon marché. On vient plus par curiosité que pour faire ses courses, mais on peut aussi se poser autour des mange-debout de chez *Pozzoli* ou de la *Maison Pignol* (pâté en croûte maison, plats du jour) ou à la *boucherie Trolliet* juste à côté, au 1er étage, ou sinon s'asseoir autour d'une des tables du bistrot *Théodore,* au rez-de-chaussée. Pour vous faire saliver, les chocolats Voisin proposent leurs spécialités emblématiques : coussins de Lyon (ganache au chocolat et à la pâte d'amande) et pralines roses. Idéal pour une pause au cours de la visite de l'Hôtel-Dieu, mais ces halles nouvelles n'ont, autant le préciser, rien de très bon marché.

Le marché du quai Saint-Antoine *(zoom détachable C4) : il se prolonge sur le quai des Célestins. Tlj sauf lun 6h-13h (13h30 ven-dim).* C'est ici et pas ailleurs que tous les grands chefs et tous les amoureux de la vraie cuisine viennent s'approvisionner. Ici et pas ailleurs que tous les petits producteurs du Rhône vendent leurs produits.

Boulangerie Pozzoli *(zoom détachable C4, **160**) : 18, rue Ferrandière, 69002. ☎ 04-78-42-66-27. Ⓜ Cordeliers. Tlj 7h-19h (7h-13h dim).* François Pozzoli est l'un des meilleurs artisans de France (MOF). Il est aussi le boulanger des restos de Paul Bocuse. Sur place, dans sa boutique de la rue Ferrandière ou dans celles aménagées dans les halles Bocuse et de l'Hôtel-Dieu, d'excellents sandwichs, des tartelettes salées, des viennoiseries et pâtisseries qui devraient vous régaler.

Violette et Berlingot *(zoom détachable C4,* ***161****) : 58, passage de L'Argue, 69002. ☎ 04-72-40-97-49. Ⓜ Cordeliers. Lun 14h-19h, mar-sam 10h-13h30, 14h30-19h (en continu le sam). Fermé dim.* Une adorable confiserie à l'ancienne, cachée au détour de ce passage. Tous les bonbons de votre enfance répondent présent (berlingots, violettes, coquelicots, sucres d'orge, guimauves, caramels, réglisses, etc.). Également des spécialités lyonnaises comme les pralines.

À la Croix-Rousse

Le marché de la Croix-Rousse *(plan détachable B-C2) : bd de la Croix-Rousse, 69004. Ⓜ Croix-Rousse. Tlj sauf lun 6h-13h (13h30 mar et ven-dim). Marché bio sam.* Plus petit (habituellement) que celui du quai Saint-Antoine, plus populaire, plus vivant également et moins cher. Il fait partie de l'image du quartier (un petit village dans la ville). Tout à côté, sur la place, ***charcuterie Sibilia,*** pour les amateurs de cochonaille, avec des mange-debout pour une petite faim sur le pouce.

Goûter *(plan détachable C2) : 16, pl. de la Croix-Rousse, 69004. ☎ 04-72-10-05-71. Ⓜ Croix-Rousse. Mar-sam 8h-19h, dim 8h-12h30. Fermé lun.* Avec cette boutique, le pâtissier-chocolatier Sébastien Bouillet remet à l'honneur les gâteaux de son enfance et revisite les cakes, tartes et brioches avec malice. Goûter la Tra'Bouille, tarte aux pralines qui fait croquer et craquer tout à la fois ! Voir aussi plus loin « Achats. Chocolat ».

Sur la rive gauche

Les Halles de Lyon – Paul-Bocuse *(plan détachable E4,* ***138****) : 102, cours Lafayette, 69003. Ⓜ Place-Guichard. Ouv mar-sam 7h-19h (22h30 pour les restos), dim 7h-13h (16h30 pour les restos). Fermé lun.* Si vous n'avez pas pu faire une pause déjeuner dans ce lieu mythique, où les tables pour manger sur le pouce, ou même à l'assiette, ne manquent pas (voir plus haut « Où manger rive gauche ? » dans le 3e arrondissement), faites-y au moins un tour pour découvrir ce que Lyon peut offrir de meilleur (mais aussi de plus cher, forcément) côté produits haut de gamme. Parmi les maisons les plus recommandables, pour les fous de charcuterie lyonnaise, retrouvez *Colette Sibilia.* Pour les amateurs de fromages, rendez-vous chez la très médiatisée *Mère Richard*. Aux halles, vous trouverez également des marchands de vin qui vous conseilleront sur les 10 crus du beaujolais. Sans oublier une boutique-dégustation des quenelles *Giraudet.*

Le marché du quai Victor-Augagneur *(plan détachable D4) : en bordure du quartier de la Guillotière, 69003. Ⓜ Place-Guichard. Ts les mat mar-dim, plus le jeu 14h-20h.* Un marché convivial et très cosmopolite.

Sur les bords de Saône

Boulangerie de l'Île Barbe – Maison Jocteur *(hors plan détachable par A1) : 5, pl. Henri-Barbusse, 69009. ☎ 04-78-83-98-35. Mar-dim 7h-19h30. Fermé lun.* Véritable institution lyonnaise tenue par Philippe-Marc Jocteur, cette boulangerie offre un cadre authentique juste à côté de l'île Barbe. Idéal pour le petit déj du dimanche matin, surtout avec la terrasse, quand le soleil est de la partie. Croissants, petits pains, tartelettes, gâteaux, tout est de qualité. Une mention spéciale pour la tarte à la praline.

Où déguster une bonne glace ?

Unico *(plan détachable C3,* ***170****) : 91, montée de la Grande-Côte, 69001. ☎ 09-83-80-04-10. • info@unicoglacier.com • Ouv tlj 13h-20h.* Un glacier artisanal créé par 2 compères issus de l'institut Bocuse. Les cornets comme les glaces sont fabriqués ici, derrière les baies vitrées. Les glaces et les sorbets, peu sucrés et réalisés avec des fruits de saison, sont un régal surtout après avoir gravi les pentes de la Croix-Rousse (mmmhhh, la pêche blanche et l'abricot-romarin !).

Fresco *(zoom détachable C4,* ***171****)* **:** *29, quai Saint-Antoine, 69002. ☎ 09-88-04-48-06. Ouv mer-dim 13h30-19h (18h dim). Fermé lun-mar.* Le petit frère d'*Unico,* chez qui les fameuses glaces à l'italienne sont fabriquées. Un choix restreint avec chaque jour 2 parfums différents de glaces et sorbets. À déguster sur les bords de Saône.

Terre Adelice *(zoom détachable C4,* ***172****)* **:** *1, pl. de la Baleine, 69005. ☎ 04-78-03-51-84. Ouv tlj 13h-0h30.* LA référence à Lyon pour ses glaces aux saveurs merveilleuses. Dur de se décider devant la centaine de parfums plus envoûtants les uns que les autres. Les classiques côtoient les plus audacieux comme le foin des montagnes ardéchoises ou même le lard fumé !

Où boire un thé, un petit noir et plus si affinités ?

La Limonade de Marinette *(zoom détachable B5,* ***175****)* **:** *46, rue Saint-Georges, 69005. ☎ 04-72-32-21-73. • info@ateliers-marinette.fr • Ⓜ Vieux-Lyon. ♿ Tlj sauf lun-mar. Ouv mer-dim 9h-19h.* Face à l'église Saint-Georges, une épicerie-bazar telle que l'on devait en trouver dans les années 1950-1970. Celle-ci semble tout droit sortie d'un décor de film. Sur des tables en Formica authentique, on accompagne une limonade artisanale ou un café à l'ancienne d'un cookie. À côté, jetez un œil sur les ***Ateliers de Marinette,*** qui vendent de jolis trésors vintage *(ouv mer-dim 11h-19h).*

Maison de thé Cha Yuan *(plan détachable C5,* ***174****)* **:** *7-9, rue des Remparts-d'Ainay, 69002. ☎ 04-72-41-04-60. Ⓜ Ampère. ♿ Ouv lun-sam 10h (14h lun)-18h30. 250 thés à déguster. Un mochi offert sur présentation de ce guide.* Une authentique maison de thé avec boutique. En direct des producteurs 250 thés différents. Côté décoration, que des matériaux naturels dans de douces tonalités, de belles photos et des objets asiatiques pour créer une atmosphère raffinée. Cérémonie chinoise du thé (18 €).

Bernachon Passion – Salon de thé *(plan détachable E3,* ***180****)* **:** *42, cours Franklin-Roosevelt, 69006. ☎ 04-78-52-23-65. Ⓜ Foch. Ouv mar-sam 9h-18h30. Congés : 4 sem de mi-juil à mi-août.* À côté de la célèbre pâtisserie-chocolaterie du même nom. Les prix sont élevés pour ce salon de thé, mais la maison vaut le détour pour son chocolat chaud, d'une qualité absolument hors du commun.

La Boîte à Café *(plan détachable C3,* ***178****)* **:** *3, rue de l'Abbé-Rozier, 69001. ☎ 04-27-01-48-71. Lun-ven 8h (7h30 l'été)-18h, sam 9h-18h, dim 10h-17h30.* Un mouchoir de poche vitré à l'angle d'une petite placette et une dizaine de tables dehors. Aux commandes, des passionnés de café qui vous feront découvrir différentes méthodes de préparation du café. Dès le petit déj, on peut accompagner son petit noir d'une viennoiserie ou d'un cookie (pas maison). Quelques tables sur la charmante place Forez.

Les Papas Sucrés *(plan détachable C5,* ***233****)* **:** *42, rue Sala, 69002. 📱 06-38-50-68-45. • contact@lespapassucres.fr • Mar-ven (sauf mar mat) 10h-19h, sam 10h30-19h, dim 11h15-18h. Formules le midi en sem 15-19,50 €. Brunch dominical 24,90 €.* Grégory et Franck attirent les mères et les enfants avec leurs pâtisseries maison qui sont à croquer, en milieu d'après-midi. Mais les formules salées-sucrées du midi sont idéales pour une petite famille, papas compris. Ou pour tout visiteur en partance pour une découverte du centre de la presqu'île. Ambiance cool.

OÙ SORTIR ?

Où boire un verre ? Où écouter de la musique ?

Dans le vieux Lyon

La Cave des Voyageurs – Bar à vins *(zoom détachable C3,* ***217****) :* *7, pl. Saint-Paul, 69005. ☎ 04-78-28-92-28. • la.cavedesvoyageurs@laposte.net • Ⓜ Vieux-Lyon. Ouv 17h-1h. Fermé dim-lun. Congés : août. Grignotages env 15-20 €.* Un tout petit bar à vins qui continue de faire bon et bien juste en face de la gare Saint-Paul. Jolie sélection de vins au verre, d'ici et d'ailleurs, et assiettes de bonne charcuterie pour accompagner.

Big White *(zoom détachable C4,* ***213****) :* *22, rue Lainerie, 69005. ☎ 04-78-29-54-53. Ouv tlj à part de 15h (17h en hiver).* Un bar d'angle toujours animé, avec des tables qui empiètent sur la jolie place du Change en été, face au temple protestant. Pour se rincer le gosier, des bières pression (dont une brassée dans l'Ain) à prix démocratiques, de fameux cocktails, des vins sympathiques, le tout à prix serrés. Les étudiants guettent l'*happy hour* entre 2 parties de babyfoot ou de billard. Une halte chaleureuse au cœur du quartier Saint-Paul.

Johnny Walsh Irish Pub *(zoom détachable B5,* ***210****) :* *56, rue Saint-Georges, 69005. ☎ 04-78-42-98-76. Ⓜ Vieux-Lyon. Ts les soirs sauf dim-lun 21h-3h.* Un pub vraiment chaleureux où les Irlandais nostalgiques se retrouvent. Également plein d'Anglais, et des Lyonnais aussi. Musique live de temps en temps. Toujours beaucoup de décibels, d'ambiance et encore plus de bière.

Jazz Club Lyon Saint-Georges *(zoom détachable B4,* ***108****) :* *4, rue Saint-Georges, 69005. ☎ 04-78-03-88-71. • jazzclub-lyonsaintgeorges.fr • Ⓜ Vieux-Lyon. Ouv ven-dim 19h-1h. Congés : juil-août.* Café-concerts jazz, blues et swing manouche, qui font du bien quand on passe dans ce coin du vieux Lyon. Apéro-concert ouvert à tous, de 19h à 22h30, suffit de pousser la porte. Les musiciens sont sur scène à partir de 19h45, en 2 sets.

The Smoking Dog *(zoom détachable C4,* ***212****) :* *16, rue Lainerie, 69005. ☎ 04-78-28-38-27. Ⓜ Vieux-Lyon. Tlj 17h-1h ; le w-e à partir de 14h. Happy hours lun-ven 18h-20h.* Dans ce beau bar, genre pub anglais tout en longueur, on aime les livres : une bibliothèque parallèle au bar court au-dessus des tables et, le mardi vers 21h, un pub-quiz est organisé pour le plaisir des instruits ! Atmosphère et déco chaleureuses. Service au bar.

Sur la presqu'île

Animée d'une affairiste et commerçante activité diurne, la presqu'île possède toute une gamme de bars, du grand café au petit troquet, où chacun a, selon sa classe sociale, ses habitudes. Et l'ouverture de l'Hôtel-Dieu n'a fait que renforcer l'offre, avec des terrasses dans les cours appartenant à des chaînes souvent connues. La nuit venue, autour des Terreaux et des pentes, d'autres établissements ouvrent leurs portes, pour d'autres habitués plus dissipés. Certains cafés schizophrènes passent avec talent du plat du jour au verre de nuit.

Grand Café des Négociants *(zoom détachable C4,* ***200****) :* *1, pl. Francisque-Régaud, à l'angle des rues Président-Édouard-Herriot et Grenette, 69002. ☎ 04-78-42-50-05. • negociants@lesnegociants.com • Ⓜ Cordeliers. Tlj 7h-4h (12h-minuit pour le restaurant). Menu midi 24,50 €, carte env 50 €. Café offert sur présentation de ce guide.* Créé en 1864, le *Grand Café des Négociants* a tout d'abord abrité les tractations virulentes propres aux grandes foires à bestiaux du quai Saint-Antoine. Plus tard, ce fut au tour des diamantaires de venir y négocier leurs ventes par signes convenus à coup de jeux de miroirs. Les miroirs sont toujours là, soulignés de frises et rehaussés de dorures. Décor baroque splendide, on paie surtout le cadre !

Le Comptoir de la Bourse *(zoom détachable D4,* ***220****)* **:** *33, rue de la Bourse, 69002. ☎ 04-88-92-74-09. Ⓜ Cordeliers. Tlj sauf dim-lun 8h (18h sam)-3h. Formule déj 23 €.* On aime ou pas la déco clinquante de ce lounge chic avec son bar en laiton, ses piliers matelassés de velours rouge. Toujours est-il que les coûteux cocktails sont du tonnerre, et le barman tient bon la barre. Pour grignoter, assiette de foie gras de Masse, charcuterie de Sibilia ou encore croque-truffe qui plaisent aux traders après une dure journée de boursicotage.

Hot Club Jazz de Lyon *(zoom détachable C4,* ***203****)* **:** *26, rue Lanterne, 69001. ☎ 04-78-39-54-74. • hotclubjazzlyon.com • Ⓜ Hôtel-de-Ville. Ouv mer-sam 20h30-1h. Concerts vers 21h. Congés : juin-sept. Entrée : 14 € ; réduc.* Fondé en 1948, c'est le plus vieux des bars associatifs de jazz en France, parrainé par Duke Ellington. La belle cave voûtée bénéficie d'une excellente programmation et accueille toutes les tendances du jazz (be-bop, manouche, musiques improvisées, New Orleans, vocal, etc.). Les plus grands noms du jazz ont joué ici et le *Hot Club de Lyon* demeure une étape indispensable pour un jazzman en France.

Eden Rock Café *(zoom détachable C4,* ***207****)* **:** *68, rue Mercière, 69002. ☎ 04-78-38-28-18. • contact@edenrockcafe.com • Ⓜ Cordeliers. Tlj 12h (17h lun)-1h. Repas env 22 €.* Rencontre entre un décor inspiré du rêve américain et du rock des années 1950 et un hôtel particulier du XVIe s (levez la tête pour admirer les plafonds), qui fut un temps l'un des bordels les plus chics de la ville. Au rez-de-chaussée, grand bar et, au fond, une petite salle où l'on peut manger assez tard le soir des plats tex-mex. À l'étage, une salle agréable où des groupes (rock, blues, funk) viennent se produire le week-end.

Le Pélican *(plan détachable C3,* ***201****)* **:** *7, rue Terme, 69001. ☎ 04-78-69-36-57. • pelicanlyon.com • Ⓜ Hôtel-de-Ville ou Croix-Paquet. Tlj sauf lun, 18h30-1h. Cocktails 10-12 €.* Un bar à cocktails à 2 pas des Terreaux, dans un joli décor alliant le contemporain et les vieilles pierres. De belles propositions de cocktails signature atypiques, sans cesse en mouvement. Mais aussi une sélection de cocktails classiques ou sans alcool pour ceux qui ne souhaitent pas trop s'aventurer. Le tout à siroter dans un cadre cosy et soigné en grignotant de bonnes tapas maison pour ne pas s'écrouler !

À la Croix-Rousse et sur les pentes

Le quartier des canuts et des traboules, perché sur sa colline, regarde de haut l'agitation mercantile de la presqu'île à ses pieds. Héritiers des établissements où se réunissait une classe ouvrière rebelle, les bars de la Croix-Rousse sont certainement les plus accueillants de la ville, qui semble, au cœur de ce village, avoir oublié qu'elle était grande.

Le Bistrot fait sa Broc *(plan détachable C2,* ***205****)* **:** *3, rue Dumenge, 69004. ☎ 04-72-07-93-47. Ⓜ Croix-Rousse. Lun-sam 17h-1h (sam 16h-1h). Fermé dim.* Tout le monde l'appelle le *Bistrot Broc* ou même le *Broc* tout court. Une déco rock'n'kitsch, des habitués du quartier qui, au comptoir, ne vous abandonneront pas à votre solitude, des expos et des concerts quand l'accueillante équipe en a envie. Quelques trucs sympathiques à grignoter.

Le Fantôme de l'Opéra *(plan détachable D3,* ***223****)* **:** *19, rue Royale, 69001. ☎ 04-37-92-03-88. • fantomeoperalyon@gmail.com • Ⓜ Hôtel-de-ville. Mar-sam 18h-1h. Fermé dim-lun.* Ce *Fantôme* n'a rien d'effrayant, on a même envie de se blottir dans ses fauteuils, à la lueur des bougies. Ambiance intime et cocktails diaboliquement bons, élaborés dans les règles de l'art. Service impeccable.

Le Bec de Jazz *(plan détachable C3,* ***224****)* **:** *19, rue Burdeau, 69001. 06-69-38-74-17. • becdejazz20@gmail.com • Ⓜ Croix-Paquet. À l'angle avec la rue Pouteau. Jeu-sam 22h30-5h. Fermé en août. Entrée libre.* Un club un peu à l'ancienne, avec, au fond, une salle où, avachi dans de gros fauteuils ou assis sur des banquettes de moleskine, vous aurez peut-être la chance d'entendre jouer Tchangodeï, le patron, pianiste de jazz d'origine béninoise. À l'étage, ça guinche sur des rythmes jazzy-funky, voire rock'n'roll. Attention, l'enseigne est aussi discrète que l'adresse est atypique.

Et côté rive gauche...

Lyon est une vaste cité et n'allez pas penser que, hors du centre, point de salut. La très populaire (et étudiante) Guillotière, par exemple, voit, depuis une poignée d'années, s'ouvrir nombre de coffee-shops et de lieux alternatifs.

Sauf Imprévu Cave et Bar à Vins *(plan détachable D4,* ***202****)* **:** *15, rue Vauban, 69006. ☎ 04-37-24-39-79. Ⓜ Foch. Ouv le soir mar-sam 17h-1h (23h mar). Fermé dim-lun.* Félix Gagnaire a ouvert, à 2 pas de son restaurant, ce sympathique bar à vins à l'ambiance feutrée et détendue. Idéal en début de soirée, dans ce quartier calme, ou plus tard dans la soirée. Une belle sélection de vins au verre à découvrir en grignotant des tapas.

Le Court-Circuit *(plan détachable D5-6,* ***214****)* **:** *13, rue Jangot, 69007. ☎ 09-54-36-61-29. • contact@le-court-circuit.fr • le-court-circuit.fr • Ⓜ Guillotière ou Saxe-Gambetta. Lun-sam 10h (15h30 sam)-1h. Formule déj 20 €.* Un bistrot coopératif dont l'enseigne explique tout : court-circuit, c'est pour circuit court. Tous les produits (souvent bio) sont achetés en direct à des petits producteurs : bières artisanales, jus de fruits dans le même esprit... Fréquenté par les étudiants du quartier dans une ambiance forcément très détendue. On peut y manger au déjeuner et y grignoter le soir. Aux beaux jours, grande terrasse tranquille sous les arbres de la place.

Octopus et Comptoir 113 *(plan détachable E6,* ***209****)* **:** *113, Grande-Rue-de-la-Guillotière, 69007. ☎ 04-72-80-93-40. Ⓜ Saxe-Gambetta ou Garibaldi. Comptoir 113 ouv mar-sam 18h-minuit ; fermé dim-lun. Octopus ouv lun-sam midi et soir. Formules 17,50-21 € le midi à l'Octopus. Délicieuses tapas le soir.* Un comptoir qui nous fait du gringue avec son cadre pimpant, ses nombreuses références de vins au verre, et ses tapas gourmandes le soir qui accompagnent des vins si à propos. Les 2 adresses font cuisine commune, mais dirigez-vous vers l'escalier au fond d'*Octopus* pour accéder à la terrasse cachée dans les arbres, en surplomb de la rue de Créqui.

Ninkasi Gerland *(plan détachable Confluence – Gerland C5,* ***229****)* **:** *267, rue Marcel-Mérieux, 69007. ☎ 04-72-76-89-00. • ninkasi.fr • Ⓜ Stade-de-Gerland. Bar ouv tlj 10h-1h (4h ven-sam et minuit dim). Plat du jour 12,50 €.* Dans ce grand entrepôt, à 2 pas du stade de Gerland, un lieu pluridisciplinaire DJ le samedi soir, une salle de concert, des écrans géants pour suivre les matchs de l'OL. La brasserie n'est plus sur place, mais on y boit toujours les bières artisanales produites à une cinquantaine de kilomètres. Atelier biérologie certains mercredis à 19h sur résa (calendrier en ligne).

Où sortir ? Où danser ?

Grande ville très codifiée, Lyon n'est pas une cité aisée pour le noctambule étranger, particulièrement s'il veut sortir dans la presqu'île, où les clubs privés sont souvent réservés à une clientèle qui y a ses habitudes. Si vous ne souhaitez pas vous départir de votre tenue de jour ou ne vous sentez pas au top de la branchitude, vous trouverez votre place dans les petites discothèques plus accessibles mais moins rigolotes du quai Romain-Rolland, par exemple. Enfin, les vrais noctambules, qui savent que la communauté homosexuelle est, ici comme ailleurs, celle qui propose le plus d'endroits sympa, finiront leur nuit autour de la rue Royale, la « Castro Street », entre Saône et Rhône.

Le Sucre *(plan détachable Confluence-Gerland B4,* ***218****)* **:** *49-50,* *quai Rambaud, 69002. • hello@le-sucre.eu • le-sucre.eu • T T1 Hôtel-de-Région. Fermé lun-mar. Soirées clubbing ven-sam ; voir le site pour les autres événements. Entrée : à partir de 10 €.* Le 1er « rooftop club » de Lyon, perché tout en haut de la Sucrière. Vue évidemment assez étonnante sur la Saône et le quartier. Plus qu'un club, et le meilleur, un lieu culturel à la programmation pointue axée musiques électroniques. Il a accueilli les 1res éditions du festival des Nuits sonores avant de devenir le principal site de la Biennale internationale d'art contemporain.

La Marquise *(plan détachable D5,* ***232****) : péniche amarrée face au 20, quai Victor-Augagneur, 69003. ☎ 04-72-61-92-92. • marquise.net • M Place-Guichard ou Guillotière. Au sud du pont Wilson. Tlj 15h (23h pour le club)-1h (4h ven-sam). Entrée gratuite ven-sam et soirs sans concert (6-15 €).* Bar-boîte flottant sympa, amarré sur le Rhône le long de la voie verte, devenue un lieu de vie incontournable aux beaux jours Concerts certains soirs et programmation éclectiques, ambiance *groovy.* Belle terrasse ouverte l'été à partir de 14h pour toute la famille.

Aller au spectacle

Lyon est une ville de théâtre : une multitude de salles, petites et grandes, proposent des spectacles de qualité, d'une grande diversité. Faire l'économie d'une soirée théâtre serait vraiment dommage. Pour être au fait de l'actualité théâtrale, procurez-vous le mensuel gratuit ***Exit, Sortir à Lyon,*** qui existe aussi en ligne *• exitmag.fr •* et qui recense toutes les programmations du moment.

L'Espace Gerson *(zoom détachable B3,* ***240****) : 1, pl. Gerson, 69005. ☎ 04-78-27-96-99. • espacegerson.com • ♿ Tlj sauf dim 20h30 (18h45 et 21h15 sam). Entrée : à partir de 16 € ; réduc.* Le lundi à 20h30, place aux jeunes talents. Le mardi, improvisation. Chansonniers, one man show, chanteurs et autres déconneurs montent sur la scène de ce café-théâtre. Plein d'humoristes connus et inconnus, qui ne le resteront peut-être pas longtemps. On peut prolonger la soirée en prenant un verre au bar après le spectacle.

Les SUBS *(plan détachable A3,* ***242****) : 8 bis, quai Saint-Vincent, 69001. ☎ 04-78-39-10-02. • les-subs.com • ♿ Accès libre tlj 9h-19h. Terrasse ouv mer-dim 17h-22h30, dim 11h-18h. Fermé en août. Tarifs des spectacles : 16 € ; réduc.* Cet ancien couvent du XVIIe s situé sur les rives de Saône est aujourd'hui constitué des SUBS, lieu de création contemporaine et de l'École nationale supérieure des beaux-arts de Lyon (ENSBA). Lieu vivant d'expériences artistiques, les SUBS offrent un accès privilégié à la diversité de la scène contemporaine : théâtre, danse, musique, cirque, arts visuels et numériques... Le public est associé à chaque étape de création : sortie de résidence, débats, projets participatifs, ateliers. Et lorsqu'il fait beau, du mercredi au dimanche, les visiteurs peuvent tout simplement profiter de la terrasse de ce site exceptionnel pour se siffler une pression, grignoter un plat proposé par un *food truck,* et même bruncher le dimanche.

La Maison de la Danse *(hors plan détachable par G6,* ***241****) : 8, av. Jean-Mermoz. Rens et résas : ☎ 04-72-78-18-00. • maisondeladanse.com •* La Maison de la Danse est logée dans l'ancien théâtre du 8e arrondissement. Cette imposante structure circulaire en béton armé représente un témoignage rare de l'architecture des années 1960. Soumise à un important lifting depuis, elle possède une salle et un studio de répétitions équipé d'un gradin. Programme à la fois audacieux et varié, qui laisse une place importante aux chorégraphes majeurs du XXe s comme aux jeunes créateurs contemporains. Outre ses spectacles de danse, le lieu propose également une vidéothèque, un bar-restaurant et organise des vidéo-rencontres et des répétitions publiques.

Le théâtre de Guignol

Guignol, un Gone de Lyon, compagnie Daniel Streble (plan détachable B1, **252**) : 65, bd des Canuts, 69004. Salle La Ficelle (1er étage). Résa obligatoire : ☎ 04-72-32-11-55 (en direct 9h-13h). 06-07-51-19-30. • guignol-un-gone-de-lyon.com • Ⓜ Hénon. Représentations mer, sam-dim et tlj pdt les vac scol (zone A) à 15h30. Fermé fin juin-fin sept. Tarifs : adulte 10 €, enfant 8 € ; réduc. Du Guignol traditionnel tout public et, sur réservation, spectacles pour adultes avec « Pot » ou « Mâchon » (car il ne faut pas oublier que, au départ, Guignol s'adresse aux adultes, avec des histoires humoristiques et subtiles). Le spectacle inclut la visite des coulisses : une formidable collection de plus de 300 marionnettes en bois, et un enthousiasme à toute épreuve !

Théâtre Le Guignol de Lyon (zoom détachable C4, **250**) : 2, rue Louis-Carrand, 69005. ☎ 04-78-29-83-36. • guignol-lyon.net • Ⓜ Vieux-Lyon ou Hôtel-de-Ville. Bus C3, nos 19, 40 et C14, arrêt Saint-Paul. À partir d'avr 2023, programmation hors les murs le temps des travaux (1 an env). Spectacles tt public : 11 € ; enfant 8 € ; réduc. Spectacles adultes 18 € ; réduc. Plusieurs spectacles tournent, pour l'immense plaisir d'un large public.

Le Guignol du parc (plan détachable E2) : 06-12-42-48-71. Infos et horaires sur • theatre-guignol-lyon.fr • Entrer par la porte de la Tête-d'Or située en haut du bd des Belges ; le théâtre est derrière le parc aux Daims. Représentations d'env 25 mn mer, w-e, j. fériés et vac scol. Tarifs : adulte 5 € ; enfant 4 €. Inclus dans la Lyon City Card. *La Bête fantastique du Gévaudan*, *Un voleur mal inspiré* et *Guignol dentiste* sont 3 des pièces du répertoire classique de Guignol qui ont fait et font rire parents et enfants depuis des générations. On n'est pas sûr qu'ils comprennent toujours l'argot des gones, mais les coups de bâton, ils adorent. Tant que les enfants riront, Guignol vivra.

La Maison de Guignol (zoom détachable B4, **253**) : 2, montée du Gourguillon, 69005. Résa indispensable : ☎ 04-72-40-26-61. • lamaisondeguignol.fr • Ⓜ Vieux-Lyon. Hors vac scol, séances mer à 15h, sam à 10h30, 15h et 16h30, dim à 10h30 et 15h ; vac scol tlj à 10h30, 14h30, 16h et 17h30. Durée : 45 mn (+ 15 mn de rencontre avec les artistes). Tarifs : adulte 11,50 € ; enfant jusqu'à 16 ans 9,50 € ; inclus dans la Lyon City Card. Café-théâtre jeu-sam sept-mai sur résa de préférence (18 € ; réduc). Installé dans un immeuble du XVe s qui servit de décor à la 1re pièce de l'histoire de Guignol. Spectacles de marionnettes traditionnels et café-théâtre.

Guignol du Grand Hôtel-Dieu (zoom détachable D5) : 1, pl de l'Hôpital, 69002. 06-12-42-48-71. Infos et horaires sur • theatre-guignol-lyon.fr • ♿ Durée : env 30 mn. Tarifs : adulte 8 € ; enfant 7 €. Inclus dans la Lyon City Card. Résa en ligne conseillée. La troupe du parc de la Tête-d'Or anime aussi ses marionnettes au castelet du Grand Hôtel-Dieu. Une programmation dans la pure tradition qui fait rire aussi bien les petits gones que leurs parents.

ACHATS

Chocolat et pralines

Bernachon (plan détachable E3, **180**) : 42, cours Franklin-Roosevelt, 69006. ☎ 04-78-24-37-98. Ⓜ Foch. Tlj sauf dim-lun 8h30-19h. Fermé de mi-juil à mi-août. Les Lyonnais sont très fiers de compter, parmi les nombreux chocolatiers de la ville, l'un des meilleurs artisans de la planète ! La

ACHATS

maison fait son propre chocolat selon des recettes familiales depuis 3 générations. Les fèves sont torréfiées sur place. Bref, tout est fait maison.

Richart, la maison de la dégustation : *2 boutiques.*
– 1, rue du Plat, 69002, entre la pl. Bellecour et la Saône. ☎ 04-78-37-38-55. Ⓜ Bellecour ou Vieux-Lyon. Lun-sam 10h-13h30, 14h-19h.
– 102, cours Lafayette, 69003 (Halles de Lyon – Paul-Bocuse). ☎ 04-72-16-75-21. Ⓜ Bourse-du-Travail. Mar-sam 9h-19h, dim 9h-14h.
Lyonnaise d'origine, la maison a également essaimé à Paris et vers d'autres capitales. Toujours des chocolats modernes et raffinés. Perpétue aussi une spécialité : le cocon lyonnais dont la forme imitant celle des cocons de soie est un hommage aux canuts.

Pâtisserie Bouillet : *plusieurs adresses dont les suivantes :*
– 15, pl. de la Croix-Rousse, 69004. ☎ 04-78-28-90-89. Ⓜ Croix-Rousse. Lun 9h30-13h, 14h-19h ; mar-ven 9h-19h ; sam 8h30-19h30 ; dim 8h30-13h. Au 16, tout à côté, une délicieuse boutique pour retomber en enfance : Goûter.
*– **Boutique Presqu'île :** 14, rue des Archers, 69002. ☎ 04-78-42-98-40. Mar-jeu 10h-13h, 14h-19h ; ven 10h-19h ; sam 9h-19h30.*
*– **Chokola :** 3, rue d'Austerlitz, 69004. ☎ 04-78-27-69-53. Ⓜ Croix-Rousse. Mar-sam 10h-13h, 14h-19h.*
L'un des grands pâtissiers de la ville. Pâtisseries, macarons, chocolat, le choix est vaste et les papilles sont satisfaites.

Les chocolateries Voisin : *plusieurs adresses à Lyon. Dans la presqu'île : 24, pl. des Terreaux (☎ 04-78-28-28-46) ; 28, rue de la République (☎ 04-78-42-46-24) ; 32, rue Grenette (☎ 04-78-37-55-61) ; 38, rue Victor-Hugo (☎ 04-78-37-42-40) ; 11, pl. Bellecour (☎ 04-78-37-79-41). Autres adresses à la Croix-Rousse, au centre commercial* Confluence, *sur la rive gauche et dans les gares...* Depuis 1897, cette chocolaterie familiale régale les Lyonnais avec ses spécialités artisanales : coussins de Lyon (en hommage à la tradition soyeuse) et quenelles pralinées, pralines roses et papillotes lyonnaises ; et pour le baptême du petit ou le mariage de la grande, toute une gamme de dragées.

Les chocolats Bernard Dufoux : *15, rue des Archers, 69002. ☎ 04-72-77-57-95. Ⓜ Bellecour. Mar-sam 10h-13h, 14h-19h. Fermé 2 sem en août.* Un incontournable pour les croqueurs d'or noir. Tablettes maison, bouchées aux fruits, desserts au chocolat, gâteaux, chocolats aux épices. La boutique est petite, mais le talent de ce créateur charolais est grand.

Sève Chocolatier : *Halles de Lyon-Paul-Bocuse, 102, cours Lafayette, 69006, ☎ 04-78-62-36-76 ; et 29, quai Saint-Antoine, 69002, ☎ 04-78-37-67-81. Ouv jeu-dim.* Ce pâtissier et chocolatier lyonnais basé à Champagne-au-Mont-d'Or est le roi des pralines rouges. Prenez chez lui la tarte aux pralines, une des meilleures de la ville, les orangettes, les macarons et la pierre des monts d'Or. Plusieurs adresses, dont celle que nous vous indiquons, incontournable, aux Halles de Lyon. Et surtout un musée étonnant, aux portes de Lyon, le MUSCO, un musée-manufacture qui sort de l'ordinaire (voir plus loin).

Pralus *(zoom détachable C4, **181**)* **:** *27, rue Saint-Jean, 69005. ☎ 04-78-62-74-09. Ouv tlj 8h30-19h.* La vedette de la brioche à la praline, c'est *Pralus,* avec son inimitable Praluline. Originaire de Roanne, le pâtissier meilleur ouvrier de France a essaimé et ouvert plusieurs boutiques à Lyon (et même à Paris). Fondante à souhait, parsemée d'éclats de pralines faites maison, c'est un régal !

Soie

Moins périssable que le chocolat ; c'est le moment ou jamais de craquer pour un peu de soie. Vous trouverez cravates, foulards et pochettes aux adresses suivantes. Entre autres...

L'Atelier de Soierie : *33, rue Romarin, 69001. ☎ 04-72-07-97-83. Ⓜ Hôtel-de-Ville. Lun-ven 9h30-13h, 14h-18h30 ; sam 10h-13h, 14h-18h.* Pour offrir ou s'offrir une cravate, un carré, un foulard en soie. Également, démonstration sur la méthode d'impression de ce merveilleux tissu.

Soierie Saint-Georges : *11, rue Mourguet, 69005. ☎ 04-72-40-25-13. Ⓜ Vieux-Lyon. Mar-sam 10h-18h30.* Ludovic de La Calle a installé son atelier de tissage de soie et d'or dans le quartier Saint-Georges du vieux Lyon, où s'installèrent les 1ers tisseurs de soie, d'or et d'argent au XVIe s. Vous pourrez donc voir travailler les artisans et acheter dans sa boutique écharpes, étoles, mousselines, velours... Également un atelier de tissage et une boutique *(68, rue Saint-Jean dans le Vieux-Lyon ; ouv aussi le dim).*

La Maison des canuts *(plan détachable C2)* **:** *10-12, rue d'Ivry, 69004. ☎ 04-78-28-62-04. • maisondescanuts.com • Ⓜ Croix-Rousse. Mar-sam 10h-13h, 14h-18h (sam en continu). Fermé dim et j. fériés. Entrée : 2 € en visite libre, 9 € en visite commentée ; réduc ; gratuit moins de 11 ans. Résa sur la billetterie en ligne.* Visite commentée de l'atelier à 11h et à 15h30, d'une durée de 50 mn, avec démonstration sur des métiers du XIXe s qui fonctionnent (voir plus loin la rubrique « À voir »). Boutique proposant écharpes, foulards, tissus...

– Voir également les boutiques de l'association Soierie Vivante, dans le même quartier (voir plus loin la rubrique « À voir. La Croix-Rousse ») et les boutiques Brochier dans le vieux Lyon et l'Hôtel-Dieu.

Marionnettes de Guignol

Les boutiques de souvenirs du quartier Saint-Jean vendent toutes des Guignol, Gnafron... Elles sont principalement groupées dans la rue Saint-Jean. C'est le cadeau facile et qui joue gagnant à tous les coups. Assez cher quand même.

Le petit musée fantastique de Guignol : *6, rue Saint-Jean, 69005. ☎ 04-78-37-01-67. Mar-dim 10h30-12h30, 14h-19h ; lun 14h-18h. Entrée musée : 5 €. Inclus dans la Lyon City Card.* Beaucoup de choix de marionnettes fabriquées sur place.

À VOIR DANS LE CENTRE DE LYON

Ville au patrimoine riche et à l'activité grandissante, Lyon se découvre à pied, au fil des quartiers : on aime user ses semelles sur la ***presqu'île***, dans le ***vieux Lyon*** et à la ***Croix-Rousse***. Pour pousser les portes des musées et vous économiser les mollets, pensez à La *Lyon City Card* qui inclut l'entrée dans les musées, les transports et même des visites commentées. D'ailleurs, pour les amateurs de visites guidées originales, un coup d'œil sur le site de l'office de tourisme est très utile avant de partir à l'aventure...

LA COLLINE DE FOURVIÈRE

Cette colline historique fut le 1er site occupé à Lyon. Pour y grimper sans s'épuiser, prenez le funiculaire, appelé « ficelle » car toujours tiré par un câble, au niveau de la station de métro Vieux-Lyon.
Attention, il y en a 2. Celui de droite monte à la station Fourvière et à la basilique ; son voisin va à Saint-Just (on prononce « Saint-Ju ») pour le musée et les théâtres gallo-romains. Ils fonctionnent de 6h à 22h (minuit pour le 2d), toutes les 5 ou 10 mn selon le moment de la journée. On conseille aux marcheurs (sans faire de ségrégation politique) la montée du Gourguillon (entre Saint-Jean et Saint-Georges), qui passe devant la Maison de Guignol

(voir plus haut « le théâtre de Guignol »), celle du Garillan ou encore celle des Chazeaux, qui rejoint la montée Saint-Barthélemy et les jardins du Rosaire.

Un peu d'histoire romaine

En 43 av. J.-C., Munatius Plancus (Munate le Planqué en vf) reçoit du sénat de Rome l'ordre de créer une colonie pour accueillir les anciens de ses légions. Ils s'installeront sur la colline. C'est le meilleur emplacement, puisqu'il permet de contrôler la confluence Rhône-Saône ainsi que les principales voies de circulation. Une vraie ville s'y développe, avec des temples petits et grands, des théâtres, des voies romaines, un cirque et ***un forum,*** **Forum Vetus** ***ou Vieux Forum, qui deviendra au fil du temps Forvière, puis Fourvière.***
Une ***enceinte*** délimite les formes de la cité puisque les morts sont obligatoirement ensevelis hors les murs. Les pentes de la Croix-Rousse, quant à elles, restent essentiellement gauloises. Le gendre d'Auguste, Drusus, fait de ce site un centre religieux, et les grands prêtres s'y retrouvent chaque année. Les Romains domineront la place pendant 5 siècles et **Lugdunum** (de *lux,* lumière et *dunum,* colline) ***deviendra,*** avec Narbonne, ***le centre de la Gaule.***
Un gigantesque et néanmoins ingénieux système de 4 aqueducs permet d'acheminer l'eau de très loin. Celui du Gier, encore en partie visible aujourd'hui, sera le plus monumental. ***L'importance de la ville romaine*** et la majesté des édifices sont attestées par ***la richesse et la diversité des découvertes archéologiques.*** Au IXe s, longtemps après le départ des Romains, le forum s'effondre à cause de l'importance du réseau hydraulique souterrain. Les vestiges retrouvés aujourd'hui sont malgré tout parmi les plus importants du pays.

L'esplanade *(zoom détachable B4)* **:** la vue extraordinaire sur toute la ville qu'on aperçoit d'ici permet aussi de mieux la comprendre. Le vieux Lyon en contrebas, la presqu'île avec la trouée de la place Bellecour et la statue de Louis XIV, l'Hôtel-Dieu et ses coupoles, les flèches de l'église Saint-Nizier et le Crayon, rapport à sa forme, qui signale le quartier moderne de la Part-Dieu. Plus loin, le dôme de l'opéra et, sur la gauche, les pentes de la Croix-Rousse. Lorsque le temps le permet, on devine les contreforts des Alpes. Seule la Confluence échappe au regard. La colline est truffée de galeries souterraines et draine les eaux des monts du Lyonnais.
Ceux qui veulent rapidement regagner le vieux Lyon traverseront, en contrebas de l'esplanade, la partie du parc des Hauteurs appelée ***jardins du Rosaire*** *(zoom détachable B4),* anciens jardins religieux, puis dévaleront la ***montée des Chazeaux*** (autrefois appelée la *montée Tire-Cul*).

La basilique de Fourvière *(zoom détachable B4)* **:** tout au sommet de la colline, sa 1re pierre a été posée en 1872 à la suite d'un vœu. Les Lyonnais s'étaient promis que si les Prussiens n'envahissaient pas la ville, ils bâtiraient un vaste édifice religieux pour remercier la Vierge, à qui ils avaient déjà demandé protection en 1643 pour les épargner de la peste, puis, en 1832, pour éviter le choléra qui menaçait la ville.
L'architecte Pierre Bossan voulait réaliser une forteresse pour protéger la Vierge. C'est réussi. Il mourut en cours de chantier, et c'est Louis Sainte-Marie Perrin puis son fils qui prirent la relève. Allure massive, créneaux, tourelles, ce château fort du Ciel possède ses passages dérobés, ses souterrains, ses tribunes, ses espaces secrets...
Un rapide tour de l'édifice permet de s'apercevoir que tout n'a pas été sculpté, faute de moyens, notamment au niveau de l'abside. En façade, épaisses colonnes en granit d'Italie, galeries d'anges et arcades vaguement arabo-andalouses.
– ***La crypte :*** on y accède directement par l'extérieur (entrée sur le côté droit de la basilique). Véritable église sous l'église puisqu'elle est aussi grande que sa collègue du dessus, mais beaucoup moins élevée. Jeter un œil sur l'autel dont le bas-relief illustre la mort de Joseph. Le sculpteur lui a donné les traits de Pierre Bossan.

l'architecte. Voûte du chœur couverte de mosaïques. Curieusement, plus on s'éloigne du chœur, moins la pierre est travaillée. L'escalier de Saint-Joseph que l'on emprunte pour descendre dans la crypte permet également d'accéder à l'intérieur de la basilique principale. Entre les ex-voto, la crypte est jalonnée de statues de la Vierge du monde entier (Pologne, Hongrie, Italie, Liban, Chine, Brésil, Portugal, Inde...)

– ***L'intérieur :*** on pourrait le qualifier de romano-baroco-byzantin si ce n'était faire offense à ces styles architecturaux. Murs entièrement couverts de mosaïques illustrant l'Ancien Testament, notamment l'intervention de Marie dans l'histoire de la France et celle de l'Église. Hyper chargé. Anges, animaux, tribunes, personnages... 6 lustres contemporains ont été créés sur mesure lors des dernières restaurations.

– ***Visites guidées insolites :*** *rens au ☎ 04-78-25-86-19. Résas en ligne sur • fourviere.org • Rdv en haut des escaliers, avt l'entrée de la basilique, sur la droite. Avr-sept et vac fév, printemps et de la Toussaint, tlj sauf dim mat à 11h, 14h30 et 16h ; oct-nov, mer, sam et dim à 11h, 14h30 et 16h. Tarif : 14 € ; réduc ; inclus dans la* Lyon City Card. *Durée : 1h30. Nocturnes fév et nov lun-ven à 17h30. Tarif 18 € ; réduc.* Visite de la tribune et des galeries, et montée dans les combles entre les dômes et la charpente métallique type Baltard, découverte du carillon et de ses 23 cloches, puis accès à la corniche et à l'observatoire pour une vue inoubliable. On est à la hauteur de l'archange saint Michel et on peut jeter un œil à la Vierge dorée.

– ***Visites « Les Incontournables de Fourvière » :*** *horaires et résas sur • fourviere.org • Tte l'année sauf dim matin. Tarif : 8 € ; durée 1h.*

UNE IDÉE LUMINEUSE

La statue monumentale (5,60 m) de la Vierge, en bronze doré, qui domine la ville a été inaugurée le 8 décembre 1852, jour de la fête de l'Immaculée Conception. Pour marquer l'événement, les Lyonnais déposent spontanément une lampe à leur fenêtre. C'est l'origine de la fête des Lumières, qui fait étinceler la ville pendant 4 nuits. Qui se douterait en voyant cette statue harmonieuse que ses mains et son visage sont énormes par rapport à son corps ? Grâce à cet astucieux stratagème, la statue de Marie a les dimensions idéales vue d'en bas. Son auteur, Joseph-Hugues Fabisch, a aussi réalisé la statue de la grotte de Massabielle à Lourdes.

La passerelle des 4-Vents *(plan détachable B4) : au pied de la tour métallique ; face au nº 9 de la montée Nicolas-de-Lange, emprunter le chemin qui mène à cette passerelle puis traverser une partie du parc des Hauteurs jusqu'au cimetière de Loyasse (voir plus loin).* Jusqu'en 1937, ce chemin n'avait rien de bucolique puisque c'était la continuation de la « ficelle » (le funiculaire), qui avait pour but unique d'amener les cercueils et les corbillards du vieux Lyon jusqu'au cimetière de Loyasse. De la gare de cet ancien funiculaire, abandonnée, ne subsistent que quelques poutrelles métalliques enfouies dans la végétation.

UNE TOUR EIFFEL À LYON ?

Pas vraiment, même si certains l'appellent ainsi. Cette tour métallique utilise bien la même technique, un treillis de poutres métalliques, mais elle ne fut pas réalisée par les ateliers du célèbre Gustave. Il s'agit en réalité d'une tentative un rien ridicule pour contrebalancer l'imposante présence religieuse de la basilique, en édifiant un « phare républicain », sorte de temple profane pour l'Exposition internationale de Lyon en 1894.

Le musée d'art religieux de Fourvière *(zoom détachable B4) : 8, pl. de Fourvière, 69005. ☎ 04-78-25-13-01. • fourviere.org • Ouv tlj sauf dim mat 10h-12h30, 14h-17h30. Entrée : 7 €.* À travers des expositions temporaires, ce musée d'art sacré abrité dans une ancienne chapelle jésuite expose par roulement ses collections autour de thématiques en lien avec l'art religieux. En revanche, le Trésor de Fourvière, constitué de dons et qui comprend de belles pièces d'orfèvrerie, n'y est plus exposé mais parfois utilisé lors des grandes cérémonies.

Lugdunum – Musée et théâtres romains (plan détachable B4) **:** *17, rue Cléberg, 69005. ☎ 04-72-38-49-30. • lugdunum.grandlyon.com • Ⓜ Vieux-Lyon, puis funiculaire direction Saint-Just, arrêt Minimes, ou bien funiculaire Fourvière. Mar-dim 11h (10h le w-e)-18h. Fermé lun, 1er janv, 1er mai et 25 déc. Théâtres romains gratuits tlj 7h-19h (21h en été). Musée 4 € (7 € en période d'expo temporaire) ; réduc ; inclus dans la* Lyon City Card *; gratuit moins de 18 ans et pour ts le 1er dim du mois. Audioguide inclus, dont une version enfants à partir de 7 ans. Le musée propose tte l'année un programme d'activités culturelles : expositions temporaires, visites guidées, ateliers, animations, conférences, festival romain... Librairie-boutique mar-dim, bibliothèque.*

– ***Le musée :*** ce superbe musée souterrain retrace, en suivant un parcours thématique, les 1ers siècles de Lugdunum. Le visiteur suit une rampe hélicoïdale pour découvrir une vingtaine de thèmes consacrés à la période gallo-romaine, avec une intro sur la Préhistoire de la région. Un fonds d'une grande richesse, superbement mis en valeur par l'architecture du musée, construit en 1975 par Bernard Zehrfuss (on lui doit aussi le palais des expositions du CNIT à la Défense et le siège de l'Unesco à Paris) autour des collections tout en s'intégrant au site. De l'extérieur, il est presque invisible.

Tous les objets sont des originaux et proviennent pour la plupart de ***fouilles*** et découvertes faites dans la région. Comme ce superbe sarcophage du IIIe s, le *Triomphe de Bacchus,* présenté dès l'entrée, trouvé à Lyon et resté dans un état remarquable. Dans le 1er espace, la pièce maîtresse est, sans nul doute, ce *char processionnel* (745-735 av. J.-C.) avec ses 4 roues en bronze, produits de l'artisanat celtique trouvés quasiment intacts en Isère. Le seau sur le dessus servait au prêtre pour les célébrations. Une maquette interactive explique la fondation de la ville.

Dans l'*espace 4,* une pièce exceptionnelle : la *Table claudienne,* un discours gravé sur une plaque de bronze coulée à plat au Ier s de notre ère et rédigé par l'empereur Claude, lyonnais d'origine, par lequel il demande aux sénateurs d'accorder aux Gaulois l'accès à la haute administration romaine et notamment au Sénat. Cette faveur fut progressivement accordée. Ce texte en latin, primordial pour la compréhension du fonctionnement de l'État romain, fut retrouvé sur les pentes de la Croix-Rousse par un drapier lyonnais au XVIe s.

En lisant les nombreuses inscriptions funéraires, on s'aperçoit que les Romains n'inscrivaient jamais les dates de naissance et de mort d'un individu, mais simplement la durée de sa vie.

Évocation ensuite du ***fonctionnement de l'Empire romain***, notamment de l'administration locale, et des différentes religions. Le *calendrier de Coligny* est la pièce maîtresse de l'*espace 11* : étonnant calendrier lunaire et solaire à la fois, trouvé en fragments. Il est en langue gauloise, ce qui est particulièrement rare, mais les caractères sont latins. On note que les mois avaient 29 ou 30 jours. Nombreuses sculptures admirables : en vrac, les *Matres,* le dieu *Sucellus,* de beaux *Neptune, Mars* et *Jupiter...* Vue plongeante sur une jolie mosaïque des 4 saisons. Plus loin, à travers les canons à lumière, belle vue sur les théâtres antiques à l'extérieur.

Espace 13, mosaïque remarquable et passionnante sur les jeux du cirque, d'une fraîcheur artistique étonnante. Il s'agit d'une course de chars... Distinguer au centre les personnages qui tiennent la palme et la couronne du futur vainqueur et puis en haut, à gauche, un type avec un bassin d'eau qui servait à arroser la piste pour limiter les nuages de poussière et pour les soins aux accidentés.

Les espaces suivants *(de 14 à 16)* font le tour de ***l'artisanat et du commerce*** : céramique, verrerie et poterie, travail du fer... Et présentent encore de ***superbes mosaïques,*** dont une immense « aux svastikas », scellée dans le béton et

traitée pour que l'on puisse marcher dessus. Signe de bonheur universel, le svastika était aussi connu des Romains.
À ne pas manquer, dans l'*espace 17,* le ***trésor de Lyon-Vaise*** : statuettes, bijoux et monnaies d'or et d'argent.
Encore et toujours des mosaïques dans l'*espace 18,* et une maquette du théâtre et de l'odéon qu'on aperçoit grandeur réelle à travers un vaste canon à lumière.
Espace 19, évocation du culte des morts avec l'incinération et l'inhumation. Sarcophages, stèles et 4 superbes gros masques funéraires, des Larves, dont l'expression horrifiée, bouche largement ouverte, évoque si bien la crainte de la mort. On termine par l'arrivée du christianisme.
– ***Les théâtres romains :*** *tlj 7h-19h (21h mai-sept). GRATUIT.* Après la visite du musée, il faut aller admirer le ***grand théâtre*** et l'odéon romains juste à côté, classés au Patrimoine mondial de l'Unesco. Le 1er, édifié en 15 av. J.-C., était composé de gradins en pierre et 10 000 personnes pouvaient y prendre place. Son diamètre atteignait 108 m. C'est le plus ancien et le plus grand de la Gaule romaine. Il faut imaginer la scène fermée par un mur décoré par 3 registres de colonnes et son rideau de scène s'élevant du sol. Les notables prenaient place à l'orchestre. Les spectacles, financés par de riches familles, étaient accessibles gratuitement à l'ensemble des habitants. Contrairement à ce que l'on peut penser, on y jouait des farces, pantomimes et autres spectacles légers, souvent accompagnés de musique. Aujourd'hui, le grand théâtre accueille tous les étés les spectacles donnés à l'occasion des décapantes *Nuits de Fourvière* (voir « Fêtes et manifestations » dans le chapitre « Bon à savoir avant le départ » en début de guide).
– L'***odéon*** voisin, érigé au IIe s, plus intime mais comparable dans sa conception, abritait les spectacles comme la musique, les lectures publiques de poésie... Voir l'étonnante marqueterie de marbres polychromes qui dessinent de jolis motifs géométriques et pavent encore l'espace de l'orchestre.
– Tout en haut, au-dessus du théâtre, on voit le grand réservoir de l'***aqueduc du Gier,*** qui acheminait l'eau du mont Pilat jusqu'à Lyon. En sortant du site par l'allée Plancus, entre le théâtre et l'odéon, on peut également apercevoir, au bout de la rue R.-Radisson (à gauche), les vestiges des dernières arcades de cet aqueduc.

Le ***parc de la Visitation*** permet de se relaxer et de pique-niquer tranquillement après une visite de *Lugdunum – Musée et théâtres romains*. Vous pouvez prolonger la pause si vous n'avez pas envie de nous suivre jusqu'au cimetière de Loyasse. Lisez ces lignes tranquillement, dans ce cas, on se retrouve là dans quelques minutes.

Le cimetière de Loyasse *(plan détachable A4) : en poursuivant la balade, si vous avez un peu de temps, on vous conseillera de gagner le cimetière le plus célèbre de Lyon en 15 mn de marche env. Entrée au 46, rue Cardinal-Gerlier. Ouv 8h-17h30 (17h en hiver). Fermé 1er mai et 14 juil.*
Dominant la ville de son calme, il accueille toutes les grandes familles depuis le XIXe s. C'est le cimetière des riches, à l'opposé de celui de la Guillotière. Ici, on se mesurait, même dans la mort. Certains monuments funéraires sont d'ailleurs des chefs-d'œuvre de sculpture. Néobyzantins, romans, grecs, en forme de temple, de sarcophage ou de pyramide, ornés de colonnes brisées... les styles fleurissent en une exubérance très en vogue au XIXe s. L'emplacement en hauteur du cimetière rend son accès difficile : la création du funiculaire de Saint-Just à flanc de colline facilita l'acheminement des cercueils.
Dès l'entrée, sur la droite au fond, la tombe de l'ancien maire Édouard Herriot. Très stalinien dans son dépouillement, le buste du président ressemble d'ailleurs curieusement au Petit Père des peuples. Sorte de Peppone local, ce radical-socialiste avait son Don Camillo, le cardinal Gerlier. Vos pérégrinations vous mèneront peut-être ensuite devant la tombe de la famille Guimet, notamment de Jean-Baptiste, l'inventeur du « bleu Guimet » (pigmentation pour soierie), et

d'Émile, grand routard devant l'Éternel, qui rapporta de ses expéditions en Asie plein d'œuvres d'art. En 1879, il fonda à Lyon un important musée, transféré à Paris en 1945. Fermez les Guimet...
Émouvant, ce « monument des Jouteurs » en mémoire des 33 jeunes jouteurs qui, par mauvais temps, disparurent ensemble dans le Rhône et scellèrent ainsi leur amitié pour l'éternité. On y voit les rames, le plastron et les lances, insignes de ce sport. À l'angle des allées 10 et 79, la tombe discrète de Willermoz, franc-maçon qui rêvait d'unifier toutes les loges à Lyon.
Ne quittez pas Loyasse sans faire halte devant la sépulture de Maître Philippe (1849-1905), entourée d'une grille et toujours fleurie. Appelé aussi Philippe de Lyon, ce guérisseur, magnétiseur et grand psychologue est visité par des touristes du monde entier. Il fut 2 fois appelé à la cour impériale auprès de Nicolas II pour tenter de guérir la tsarine. Il prédit notamment la naissance du tsarévitch Alexis.

Retour devant le musée gallo-romain. On rejoint la *rue de l'Antiquaille,* au bas des ruines, puis on traverse à gauche la *place des Minimes* pour récupérer la *rue des Farges* et la *montée du Gourguillon,* que l'on va descendre, histoire d'être contrariant.

La montée du Gourguillon *(zoom détachable B4-5)* **:** ancienne voie romaine qui a conservé son tracé et qui reliait la ville basse au plateau de Fourvière. *Gourguillon* vient sans doute de *gurgulio,* qui signifie « gargouille » ou « gorge ». Normal, puisque cette trouée dans la colline permettait l'évacuation des eaux pluviales. De chaque côté, quelques maisons aux accents Renaissance, qui ont été modifiées lors des siècles suivants. Le n° 48 en est un exemple parmi tant d'autres. Petits jardins suspendus débordant de verdure, terrasses... À droite du n° 26, mur de soutènement de la colline qui ne parvient pas toujours à retenir l'eau suintant au travers. Encore quelques jardins en terrasses et des contreforts. Face au n° 14, l'***impasse Turquet*** *(zoom détachable B5).* Descendre quelques marches pour découvrir une étonnante demeure du XVIe s avec 3 niveaux de balcons en bois soutenus par d'antiques poutres traversant toute la demeure. Tout en bas de la montée du Gourguillon, petite ***place de la Trinité*** aux accents villageois. À l'angle, le *Café-restaurant du Soleil,* parfait pour prendre un verre ou grignoter un morceau en terrasse quand le soleil est au rendez-vous (voir plus haut « Où manger dans le vieux Lyon ? »). C'est l'image de ce café qui servait autrefois de décor de fond dans les spectacles de Guignol (il y en a un juste en face, comme par hasard). Pour Laurent Mourguet, dont la famille habitait le quartier, il symbolisait le café populaire de Lyon. À chaque angle, la Vierge et saint Joseph et, au centre, un petit soleil. Il faut dire que la maison appartenait à la famille Barou-du-Soleil. L'emblème fut facile à trouver.

LE VIEUX LYON

Étonnante perle Renaissance, c'est le 2e plus grand quartier d'Europe de ce style, après Venise. Il fait partie du site historique inscrit au Patrimoine mondial de l'Unesco. Tout petit secteur en réalité, puisqu'il ne couvre que 25 ha, coincés entre la Saône et la colline de Fourvière. Un bouquet de rues au parfum d'antan, à la cohérence architecturale parfaite, un miracle de pierres, un plaisir pour les yeux et une plongée en apnée dans une belle tranche d'histoire.

Un peu d'histoire... et de vie en rose

À la suite des invasions barbares, la population déserte Fourvière au début du IVe s pour venir s'installer juste au pied de la colline, au bord de la Saône et donc de l'eau (que les barbares avaient coupée, en volant le plomb des canalisations pour en faire des armes). La cité se redéveloppe en longueur et chaque cour, chaque ensemble de maisons possède alors son puits privé.

Les premières foires et l'arrivée des Italiens

Les siècles passent, le quartier change, mais le véritable tournant se produit en 1420, lorsque Charles VII accorde à Lyon 2 foires franches (gratuites). Elles drainent une importante population ***de marchands et de banquiers, en grande majorité italienne,*** notamment des producteurs et marchands de soie. Le commerce explose sous Louis XI, en 1463, quand le nombre de foires passe à 4. Cette étroite bande de terre devient alors ***l'un des plus grands centres d'échanges de biens et de services d'Europe.*** Les Transalpins appartiennent à l'aristocratie marchande : Piémontais, Génois, Lombards et surtout Florentins. Ils posent bagages dans l'actuel quartier *Saint-Jean,* tandis que *Saint-Paul* se consacre plus à la finance qu'au commerce : trésoriers généraux, receveurs du domaine du roi, banquiers... Les étroites ruelles résonnent des noms des Médicis (ils tenaient une maison de banque), des Strozzi, des Pazzi. *Saint-Georges,* quant à lui, conserve un tissu populaire de mariniers (les « nautes »), de potiers et de canuts. *Saint-Jean* sera italien durant tout le XVIe et la 1re moitié du XVIIe s, mais ***les foires déclinent en 1590*** car elles perdent à cette date leur caractère franc. Petit à petit, les Italiens rentrent au bercail.

Le quartier Renaissance

Quand ils arrivent au début du XVIe s, les Italiens apportent leur sens du commerce, mais aussi leur ***architecture.*** Ils bâtiront plusieurs centaines de ***demeures superbes,*** dont la plupart sont ***aujourd'hui classées.*** Elles sont concentrées entre les églises Saint-Georges et Saint-Paul. Les édifices sont hauts et les rues étroites, car l'espace disponible est limité. Les traboules facilitent le passage des piétons tout en évitant une perte de place pour les habitations. Par chance, tout ce quartier restera quasiment inchangé, à part la construction du palais de justice et de 2 églises. Le XIXe s n'a d'yeux que pour la presqu'île et la Croix-Rousse. Tant mieux ! Mais ***le vieux Lyon se délabre*** petit à petit et devient insalubre. Les populations les plus déshéritées y trouvent refuge. Le siècle suivant n'apporte rien de mieux. Les façades sont lépreuses, et la palette chromatique oscille du gris baveux au noir crasseux. André Malraux, ministre de la Culture, fait voter une loi sur la réhabilitation des quartiers anciens en 1962 et, 2 ans plus tard, ***le vieux Lyon est le 1er secteur sauvegardé de France.***

Renaissance d'un quartier

On reprend tout à zéro : rues rendues aux piétons, remodelage total des façades, réinstallation de meneaux aux fenêtres, réhabilitation des cours... Parfois, on va même bien au-delà des réalités historiques, notamment en ce qui concerne la ***recolorisation des édifices.*** En effet, au XVIe s, les couleurs étaient réalisées avec les sables du Rhône et de la Saône, ce qui donnait des nuances de gris, de jaune pâle, de sable. Lors de la réhabilitation, on tapa sans hésiter dans la palette italienne, comme à Venise : rose, rouge, orange et sable. Ainsi le nouveau vieux Lyon est-il sans doute plus beau que l'ancien.
À saluer également : on a tenté de conserver dans le quartier une importante diversité sociale. Plusieurs édifices sont des HLM (entre autres, au no 28 et aux nos 38-40, rue Saint-Jean ; au 2, place du Gouvernement ; et la célèbre galerie due à Philibert Delorme au 8, rue Juiverie).

Les marques de la Renaissance

Vous allez voir nombre de ***demeures Renaissance*** au cours de vos pérégrinations. L'élément principal est sans conteste la cour et son indispensable ***escalier à vis,*** abrité dans une tour plus haute que les bâtiments eux-mêmes, véritable ***marque de prestige et symbole de richesse.*** Il permettait de desservir

2 immeubles : l'un en direct, l'autre par l'intermédiaire de galeries en loggia ouverte à l'italienne (au départ gothique, puis de plus en plus remplacée par des plafonds en bois à la française). Mentionnons aussi les fenêtres à meneaux moulurées, le puits dans la cour et parfois le passage couvert, voûté d'ogives ou pas. Sans omettre toutes les sculptures d'angle, les culots, etc. Ces éléments ne sont pas présents partout, mais au moins 3 d'entre eux le sont dans la plupart des demeures Renaissance.

Adresses utiles

■ ***Renaissance du vieux Lyon :*** *50, rue Saint-Jean, 69005. ☎ 04-78-37-16-04. • lyon-rvl.com • Ⓜ Vieux-Lyon. Permanence lun-ven 14h-18h. Fermé en août.* Une association dont les membres sont toujours prêts à se décarcasser pour expliquer l'évolution de ce quartier, ainsi que les enjeux à venir du secteur sauvegardé.

Ludivisites : *☎ 01-48-74-92-80. • lyon.ludivisites.fr • Visites individuelles : 10 €/pers. Résa impérative. Durée : env 1h30.* Parisienne à l'origine, cette association propose un programme varié de visites de Lyon pour les familles, particulièrement bien ciblées selon l'âge des enfants. Parmi les activités ludiques et guidées pour découvrir le patrimoine local : rallyes à Fourvière, découverte des murs peints dans le quartier Tony-Garnier et dans le vieux Lyon, visite du musée gallo-romain de Fourvière ou visites thématiques au musée des Beaux-Arts.

BALADE DANS LE VIEUX LYON

Notre balade dans le vieux Lyon parcourt les 3 quartiers qui le composent en commençant par *Saint-Georges,* le plus populaire à défaut d'être le plus touristique, puis on remonte vers le nord pour rencontrer *Saint-Jean,* où se concentrent les visiteurs d'un jour, pour terminer par *Saint-Paul,* quelque peu délaissé.

Saint-Georges

Ici, les maisons sont moins ouvragées, les rues plus étroites. En fait, les riches marchands italiens n'y habitaient pas vraiment. Ce sont plutôt les Lyonnais qui y résidaient. Ainsi, peu d'édifices portent la marque de leur talent. C'est un peu le petit frère oublié. Peu de boutiques, quelques bars et un tissu populaire encore très présent, avec pas mal d'artisans, ce qui lui donne cet air de village presque méditerranéen aux beaux jours.

La rue Saint-Georges *(zoom détachable B4-5)* **:** elle a conservé son joli tracé médiéval. Entre les n°s 3 et 5, bas-relief en imposte représentant un phénix. On « traboule » au n° 12, l'une des rares ouvertes à Saint-Georges. Monter les escaliers en plein air pour découvrir cette charmante courette privée et sortir au n° 10 de la même rue. Quelques bars nocturnes.

L'église Saint-Georges *(zoom détachable B5)* **:** dessinée par Pierre Bossan au milieu du XIXe s et de style néogothique, elle ne possède pas d'intérêt architectural notable.

Bifurquer par la ***montée des Épies*** *(plan détachable B5)* et tout droit la ***rue Armand-Caillat,*** bordée de vénérables demeures, modestes et rafistolées. Une échappée qui prend rapidement des allures champêtres comme on les aime. On récupère la montée du Gourguillon, qui clôturait notre parcours de Fourvière.

La rue Tramassac *(zoom détachable B4)* **:** en suivant cette rue, on découvre, au pied de la colline, une plaque commémorative de ce que l'on appela « la catastrophe de Fourvière ». En novembre 1930, les édifices au pied de la colline qui

longeaient la rue Tramassac montrèrent des signes de faiblesse, puis s'effondrèrent à cause de l'humidité (due à la grande quantité d'eau circulant dans la colline), exactement comme au temps des Romains. Il fut interdit de reconstruire et aujourd'hui, la nature a repris ses droits.
En empruntant ensuite la *rue de la Brèche,* on découvre le cœur du vieux Lyon, le quartier *Saint-Jean,* avec sa cathédrale.

Saint-Jean

Depuis la place Saint-Jean ornée d'une jolie fontaine, belle vue sur la colline de Fourvière.

SAINT-JEAN ŒCUMÉNIQUE

Une gargouille au début de la rue Saint-Étienne représente un tailleur de pierre d'origine musulmane, chef du chantier. Un pas vers la réconciliation des peuples.

***La cathédrale Saint-Jean** (zoom détachable B-C4) : pl. Saint-Jean. Ⓜ Vieux-Lyon. Tlj 8h15 (8h dim)-19h (19h45 lun-ven) ; j. fériés 13h-19h. Visites guidées organisées par des bénévoles le w-e 14h30-17h30 ou sur résa (coordonnées à l'intérieur de la cathédrale). Concerts d'orgue le 3e dim du mois à 17h. participation libre.*
Les Lyonnais sont fiers de la rénovation (toujours en cours) de celle qu'ils continuent d'appeler ***primatiale,*** à cause du primat des Gaules, titre historique de l'évêque de Lyon. Beau mélange de roman et de gothique (sa construction s'est étalée de 1180 à 1480).
La cathédrale fut le théâtre d'événements déterminants pour la vie religieuse et politique : conciles au XIIIe s, dépose de la dépouille de Saint Louis (Louis IX) lors de son retour de croisade, consécration de Jean XXII au XIVe s. Le ***mariage d'Henri IV et de Marie de Médicis y est aussi solennisé en 1600,*** après qu'ils se sont mariés par procuration. Le frère du grand Richelieu y reçut sa barrette de cardinal et Napoléon y vint de temps en temps. Par ailleurs, les allusions maçonniques sont très présentes sous des abords religieux. Sur le portail, un médaillon figurant un homme peut être vu sous 2 angles différents : il rigole quand on le voit à l'endroit, mais il est plutôt terrifiant vu la tête en bas.

À VOIR

La façade
Large mais pas agressive, rythmée par une balustrade, elle est en partie composée de blocs de pierre provenant de monuments romains qui se sont effondrés au IXe s, notamment l'ancien forum. Elle est très marquée par la fin du XVe s, à savoir un gothique très flamboyant. Belle rosace et série de gables très pointus surplombant et encadrant les portes. Au sommet trône Dieu le Père (normal) et ensuite apparaissent la Vierge et l'ange Gabriel (re-normal). En revanche, noter que toutes les niches de la façade sont vides. Le responsable ? Le vilain baron des Adrets, qui fit son grand ménage au XVIe s. Mercenaire à la solde des calvinistes, il abjura le catholicisme et dévasta nombre d'édifices religieux dans le Midi et à Lyon. Ici, il détruisit toutes les statues de saints et décapita tous les anges nichés dans les voussures des 3 portails.

L'intérieur
Le principe de construction est simple. L'abside et le chœur sont romans et plus on s'avance vers la façade, plus on va vers le gothique. Chaque fois que les caisses étaient vides, on cessait les travaux, d'où l'étalement de la construction dans le temps. Intérieur assez épuré. Travées essentiellement gothiques. Sans faire une revue de détail, voici les principaux points d'intérêt de la visite.
– ***Les vitraux :*** ils furent démontés pendant la guerre pour être préservés. D'origine, on trouve la rosace centrale dans les tons bleu-violet (1392), ainsi que tous

les vitraux de l'abside (XIIIe s). Du même siècle, voir encore les 2 rosaces du transept. Celle située au sud possède des couleurs froides, plus claires, pour compenser la chaleur du soleil. Couleurs chaudes, plus denses, pour celle du nord. Le plus vieux vitrail est dans la chapelle de la Vierge, à côté de l'horloge astronomique, et date de 1180.

– ***L'horloge astronomique :*** *à gauche du chœur.* Construite au XIVe s, elle serait l'une des plus anciennes d'Europe. Au sommet de sa tourelle, à 9 m de hauteur, siègent les statues des 2 premiers évêques de Lyon, saint Pothain et spaint Irénée. La majestueuse façade indique les dates, la position de la Lune, du Soleil, de la Terre et celle des étoiles au-dessus de Lyon. Noter que, compte tenu des connaissances de l'époque, le Soleil tourne autour de la Terre et non l'inverse. Et puis, avez-vous remarqué que le Soleil s'éloigne et se rapproche en fonction des saisons ? Le grand cercle en dessous de celui qui donne l'heure renseigne sur la date du jour (elle devrait être restaurée sous peu).

Sur le flanc droit de l'horloge, une aiguille indique les minutes et, comme le cadre n'est pas rond, afin d'en suivre les contours elle se rétracte au fur et à mesure de son avancée.

AUTOMATES SUR TOUTE LA GAMME

Sur l'horloge astronomique, plusieurs étages d'automates se mettent au boulot l'heure venue : le coq qui bat des ailes, l'Annonciation, l'Esprit Saint, Gabriel, Dieu... bref, toute la famille. Saviez-vous, par ailleurs, que c'est sur l'air de l'hymne à saint Jean-Baptiste, qui rythme l'action des personnages, que les noms des notes de musique furent déterminés ? Chaque syllabe de chaque début de phrase en latin donna son nom à une note. Ainsi les termes de la chanon : Ut queant laxis, Resonare fibris, Mira gestorum... donnèrent l'ut, le ré, le mi et ainsi de suite.

– ***L'abside :*** c'est la partie la plus ancienne, du XIIe s, donc purement romane.

– ***La chapelle des Bourbons :*** *dans le bras droit de l'église, 2e chapelle sur la droite.* Elle est caractéristique du gothique flamboyant. Fines nervures, clés pendantes, balcon en pierre ciselée comme de la dentelle évoquant des éléments végétaux tels que vigne, houx, gui, chardon, chou, frisée, et des escargots... de Bourgogne. Toute la grammaire décorative propre à cette période est là. Quelques toiles provenant de la collection du cardinal Fesch, oncle de Napoléon et archevêque de Lyon.

– ***Le trésor :*** *tt de suite à droite après l'entrée. De mi-mai à mi-sept, mar-sam 9h-12h (11h mer), 14h-18h30 et 1 dim ap-m sur 2. Hors saison, 9h30 (11h mer)-12h, 14h-18h et 1 dim ap-m sur 2. GRATUIT.* Dans la salle haute de la manécanterie (lire plus loin) aux murs ornés de tapisseries du XVIIe s. Constitué au XIXe s, le trésor rassemble dans quelques vitrines un superbe coffret en ivoire du Xe s (qui servait de coffre à jouets !) et un autel portatif byzantin du XIIIe s pour les pièces les plus anciennes, des émaux limousins, des vêtements liturgiques symboliques du talent des fabricants lyonnais...

La manécanterie *(zoom détachable B4)* **:** *à droite de la cathédrale ; ne se visite pas.* Belle bâtisse romane, ancienne maison de chanoines et seul vestige du cloître Saint-Jean détruit à la Révolution. Elle date du XIe s et a conservé beaucoup de charme avec sa série d'arcatures aveugles, ses colonnettes assemblées 2 à 2... Son nom vient de *mane cantare,* « chanter le matin » en latin, car ce fut à partir du XVe s l'école de chant des choristes de la cathédrale.

– Juste à côté, sur la droite, le jeudi matin, petit marché bio sur la placette.

Le Jardin archéologique *(zoom détachable C4)* **:** *sur le flanc nord de la cathédrale Saint-Jean. Accès libre.* 3 édifices religieux s'élevaient ici, l'un à côté de l'autre, formant jusqu'à la Révolution un important groupe archiépiscopal. Saint-Jean (la cathédrale), Saint-Étienne pour les chanoines du chapitre et Sainte-Croix,

À VOIR

simple église paroissiale pour les gens du quartier. L'ensemble formant le cloître Saint-Jean, entouré de murailles. Le tout fut détruit à la Révolution, sauf la cathédrale. Les vestiges ont été mis au jour lors des travaux d'extension du palais de justice dans les années 1970.

Le palais de justice *(zoom détachable C4)* **:** petit crochet par le quai Romain-Rolland pour observer cet édifice construit sur le modèle d'un temple grec, d'où les colonnes. Ceux qui le fréquentent l'appellent d'ailleurs « les 24 colonnes ». Réalisé au milieu du XIXe s par Louis-Pierre Baltard, le père du créateur des anciennes Halles de Paris, il se distingue par son global manque de fantaisie. Colonnes corinthiennes aux chapiteaux à feuilles d'acanthe, c'est la panoplie complète du néoclassique. Une des seules constructions du vieux Lyon, avec quelques églises, de l'après-Renaissance. À l'intérieur, les salles d'audience abritent plafonds à caissons et peintures du XVIIe s (possibilité de visite guidée sur résa avec l'office de tourisme).

La rue Saint-Jean *(zoom détachable B-C4)* **:** véritable colonne vertébrale du quartier. On va l'emprunter et zigzaguer autour d'elle en « traboulant ».
– Au n° 39, au-dessus du store du resto, un vestige du linteau de la porte de l'église Sainte-Croix, récupéré après la destruction de l'église à la Révolution.
– Au n° 37, une pâtisserie est aujourd'hui installée dans la ***Maison du chamarier*** *(zoom détachable C4),* celui qui faisait respecter l'ordre public. Il conservait les clés du cloître Saint-Jean dont cette bâtisse faisait partie. Porte gothique et pilastres à fleurons. Les meneaux sont ici absents. En effet, à la fin du XVIIIe s, le calcul des impôts se faisait selon le nombre de fenêtres. Chaque séparation comptant pour une fenêtre, les propriétaires retirèrent la plupart des meneaux pour payer moins d'impôts. Logique ! Mme de Sévigné résida ici à plusieurs reprises, faisant halte sur la route pour aller rendre visite à sa fille à Grignan.

Le musée Cinéma et Miniature *(zoom détachable B-C4)* **:** *Maison des avocats, 60, rue Saint-Jean, 69005. ☎ 04-72-00-24-77. • museeminiatureetcinema.fr • Ⓜ Vieux-Lyon. Tlj 10h-18h30 (19h vac scol) ; fermeture de la billetterie 1h avant. Fermé 25 déc et 1er janv. Entrée : 12,50 € : moins de 16 ans 9,50 €. Boutique.*
Voilà une maison du XVe s qui cache bien son jeu. On y patiente à l'entrée en faisant la queue, comme au cinéma, en regardant affiches et maquettes. L'une des plus grandes collections d'objets de tournage au monde, qui fait partie des coups de cœur de nombreux visiteurs de tous âges, de toutes nationalités.

La préservation d'un patrimoine méconnu
Ce musée original a été créé pour faire connaître les trucages surprenants qui ont enchanté ou fait frémir plusieurs générations de spectateurs. On n'en attendait pas moins dans la ville qui fut le berceau du cinéma, même si aucune institution n'en eut l'idée avant que Dan Ohlmann ne décide, en 1990, de montrer les maquettes d'effets spéciaux, après une 1re rencontre avec George Lucas et son équipe à San Francisco.
En 2003, Dan crée un atelier de restauration d'objets de tournage, qui fait toujours partie des temps forts de la visite du musée. Cinémathèques et réalisateurs se passionnent pour cette préservation d'un patrimoine encore trop méconnu. Chaque année, des dizaines de pièces ayant servi à des films célèbres se retrouvent en réparation puis en exposition ici, du parapluie de *Mary Poppins* au tricératops de *Jurassic Park.* Parmi les dernières acquisitions, le marteau de Thor, la baguette et les lunettes de Harry Potter. L'exposition de plus de 500 pièces rares est accompagnée de *making off* surprenants permettant de mieux faire connaître les artistes qui travaillent dans l'ombre des réalisateurs et producteurs.
– On commence par le sous-sol avec les décors de films. On poursuit le voyage en grimpant d'étage en étage, s'arrêtant ici pour revoir un extrait de film, là pour voir des costumes de longs-métrages célèbres notamment *La Planète des singes, Spiderman, Le Dernier Empereur, Gladiator, Robin des Bois, Batman...*

Tous sont des originaux en provenance de studios (d'Hollywood notamment) qui nous permettent de mieux comprendre comment ont été réalisés de nombreux trucages et effets spéciaux. Impressionnante collection de prothèses. Également des maquettes qui servirent de décor insolite dans des films publicitaires ou de fiction.
Ne pas manquer le monstre robotisé d'*Alien Queen,* terrifiant, dans l'une des salles déconseillées aux enfants (mais qu'ils vont adorer !).
Comme l'espace n'est pas infini, certaines salles ressemblent de plus en plus à un cabinet de curiosités, et il faut prendre son temps pour tout découvrir, du sol au plafond. Le musée a été repris en 2021 par Julien Dumont, qui projette de mettre en place des événements (venue d'acteurs, réalisateurs, techniciens du monde du cinéma, journées à thèmes), et de faire du musée un centre international de sauvegarde du patrimoine cinématographique

Un monde en miniature
La collection permanente, exposée au 3e étage, présente, avec un soin particulier accordé à l'éclairage, les miniatures réalisées en partie par Dan Ohlmann, autrefois ébéniste et architecte d'intérieur, qui était avant tout un créateur d'univers, avant d'être un collectionneur et un réparateur. Ces scènes miniaturisées, chefs-d'œuvre de patience et de dextérité, racontent de façon attachante le patrimoine lyonnais, de la prison Saint-Paul à la salle de danse de l'opéra en passant par le délicieux bric-à-brac d'un atelier de canuts à la Croix-Rousse.
Expos temporaires passionnantes au 2e étage.

La place de la Basoche *(zoom détachable B4)* **:** rue de la Bombarde. Ancienne *Auberge de la Croix-d'Or* ; au XIVe s, ce superbe ensemble était habité par des gens de la magistrature, d'où son nom, puisque *basoche* désigne en ancien français le lieu où se tenaient les tribunaux. Voici la panoplie complète du style Renaissance avec 2 tours, l'une octogonale, l'autre à pans coupés, loggia au fond et puits. On peut ensuite suivre, sur quelques mètres, la *rue de la Bombarde.* Au no 8, belle imposte, aux initiales des proprios. Et au no 10, justement, une enseigne de bombarde.
Reprendre à gauche la ***rue Saint-Jean,*** pousser la porte du no 58 pour admirer la cour intérieure. Là encore, escalier à vis octogonal et à sa base le charmant puits, accessible par 3 côtés, galerie à croisées d'ogives...
– Au no 54, on « traboule ». C'est l'une des plus longues de la rue, qui traverse 5 immeubles. C'est d'ailleurs sa seule particularité. Sortie au 27, ***rue du Bœuf.*** Noter les arcades des rez-de-chaussée. C'est le nombre d'arcades qui indiquait l'importance de la boutique qui l'occupait. Le caniveau central faisait office d'égout. Les plus pauvres circulaient au centre de la rue, dans les immondices en tout genre, tandis que les nantis longeaient les boutiques, là où ça puait le moins. Ils tenaient ainsi le « haut du pavé »...

TRIÉS SUR LE VOLET !

Les boutiques sous les arcades présentaient leurs marchandises sur un volet horizontal donnant sur la rue. Ainsi les articles faisaient-ils l'objet d'une sélection puisqu'ils étaient « triés sur le volet »... d'où l'expression. Et quand on en avait marre, il suffisait de fermer le clapet (vieille plaisanterie lyonnaise).

– Au 19 de la rue du Bœuf, belle ***enseigne de la maison L'Outarde d'Or*** *(zoom détachable B4),* une oie sauvage à la chair fine, enseigne d'un maître volailler du XVIIIe s. Noter la phrase « Je vaux mieux que tous les gibiers », de 1708. Une porte est, en principe, ouverte le matin : allée à croisées d'ogives, cour intéressante, galerie, escalier à vis et 2 tourelles dont l'une à encorbellement, ce qui est assez rare. Au no 22, La Tour Rose – avec, au-dessus de la porte, les médaillons des anciens propriétaires –, superbement restaurée pour accueillir aujourd'hui le *Food Traboule* (voir plus haut « Où manger dans le vieux Lyon ? ») et les suites du *MiHotel*.

À VOIR

– À l'angle de la rue du Bœuf et de la place Neuve-Saint-Jean, fameuse ***enseigne*** de 1571, faussement attribuée à Jean de Bologne, sculpteur attitré des Médicis, et représentant un taureau. Cette plaque donna son nom à la rue.
– Au nº 16 rue du Bœuf, la véritable ***tour Rose*** *(zoom détachable B4),* anciennement appelée la *Maison du crible,* c'est-à-dire du collecteur d'impôts, qui passait au crible, ou au tamis, les finances des mauvais payeurs. Admirable tour avec ses escaliers à vis, tour en saillie, fenêtre en plein cintre. Signe de richesse, c'est l'une des plus hautes qui subsistent en ville, bien plus élevée que les habitations autour.
– Incursion ***place Neuve-Saint-Jean,*** pour admirer un ensemble remarquable donnant sur la rue : belle tour carrée sur pans coupés, grandes loggias ouvertes et trace de fontaine. On « traboule » par l'immeuble et on sort par le 40, ***rue Saint-Jean.*** Puis on « traboule » à nouveau presque en face, au nº 27. Cour très bien refaite, avec galeries ouvertes, fenêtres à meneaux et pierre dorée (pierre argilo-calcaire de couleur dorée que l'on trouve dans la région des... Pierres-Dorées, toute proche de Lyon). Noter, dans les premières marches d'escalier, les petits trous qui permettaient de donner de la lumière à la cave située derrière. On sort au 6, rue des Trois-Maries. Au nº 5 de la même rue, sculpture avec les 3 Marie, justement, qui donnèrent son nom à la rue.
– ***La place de la Baleine*** *(zoom détachable C4)* **:** au nº 6, belle imposte très élégante et fine, en fer forgé et tour en bois ouvragé du XVIIe s, style rocaille.
– Au 18, rue Saint-Jean, gracieuse croisée d'ogives, un escalier à vis et, penchez-vous, il n'a pas de pilier central comme les autres : cet escalier est hélicoïdal, ce qui est assez rare. Dans la cour, toujours des galeries et des clés de voûte frappées aux armes des propriétaires, et encore un puits dans un coin. Sortir et revenir par la rue Tramassac.

Gadagne *(zoom détachable B-C4)* **:** *1, pl. du Petit-Collège (rue de Gadagne), 69005. ☎ 04-78-42-03-61. • gadagne-lyon.fr • Ⓜ Vieux-Lyon. Accès par le 14, rue de Gadagne. ♿ Mer-dim 10h30-18h. Fermé lun-mar et certains j. fériés. Entrée : 8 € ; gratuit moins de 26 ans ; inclus dans la Lyon City Card. Animations, visites guidées, ateliers pour enfants, spectacles... Voir programmation et billetterie en ligne sur le site.*

AH ! SI J'ÉTAIS RICHE...

Les Gadagne faisaient partie de ces riches commerçants et banquiers florentins qui quittèrent l'Italie au milieu du XVe s. Ils vinrent vivre et exercer à Lyon, attirés par les fameuses foires. À cette époque, la famille florentine acquit une fortune si considérable que l'on ne disait pas que l'on était « riche comme Crésus » mais « riche comme Gadagne » !

En plus des musées, également un auditorium, un centre de documentation, des ateliers pédagogiques, une boutique-librairie, sans oublier un jardin en terrasses au 4e étage, avec un café-restaurant doté d'une vue superbe sur les toits du vieux Lyon, en accès libre.
– Avant de visiter les musées, prenez le temps d'admirer cette ***remarquable demeure Renaissance,*** l'une des plus vastes du quartier, élevée au début du XVIe s pour le fils d'un négociant en épices. Elle fut rachetée par la célèbre famille Gadagne, banquiers florentins dont l'histoire raconte que leur goût pour la fête était aussi grand que leur fortune – Rabelais évoque d'ailleurs leur nom dans son *Quart Livre.* Elle est agrandie au XVIIe s pour ne plus être modifiée jusqu'au XIXe quand l'édifice est divisé en petits appartements. La maison est acquise au début du XXe s par la Ville, qui y installe le musée historique de la ville de Lyon en 1921 et le musée international de la Marionnette en 1950. Le bâtiment est classé Monument historique depuis 1920. Sur sa façade, attendez le ¼ d'heure pour jeter un œil à l'horloge Charvet, un remarquable carillon du XVIIe s. Toutes les 15 mn, ses automates s'animent : Arlequin, Polichinelle, Gnafron et Guignol font tinter les cloches.

Le MHL, musée d'Histoire de Lyon

Une présentation à la fois sobre et didactique permet d'appréhender de manière ludique l'évolution de la ville de Lyon, de la Renaissance à nos jours, grâce à un petit nombre de pièces de collection représentatives de chaque thématique. Le jeune public prendra un réel plaisir à parcourir une exposition permanente à hauteur d'enfant, sans se sentir écrasé par une multitude de vitrines ou de textes.

Le musée fait peau neuve jusqu'en 2023, ouvrant progressivement 4 expositions permanentes, à commencer par « ***Portraits de Lyon*** », qui donne en 45 mn les points de repère essentiels pour comprendre la ville et ses mutations. Des objets emblématiques de Lyon (pot lyonnais, saucisson, navette de canut...), à la maquette interactive de la ville, en passant par des témoignages de personnages fictifs et des vidéos, les visiteurs vivront une expérience immersive au contenu allégé.

– Au ***1er étage,*** la 2de exposition « ***Les Pieds dans l'eau*** », aborde la géographie de Lyon et son histoire fluviale par le prisme des enjeux écologiques. Parmi les rares objets, une pirogue en chêne du XVIe s illustre les relations entre les Lyonnais et les cours d'eau qui traversent la ville. À nouveau, l'histoire est illustrée par des commentaires audio et des ateliers ludiques. Des personnages fictifs sont mis en scène pour découvrir le métier de lavandière ou de marinier au XIXe s.

– Au ***2e étage,*** l'exposition « ***Qu'est-ce que tu fabriques. Lyon industrielle et ouvrière*** » précède celle : « ***Pouvoirs, engagement et citoyenneté*** » qui ouvre fin 2023.

Le MAM (musée des Arts de la marionnette)

Un musée qui ne cesse d'évoluer depuis sa création. Une dizaine de salles seulement, qui permettent de découvrir par roulement l'exceptionnelle collection du musée (plus de 2 000 marionnettes du monde entier, des castelets, des affiches)... Depuis 2017, le musée a décidé d'aller plus loin encore afin de prouver que la marionnette est un art du spectacle bien vivant, en constante évolution, et pas seulement réservé aux enfants. Nouvelle muséographie, plus en phase avec les techniques actuelles, au service d'un art vieux comme le monde, où le théâtre de papier et le théâtre d'objets les plus contemporains rejoignent les ombres chinoises, les marionnettes du « Bébête Show » ou, bien sûr, l'incontournable Gnafron dans l'imaginaire du public.

HISTOIRE DE PROFILS

En analysant les visages, vous vous interrogerez sur le fait que Gnafron et Madelon ont la bouche tordue ! Présentés de profil, les personnages pouvaient ainsi passer du sourire à la tristesse simplement en changeant de côté. Astucieux, non ?

Après une mise en bouche tout à la fois ludique et magique, on se laisse porter par les couleurs qui annoncent les différents thèmes abordés au fil des pièces : d'où vient la marionnette ? À quoi sert-elle ? Comment se joue-t-elle ?

Le MAM raconte le monde de la marionnette, et donc le nôtre, depuis la nuit des temps ou presque. Rien d'exhaustif ni de chronologique. Juste une belle histoire, un vrai voyage en Europe, Asie, Afrique, Amérique et Océanie.

Avant d'être objet de théâtre, la marionnette participait de la religion, du mystère de la vie. Découverte dans la tombe d'un chaman à Brno, en Moldavie, une statuette articulée datant de 25 000 ans av. J.-C. nous laisse songeurs.

La scénographie s'inspire du monde du spectacle pour nous entraîner derrière le rideau. Faire rire, rêver, inquiéter, réfléchir, soigner, éduquer et manipuler au sens strict, tout est là : théâtre d'ombres, marionnettes dénonçant la société de surconsommation... On entre dans le jeu, des vidéos-tutos réalisés par les plus grands marionnettistes nous aident à mettre les objets en mouvement, des espaces sont dédiés aux familles. Une salle est réservée à l'immersion totale dans l'univers complet d'un artiste. Tous les 4 ans, la muséographie évolue, les pièces présentées changent, mais à la sortie, l'envie de voir ensuite un vrai spectacle ne devrait plus vous quitter.

Même si vous ne visitez pas le musée, rien ne vous empêche d'aller déjeuner dans l'un des plus jolis cafés-restaurants de la ville, caché dans les hauteurs de Gadagne. Idéal surtout quand, aux beaux jours, on peut s'installer sous la treille pour se restaurer avec un des petits plats du moment proposés par le ***Café Gadagne*** *(☎ 04-87-62-40-62 ; formules 18-25 € ; brunch sam-dim 29 €).*

La place du Gouvernement *(zoom détachable C4)* **:** y vivait le gouverneur du Lyonnais, du Beaujolais et du Forez. Il régnait sur la justice, la police et les finances. Bonne place. Au n° 5, une maison du XVIIe s. Contrairement aux maisons du XVIe s dont la tour d'escalier se situait dans la cour, elle est ici en façade. À cette époque, cette tour continue d'être un signe de prestige, mais elle change de position et perd de sa grâce : fronton curviligne et triangulaire alterné, typique de la Renaissance. Toujours sur la place, au 12, rue Saint-Jean, le seul exemple d'imposte en bois du quartier représentant un paon faisant la roue. On « traboule » au 2, place du Gouvernement, où l'on notera, avant de s'y engouffrer, la porte en anse de panier avec ses petits culots sculptés d'une sirène et d'une sorte de griffon. Dans la haute cour, un puits surmonté d'une coquille et de délicates corniches moulurées. Sortir au 10, quai Romain-Rolland et remonter jusqu'à la place Ennemond-Fousseret.

– Sur la place Fousseret, le ***mur peint de la Cour-des-Loges*** *(zoom détachable C4)* : représentation de la réception de l'*hôtel de la Cour-des-Loges,* évoquée sous forme d'un décor de théâtre que l'on serait en train de monter. Plus loin, au 18-20 du quai de Bondy, le ***palais de Bondy*** accueille des expositions et des concerts de musique classique.

La place du Change : autrefois place de la Draperie (marché au textile), on y trouve l'ancienne Bourse. C'est sur cette place que se réunissaient banquiers et courtiers. Les affaires se traitaient sur des tables, dehors, que l'on appelait des « banques ». Ainsi les mots « banque » et « banquet » (où l'on mange) ont-ils la même origine (le banquier étant celui qui bouffe nos économies !). Mais les échanges prirent une telle importance que l'on se décida à édifier une Bourse au milieu du XVIIe s. On l'appela la « Loge du Change », 1re Bourse de Lyon, qui fut agrandie et modifiée telle qu'on la voit aujourd'hui par Germain Soufflot. Depuis le début du XIXe s, c'est un temple protestant. En face, au n° 2, la ***maison Thomassin*** *(zoom détachable C4),* avec ses arcs gothiques, ses armoiries de France (Charles VIII et Anne de Bretagne) et ses signes du zodiaque aujourd'hui illisibles. La suite de la balade nous fait pénétrer dans le quartier Saint-Paul.

Saint-Paul

Prendre (justement) à droite la ***rue Juiverie*** en laissant à votre gauche l'attirante montée du Change et ses volées d'escaliers. Quartier juif jusqu'à la fin du XIVe s, période à laquelle ses habitants furent chassés et remplacés petit à petit par des banquiers et commerçants italiens. Aujourd'hui surtout occupée par des artisans et des galeries d'art, la *rue Juiverie* est très typique du quartier. Au n° 23, un long bâtiment Renaissance en pierre à bossage. Vous ne vous étonnerez pas plus que ça si l'on vous dit qu'il répond au nom de ***maison des Lions*** *(zoom détachable B4),* puisqu'il y en a 15 en façade. On racontait que l'un des lions cachait un trésor dans son nez. Tous les nez furent évidemment cassés et l'on trouva... rien du tout. Au n° 22, en face, encore un édifice Renaissance avec une porte élégante en anse de panier, terminée par de mignons petits culots, et en angle une tourelle de guet en encorbellement. Entre les n°s 16 et 18, la ***ruelle Punaise,*** qui veut dire

« puer », ce qui n'a rien de surprenant puisqu'il s'agit d'un égout à ciel ouvert, un des derniers témoignages du Moyen Âge. Aux n°s 12 et 10, plusieurs frontons triangulaires interrompus. Pour ceux qui tiennent le coup, pousser la porte du n° 10 pour son élégante cour. Au n° 8, pénétrer cour Philibert-de-l'Orme pour admirer, dans la 2de cour, le remarquable ***hôtel Bullioud*** *(zoom détachable B4)* du XVIe s, dont la galerie sur trompes réunit 2 bâtiments. Cette galerie fut ajoutée et plaquée sur la façade d'origine pour faire la liaison entre les 2 tourelles. Influence italienne très marquée avec pilastres de styles dorique et ionique. Aujourd'hui, c'est une HLM ! La 1re cour n'a d'autre intérêt que son puits. Au n° 2, ***maison Henri-IV*** *(zoom détachable B4),* transformée ensuite en gare de funiculaire destinée aux corbillards et aux convois funéraires vers le cimetière de Loyasse. Elle fonctionna jusqu'en 1937. On voit mieux la maison par-derrière, en empruntant la montée Saint-Barthélemy, d'où l'on découvre le buste du roi en façade.

La rue Lainerie : au n° 14 *(zoom détachable C4),* exceptionnelle ***maison Debourg,*** du plus pur style gothique (XVIe s) et richement ouvragée avec pilastres à fleurons qui encadrent les fenêtres, arcs en accolade sculptés... Levez les yeux jusqu'au 1er étage : portraits des proprios et une Vierge d'angle qui semble avoir perdu l'Enfant Jésus. Une des plus anciennes maisons du quartier.

L'église Saint-Paul *(zoom détachable B3)* **:** *à l'extrême nord du quartier, sur la pl. Gerson.* L'une des plus anciennes églises de Lyon, dont les parties principales sont un mélange de roman et de gothique, compte tenu de ses différentes périodes de construction, reconstruction et restauration. Portail principal néogothique avec, dans le tympan, saint Paul sur le chemin de Damas. Le clocher date du XVe s et abrite un carillon de 11 cloches. À l'intérieur, nef à 4 travées avec piliers à chapiteaux sculptés. Les chapelles latérales datent du XVe s. Sur les voûtes de la 2e chapelle à droite après l'entrée, jolis médaillons représentant des anges musiciens. Les peintures du chœur sont dues au Lyonnais Paul Borel dans les années 1900.

À VOIR

BALADE AU CŒUR DE LA PRESQU'ÎLE

Autrefois, c'était une île puisque le confluent Rhône-Saône se situait probablement au pied de la Croix-Rousse, et son nom était *Condate* (« confluent » en gaulois). Vers le IIIe s, les marécages furent comblés par les alluvions et l'île devint presqu'île. Le confluent se situait alors juste au sud de l'abbaye d'Ainay, entre la gare de Perrache et la place Bellecour. Il faudra attendre l'ingénieur Perrache pour que les marécages soient asséchés au-delà de l'abbaye et que le confluent soit reculé bien plus au sud.
Les principaux axes de la presqu'île furent tracés à partir du milieu du XIXe s : il s'agit des rues de la République, Victor-Hugo, Édouard-Herriot et de Brest. On doit tout cela au préfet Vaïsse, le Haussmann lyonnais, qui assainit toute cette partie de la ville. Le tracé précédent était essentiellement médiéval, entrelacs de ruelles étroites et sombres, peu propices à la mobilité et encore moins à la répression de la population. Ainsi traça-t-on de larges artères. C'est ce visage que propose actuellement cette langue de terre. Notre circuit en explore les points principaux, au départ de la place Bellecour.

Balade de la place Bellecour à la place Carnot

La place Bellecour *(zoom détachable C5)* **:** point central de la ville, d'où l'on voit la colline de Fourvière. 3e place de France par sa taille (6 ha), après l'esplanade des Quinconces à Bordeaux et la place de la Concorde à Paris, la *Bella Curtis* fut tracée au début du XVIIIe s sous Louis XIV, sur d'anciens jardins potagers, propriété de l'abbaye d'Ainay. Louis XIV, dont l'immense statue exécutée par Lemot

est un point de rendez-vous bien pratique, lui donna son éclat. Les révolutionnaires s'acharnèrent sur la place et c'est sa royale effigie, commandée sous la Restauration et inaugurée en 1825, que l'on voit aujourd'hui. C'est aujourd'hui la plus grande place piétonne d'Europe !
À propos de statue, cherchez donc celle d'Antoine de Saint-Exupéry, né à Bellecour (elle est généralement cachée par les bus qui stationnent devant, cela dit pour vous mettre doublement sur la voie).

PERDU LES PÉDALES ?

Avez-vous remarqué, sur la statue de Louis XIV qui trône place Bellecour, que le roi est vêtu comme un empereur romain ? On raconte aussi que le sculpteur se serait suicidé après avoir réalisé qu'il avait oublié les étriers. Sottise ! Les empereurs romains montaient sans étriers ! On doit cette fausse rumeur à quelques humoristes lyonnais.

Certains édifices encadrant la place subirent les foudres révolutionnaires. Lyon, coupable d'insurrections proroyalistes en 1793, fut réprimée par le montagnard Fouché et Collot d'Herbois. « Lyon fit la guerre à la liberté, Lyon n'est plus », disaient les révolutionnaires. Ainsi la décision fut-elle prise de raser les maisons des plus riches, notamment sur les façades est et ouest de la place, ainsi que les hôtels particuliers du quartier. À l'issue de ces événements, la ville perdit son nom comme on arrache les épaulettes d'un officier déchu. Pendant un an et demi, elle s'appela donc « Ville-Affranchie ». Rappelons qu'aujourd'hui Lyon n'a pas complètement perdu ses sympathies royalistes et qu'il existe toujours une Association des descendants des martyrs de la Révolution. Reconstruites en partie au XIXe s, donc, les façades sont remarquables de sobriété. Pas d'ostentation, pas d'exhibition des richesses. Attitude typique de la bourgeoisie d'affaires lyonnaise des XIXe et XXe s. Immanquable grande roue (de la Fête des lumières à mi-mars) qui offre, si ça vous tente, un autre point de vue sur la ville. Et, tiens, la création du parking souterrain a légèrement bombé la place...

Pour humer l'air de la place à l'ombre des arbres, le snack ***Les Chaises Vertes,*** devant l'office de tourisme, est une halte agréable. Bons smoothies, croques et salades à prix raisonnables. Ouvert en fonction de la météo (pas d'espace intérieur).

La place Antonin-Poncet *(zoom et plan détachables C5)* **:** on y voit le vaste *hôtel de la Poste,* d'un style Art déco discret des années 1930. On a également conservé ici le clocher de la chapelle de l'hôpital de la Charité, ancien hospice pour mendiants, mères célibataires et surtout enfants abandonnés, du XVIIe s. C'est grâce à l'intervention des habitants que cette tour à horloge fut préservée. Bravo aussi à Michel Noir qui rendit cette place aux piétons et à la verdure.

Le quartier d'Ainay *(plan détachable C5)* **:** *grosso modo situé entre Bellecour et Perrache.* 2 mots sur ce quartier résidentiel avant de parler de l'église d'Ainay. Plus connu sous le nom de Charité-Ainay, c'est le siège de la vieille bourgeoisie lyonnaise. On se fréquente ici entre bonnes gens, avec le souci permanent de ne pas faire entrer n'importe qui dans le cercle des intimes. C'est sans doute l'un des coins les plus fermés de Lyon. Derrière les façades souvent quelconques se cachent les appartements les plus vastes et les plus luxueux qui soient. Mais le maître mot, chuuut... c'est la discrétion.

La basilique Saint-Martin-d'Ainay *(plan détachable B-C5)* **:** *rue Bourgelat. ☎ 04-72-77-61-74. • paroisse2lyon@gmail.com • Ouv lun-ven 9h30-11h30, 14h30-18h30 ; sam 10h-12h ; dim 8h30-12h. Visites gratuites avec des guides bénévoles mer 15h-17h et sam mat.*
Cette église est tout ce qui subsiste d'un vaste monastère dédié à saint Martin dès le IXe s. C'est à ce niveau-là que se fermait le confluent jusqu'au XVIIIe s. En résumé, cette abbaye bénédictine connut son heure de gloire entre les XIIe et XIVe s, à tel point que l'abbaye a même possédé jusqu'à 72 églises dans le diocèse et

même au-delà. Papes et rois y séjournèrent régulièrement, les calvinistes la saccagèrent en 1562 et la Révolution la réduisit à ses dimensions actuelles. Il fallut attendre l'important remaniement réalisé au XIXe s pour qu'elle reprenne du poil de la bête.
La façade conserve ses contours romans. Les blocs de pierre de la partie basse sont, comme pour la cathédrale, des remplois d'anciens monuments romains de Fourvière. Originellement, les parties latérales n'existaient pas, et le clocher-porche (XIIe s) était donc avancé. Noter les incrustations de brique en haut du clocher et, au-dessus de la croix, un bestiaire (oiseaux, cerfs, lions, griffons...).
À l'intérieur, l'essentiel de la décoration est concentré dans le chœur, à part quelques chapiteaux romans sur les côtés. Les colonnes, en granit égyptien, sont d'origine romaine. Derrière le maître-autel, une peinture d'Hippolyte Flandrin (XIXe s) imite une mosaïque. Comme dans la plupart des églises de Lyon, il n'y a pas de déambulatoire : celui-ci servait d'ordinaire à accueillir les pèlerins afin qu'ils puissent tourner autour du chœur et voir les reliques installées dans les chapelles rayonnantes. Or, comme la ville ne possédait aucune relique, il n'y a pas de déambulatoire. C.Q.F.D.
– À l'extérieur, sur la placette, un ***presbytère néoroman*** avec, dans les fenêtres à arcs trilobés, les sculptures des différents abbés d'Ainay. Il abrite aujourd'hui un boutique-hôtel de charme (voir plus haut la rubrique « Où dormir ? »).

Le musée des Tissus *(plan détachable C5)* **:** *34, rue de la Charité, 69002. ☎ 04-78-38-42-00. ● mtmad.fr ● Ⓜ Ampère-Victor-Hugo. Mar-dim 10h-18h. Fermé lun et j. fériés, plus dim de Pâques et Pentecôte. Entrée : env 12 € ; réduc ; gratuit moins de 12 ans ; inclus dans la Lyon City Card. Visite guidée mar et dim à 15h30.* ***FERMÉ POUR TRAVAUX JUSQU'EN 2026.***
Installé dans l'hôtel de Villeroy, ancienne résidence du gouverneur du Lyonnais au XVIIIe s, le musée des Tissus de Lyon conserve près de 2 500 000 pièces textiles. Cette riche collection couvre 4 500 ans de production textile, depuis l'Égypte pharaonique jusqu'à nos jours, de l'Extrême-Orient à l'Occident, illustrant tous les types de tissage. Le parcours s'effectue dans la pénombre, dans de magnifiques salles parquetées, rehaussées de moulures.

COMME UN CHEVEU SUR LA SOUPE

L'origine du tissage de la soie viendrait de ce que, vers 2700 av. J.-C., une belle (ça va « de soie » !) princesse chinoise qui buvait son thé au pied d'un arbre à soie (le mûrier) a vu un cocon tomber dans l'eau chaude de sa tasse. Et c'est en voulant enlever l'intrus qu'elle s'est aperçue que le fil se déroulait facilement ; d'où l'idée de tisser cette étonnante texture !

Les rues Auguste-Comte, Victor-Hugo et de la Charité *(plan détachable C5-6) :* elles concentrent les boutiques de stylistes chics, les antiquaires et quelques galeries d'art.

Balade entre Bellecour et les Terreaux

La rue des Marronniers *(zoom détachable C5)* **:** à l'image de ses consœurs les rues Saint-Jean et Mercière, elle se caractérise par l'abondance des restaurants et bouchons qui s'y concentrent.

La rue de la République *(zoom détachable C3-4-5)* **:** autrefois rue Impériale, aujourd'hui piétonne et commerçante, cette « rue de la Ré », comme l'appellent les Lyonnais, est noire de monde le samedi et déserte le dimanche. Elle fut tracée par Vaïsse pour permettre le passage d'une batterie de canons (22 m de

À VOIR

large), à la suite des craintes que suscitèrent les révoltes de canuts (et non pour le plaisir de la promenade). Rendue aux piétons dans les années 1970, elle est bordée de beaux bâtiments aux fenêtres typiquement lyonnaises (lambrequin en fer forgé, pas de volets mais des jalousies) et possède quelques éléments d'architecture notables. Ainsi, au n° 85, l'***ancien siège du Progrès*** de style Empire, désormais un magasin *Fnac,* et, au n° 79, le ***ciné Pathé,*** typique des années 1930.

Le Grand Hôtel-Dieu *(zoom détachable C-D5)* **:** *1, pl. de l'Hôpital. Ouv tlj 7h30-1h (boutiques lun-sam 10h-20h).* Coiffé de son dôme emblématique, il a rouvert ses portes en 2018 pour le grand bonheur des Lyonnais, qui y sont nés pour beaucoup ! Aujourd'hui, l'ancien hôpital-maternité, bâtiment historique, est devenu un lieu de promenade avec cours intérieures en enfilade, transats, galeries, commerces haut de gamme et cafés-restaurants (voir ci-dessous). Si les 5 cours sont en accès libre, c'est le Grand Cloître que l'on préfère avec ses parterres de buis. Sur les murs, les donateurs ont leur nom inscrit sur des plaques de marbre le long des coursives, avec le montant de leur contribution ! Côté discrétion, on a connu mieux... Faites comme les étudiants, calez-vous dans un transat et déballez votre sandwich !

AU RAYON X

C'est dans l'Hôtel-Dieu de Lyon que s'est ouvert, en 1895, le 1er service de radiologie français, moins de 2 mois seulement après la découverte des rayons X par le physicien allemand Wilhelm Röntgen. On doit cette première à Étienne Destot qui paiera cher ce rôle de pionnier : les mains irradiées, il dut renoncer à la radiologie (et à la sculpture) en 1913.

À l'étage, des ***halles*** cousines de celles de la Part-Dieu en version râblée (courte, quoi !), mais pas spécialement bon marché, où l'on peut faire ses emplettes dans de prestigieux commerces de bouche (voir plus haut la rubrique « Où faire son marché ? Où acheter de bons produits locaux ? »). Le petit frère lyonnais du célèbre marché couvert londonien de *Covent Garden,* à qui le concepteur a décidé de tirer un coup de chapeau (melon). On peut y grignoter sur le pouce. Pour vous faire une idée de l'intérieur de l'ancien hôpital, dont les espaces ont été entièrement transformés avec la création de boutiques, on vous invite à jeter un œil à l'étage du magasin *Cos* (Grand Cloître). Avec ses poutres au plafond et ses fenêtres arquées par lesquelles on aperçoit le dôme doré, on peut, avec un peu d'imagination, se représenter la salle des malades.

Même si vous ne comptez pas y dîner, allez jeter un œil cour Saint-Henri au ***Grand Réfectoire.*** Un restaurant aussi hors-norme que magnifique (avec ses boiseries et sa hauteur sous plafond peu commune) où la cuisine n'a plus rien à voir avec celle des sœurs des hospices *(☎ 04-72-41-84-96. Tlj sauf le soir dim et lun ; formule déj 25 € ; le soir, menu découverte 39 €).* Tout à côté, ***L'Officine,*** bar cosy avec une jolie terrasse. Au centre, ***Le Dôme*** *(lun-ven 18h-23h30, w-e à partir de 15h),* immense bar lounge, à voir, ne serait-ce que pour admirer sous sa clef de voûte de 32 m la majestueuse coupole signée Jacques-Germain Soufflot, et la décoration de Jean-Philippe Nuel. Le joli restaurant ***Epona,*** de l'hôtel *Intercontinental,* affiche des prix un poil choc.

De la ***place de l'Hôpital*** *(zoom détachable C4),* entièrement rénovée, part la ***rue Louis-Paufique*** (plus connue sous son ancien nom, Confort). ***Louise Labé*** vécut au ***n° 28*** au XVIe s. Poétesse à la réputation angélique ou sulfureuse, selon les sources, surnommée la Belle Cordière, car son mari et son père produisaient des cordes, elle tint ici même un salon littéraire de grand renom (voir aussi notre rubrique « Personnages » dans « Hommes, culture, environnement », en fin de guide). Élégant mascaron au-dessus de la porte et imposte en fer forgé, guirlande de pampres et cornes d'abondance.

Direction ***place de la République*** *(zoom détachable C4).* Traversons-la comme un seul homme, en évitant de plonger dans l'agréable fontaine. Sous la place, un parking dont Lyon a le secret : un parking-œuvre d'art. Ça change des parkings coupe-gorge. On doit celui-ci à François Morellet et Pierre Vurpas. Au fond, à côté du *Printemps,* démarre le joli *passage de l'Argue.*

Le passage de l'Argue *(zoom détachable C4)* **:** des quelques passages percés dans la ville au XIXe s, il ne subsiste que celui-ci. Reliant la rue de la République à celle de Brest, il est typique de l'élégance démonstratrice de ce siècle-là. Sortir rue de Brest que l'on prend à gauche jusqu'à la place des Jacobins.

La place des Jacobins *(zoom détachable C4)* **:** rien à voir avec ceux de la Révolution puisqu'il s'agissait de religieux dominicains. Il y avait là un monastère qui a été détruit après la Révolution. On agrandit alors la place et on l'orna de cette belle fontaine de marbre, signée Gaspard André.

La place des Cordeliers *(zoom détachable C-D4)* **:** pour remplacer la 1re Bourse, qui était naturellement située dans le vieux Lyon, le palais du Commerce et de la Bourse fut édifié ici au milieu du XIXe s dans un style pompier. Il est l'exemple parfait du manque d'imagination architecturale de l'époque : frontons triangulaires et curvilignes de la Renaissance, pilastres à l'antique, et on en passe. C'est aujourd'hui la chambre de commerce et d'industrie. Le bas-relief sous l'escalier met en scène une femme qui se jette sans retenue dans les bras d'un homme. On aura reconnu la Saône s'abandonnant dans le Rhône.

La basilique Saint-Bonaventure *(zoom détachable C-D4)* **:** *7, pl. des Cordeliers. Ouv lun 14h-19h, mar-sam 9h30-19h ; dim 9h30-11h ; sam-dim messe à 10h. Fermé lun mat.* Édifiée au XIIIe s par les franciscains, elle faisait partie d'un vaste complexe composé de cloîtres et de chapelles. Elle doit son nom au grand théologien Bonaventure, ministre général des franciscains. Ces derniers, appelés également « cordeliers » à cause de la corde blanche qui ceinturait leur robe de bure, aimaient le dépouillement et leur mode de vie était axé sur la pauvreté, puisque c'était un ordre mendiant. L'histoire fit 2 pieds de nez à cette église au milieu du XIXe s : tout d'abord on installa une Bourse juste en face, puis la 1re façade en gothique tardif (fin XVe s) fut remaniée à la même époque pour être transformée en néoflamboyant, ce qui correspondait à une véritable trahison architecturale quand on voit la simplicité des flancs, et une trahison morale quand on se réfère à son histoire. Cette église revêt pourtant une importance particulière dans le cœur des Lyonnais, puisqu'elle est depuis longtemps le lieu de prière des commerçants et artisans de la presqu'île et des petites gens en général. L'intérieur en gothique primitif est bas, sombre et austère, fidèle à l'esprit de l'ordre franciscain. Toutes les chapelles latérales furent ajoutées au fil des siècles par les différentes confréries et corporations qui la fréquentèrent et sont dédiées à leurs saints patrons. Les vitraux furent refaits après la Seconde Guerre mondiale. En effet, quand les Allemands quittèrent la ville en septembre 1944, ils firent aimablement sauter 22 ponts sur les 24 existants. Pratiquement tous les vitraux des églises environnantes furent soufflés. Les nouveaux sont d'ailleurs de très belle facture, tout comme les 4 tapisseries d'Aubusson sur la vie du saint.

La place de la Bourse *(zoom détachable C4) :* elle possède un charme indéniable depuis son réaménagement dans le style pépinière, avec alternance d'allées de rhododendrons, buis et érables d'espèces différentes. Bravo à Alexandre Chemetoff, le paysagiste.

On traverse la rue de la République pour emprunter la ***rue de la Poulaillerie,*** autrefois appelée la rue Maudite parce qu'ici résidait Pierre Valdès, fondateur d'une sorte de secte, les « pauvres de Lyon », que l'on appela les « vaudois ».

À VOIR

Toutes les rues de ce quartier portent des noms de commerces du Moyen Âge : ***rues de la Fromagerie, Grenette*** (halle aux grains), ***des Bouquetiers*** (fleuristes !), ***Dubois*** (ébénistes), ***Tupin*** (potiers)...

Le musée de l'Imprimerie et de la Communication graphique *(zoom détachable C4)* **:** *13, rue de la Poulaillerie, 69002. ☎ 04-78-37-65-98. • imprimerie.lyon.fr • Ⓜ Cordeliers. Mer-dim 10h30-18h. Fermé lun, mar (sauf groupes sur résa) et 1er janv, 1er mai, 1er nov et 25 déc. Entrée : 6 € (8 € pdt les expos temporaires) ; réduc ; gratuit moins de 18 ans ; inclus dans la* Lyon City Card. *Visites guidées, ludiques en famille, démonstrations, ateliers (calligraphie, gravure, reliure, typographie, enluminure, illustration...). Expos temporaires.*
Dans l'hôtel de la Couronne, l'élégante demeure Renaissance qui servit d'hôtel de ville jusqu'au début du XVIIe s est le royaume du livre et de l'imprimerie, grande spécialité lyonnaise... avant les bouchons ! En effet, Lyon fut, à la Renaissance, l'une des capitales européennes de l'imprimerie naissante et contribua de façon majeure à la diffusion de la pensée de l'époque. La visite permet d'explorer tous les territoires de l'imprimé, depuis les origines du livre jusqu'à la révolution graphique de l'ère numérique en passant par les affiches grand format, les pochettes de disque ou la B.D. Pénétrez donc pour admirer le porche voûté et la cour classée avec escalier à vis, croisée d'ogives, fenêtres à meneaux et une superbe galerie (bas-relief du Rhône et de la Saône), rare vestige de cette architecture dans la presqu'île. On peut ressortir au 2 bis, rue des Forces. Il n'en a pas l'air, comme ça, mais le musée est riche et varié. On peut y passer facilement 2h !

1er étage
Pour tout savoir sur les origines de l'imprimerie, donc, mais aussi de l'introduction du papier, de l'illustration, des débuts de l'édition. Et déjà, le mythe vole en éclats. Non, Gutenberg n'a pas inventé l'imprimerie ! Le *Jikji,* un recueil de textes bouddhistes daté de 1377, est le plus ancien livre connu imprimé avec des caractères mobiles métalliques, 75 ans avant la *Bible* de Gutenberg, le 1er livre imprimé en Europe. À Gutenberg reste bien sûr le mérite d'avoir perfectionné l'imprimerie typographique et mis au point la fonte en série de caractères métalliques. Un feuillet de la *Bible* de Gutenberg est montré en regard de plusieurs incunables (ouvrages imprimés entre 1455 et 1500, aux 1ers temps de l'imprimerie), de grande valeur et de toute beauté, illustrés à la main. Une bible polyglotte de Plantin, éditée en latin, grec, hébreu et chaldéen, a été l'entreprise typographique la plus gigantesque du XVIe s. Vitrines présentant les travaux des plus grands imprimeurs où l'humanisme lyonnais en général est largement évoqué. Lyon devient la 1re ville de France pour l'imprimerie, loin devant Paris. Sont évoqués également les grands centres d'imprimerie en Europe, imprimerie répandant connaissances et idées, Réforme, puis Contre-Réforme. Le « Placard contre la messe », pamphlet de 1534, propagé par les disciples de Luther (et exposé ici), sera l'un des éléments déclencheurs des guerres de Religion.

GARE... À MON CARACTÈRE

Qui se souvient du 1er slogan publicitaire d'Apple, « Think different », sous la pomme croquée ? Il était écrit en police de caractère Garamond. Le caractère revient de loin. Au XVIe s, alors que l'imprimerie prend son envol, Claude Garamond, fondeur, s'inspire des découvertes de la Renaissance (perspective, nombre d'or) et imagine un caractère finement calibré et harmonieux, aussi chaleureux qu'une écriture manuscrite. On le choisit pour imprimer Pantagruel de Rabelais, best-seller de l'époque, et l'Édit de Nantes en 1598. Le caractère rayonne, puis tombe dans l'oubli jusqu'à ce qu'un typographe le sorte des cartons de l'Imprimerie nationale au début du XXe s pour les nouvelles machines à écrire. Depuis, Garamond continue de rayonner grâce au Livre de Poche !

2e étage

Cet étage est en partie dédié aux imprimés éphémères, étiquettes et réclames diverses, qui ont bercé l'enfance de nos parents et grands-parents. Patrons de couture, menu imprimé sur soie pour le président Sadi Carnot (juste avant qu'il ne soit assassiné), publicité pour la *Vache qui rit,* pochettes de disques des années 1960, B.D. et presse enfantine... Des sujets légers qui rendent cette partie de la visite accessible à tous, sans empêcher les visiteurs plus spécialisés de se pencher sur une étrange lumitype, ancêtre de nos traitements de textes. À voir aussi, l'un des plus vieux journaux du monde, imprimé à Anvers en 1605, le 1er numéro du *Canard enchaîné* et les fanzines. Enfin, des gravures, de Rembrandt à Jacques Callot. Ne pas rater *Le Christ* gravé par Claude Mellan (1642) d'un seul trait de burin de 150 m de long. Ou un spectaculaire plan de Lyon (1696) de grande dimension, avec sa matrice de cuivre et son tirage, montrant toutes les applications de la technique, dont la cartographie. Pour finir sont abordés les procédés d'illustration comme la taille-douce, la lithographie ou la chromolithographie, qui coïncide avec l'avènement de la révolution industrielle. La photographie supplante alors progressivement la gravure sur bois dans tous les secteurs de l'illustration. Le parcours s'achève avec un tour d'horizon des nouveaux moyens de communication liés à la nouvelle société de l'information. Passionnant.

COPIE ? NON, *COPYRIGHT*

Les 1res reproductions (paysages, portraits, cartes, etc.) étaient faites sur estampe, grâce à une gravure réalisée sur bois ou métal. Les notions de droit d'auteur et propriété intellectuelle n'existaient pas. Avec l'impression naît la contrefaçon ! Au XVIIe s, les copies se multiplient. Pour lutter contre cette concurrence, les professions s'organisent : imprimeurs, libraires et marchands d'estampes se font attribuer un privilège royal leur donnant un droit exclusif de reproduction pour une durée déterminée. Le privilège est ainsi l'ancêtre du copyright © autrement dit, du droit à disposer d'une œuvre.

À VOIR

L'église Saint-Nizier *(zoom détachable C4) : pl. Saint-Nizier. Mar-ven 8h-20h, sam 10h-18h30 et dim 9h-12h, 15h30-20h. Fermée lun. Visite guidée le 2e sam du mois à 15h (participation libre). Ponctuellement, visites thématiques. Infos au 06-78-79-56-30.* Construite comme tant d'autres sur plusieurs églises précédentes et dédiée à saint Nizier, évêque de Lyon au VIe s. Les 1res messes lyonnaises, au tout début de notre ère, furent sans doute célébrées ici. Il est communément accepté, bien que rien ne l'atteste, que c'est en ce lieu que furent recueillies les cendres des grands martyrs chrétiens de Lyon en 177. Bâtie entre le début du XIVe et la fin du XVIe s, sa façade révèle un drôle de mélange : le clocher nord, de style gothique, est coiffé d'une flèche couverte de brique rose, tandis que sa voisine est issue d'une rénovation du XIXe s. Curieux, ce portail central à caissons et en cul-de-four, de style Renaissance, avec alternance de rosaces et de chérubins. À l'intérieur, sur la gauche, observez la *chapelle Saint-Louis-de-Gonzague,* notamment la *statue de saint Expédit,* martyr et patron des causes pressées ! Puis jetez un œil au gothique flamboyant de la *chapelle de la Trinité.* À noter que Saint-Nizier fut un lieu de rencontre important des résistants pendant la guerre.

C'est aussi à Saint-Nizier que Pauline Jaricot, béatifiée en 2022, fut baptisée. Marquée par les conditions de vie des canuts, elle s'engage à leurs côtés lors des insurrections de 1831 et 1834, et crée une usine modèle à Rustrel (Vaucluse) dans le but d'améliorer le sort des ouvriers. On peut voir sa tombe à droite de l'autel.

Prenez la rue Chenavard vers le nord et bifurquez à droite dans la ***rue du Plâtre.*** Au no 8, glissez-vous donc dans cette traboule chic dont la courette est occupée par le resto *Le Passage* (très cher), fréquenté par le showbiz de passage... justement. Vous ne ferez, vous aussi, que passer, pour sortir au 23, rue Longue.

L'opéra de Lyon (zoom détachable C-D3) **:** *sur la pl. de la Comédie. Rens et résas : mar-sam 12h-19h au guichet, par tél au ☎ 04-69-85-54-54 ou sur • opera-lyon.com • Ⓜ Hôtel-de-Ville. ♿ Visite de l'opéra mer et sam à 13h : horaires et résas en ligne. Entrée : 10 € ; inclus dans la Lyon City Card. Dans la grande salle (1 100 places) et l'amphithéâtre de l'opéra (188 places), programme très attractif et varié.*

Une merveille : de facture classique au départ (1831), plutôt ennuyeuse, il a connu une nouvelle vie en 1993 grâce à Jean Nouvel.
Nouvel conserve le péristyle, les 4 côtés, ainsi que le grand foyer. Comme il faut gagner de l'espace et que l'on ne peut pousser les murs, on creuse et on surélève : résultat, 5 étages en dessous et 6 étages au-dessus de la corniche, et un gain sur le vide grâce également à ce fantastique dôme de verre en demi-cercle. Celui-ci est aussi haut que tout le reste. Sur le plan décoratif, Nouvel a choisi le noir comme unique palette chromatique et le rouge pour l'éclairage... et c'est beau. Salle de spectacle en bois noir (balcon et parterre), sol de granit noir d'Afrique. À l'origine, les dalles du péristyle du foyer du public étaient même lustrées. Mais avec les dames en jupe, cela fit désordre...

DU MONDE AU BALCON

Vous aurez noté ces charmantes Muses qui ornent la corniche de l'opéra. Comptons-les : 1, 2, 3... 8. Tiens, il en manque une ! Tout simplement parce qu'Uranie, muse de l'Astronomie, ne fait pas partie des Arts. Elle n'avait donc pas sa place à côté de ses sœurs. Elles furent refaites en fonte lors de la restauration, puis recouvertes de silicone pour leur donner l'aspect de la pierre. Des Muses siliconées !

Un mot sur l'éclairage et l'éclairagiste. Yann Kersalé fit ici merveille. Tout est rouge, comme le sang d'un corps vivant, d'un corps qui vibre. L'éclairage de la verrière est relié à un système de capteurs d'activité qui mesure l'intensité de l'activité sur la scène et dans la salle. En plein cœur de l'action, la luminosité de la verrière croît donc au maximum. Une fois le spectacle terminé, le rouge pâlit doucement. Merveilleuse idée.

🍸 Tout l'été, sous les arcades, le bar du ***Péristyle*** s'ouvre sur la place de la Comédie *(tlj sauf dim 12h-22h).* Sympa pour siroter un cocktail ou pour un grignotage. Surtout en soirée, quand les concerts investissent l'estrade : au programme, des musiques qui font le tour du monde.

La place des Terreaux *(zoom détachable C3)* **:** qu'est-ce qu'un terreau ? Il s'agit d'un fossé longeant les fortifications séparant autrefois la presqu'île de la Croix-Rousse. Il fut comblé au XVIe s afin d'en faire une place publique où se tenaient le marché aux porcs ainsi que les exécutions capitales. Durant la Révolution, c'est là que l'on installa la guillotine.
Après une 1re transformation en 1994, la place connaît en 2019 un autre changement à vue : les microfontaines sont remplacées par 15 autres. Un aménagement qui s'inscrit, avec celui de la place de la Comédie et des places voisines, dans une mise en scène plus contemporaine de l'espace public. La ***fontaine Bartholdi*** a été restaurée. Pour les Lyonnais, qui l'ont piquée à Bordeaux, où elle aurait dû jouer les allégories de la Garonne, la dame sur le char représente tout simplement la France tirée par ses 4 grands fleuves. Superbe mouvement fougueux de cette équipée sauvage qui semble se libérer du roc. On a vraiment le sentiment que le char va avancer. Observer les sabots des chevaux, légèrement palmés, tels d'impossibles monstres marins.

Le musée des Beaux-Arts (zoom détachable C3) **:** *20, pl. des Terreaux, 69001. ☎ 04-72-10-17-40. • mba-lyon.fr • Ⓜ Hôtel-de-Ville. Bus C3, C5, C13, C14, C18. ♿ (Pour plus de confort et de sécurité, téléphoner à l'accueil ou au ☎ 04-72-10-17-54 le w-e et se présenter au 17, pl. des Terreaux.) Perpendiculaire* *à l'hôtel de ville, une longue façade aux lignes régulières rythme la pl. des Terreaux. Ouv 10h (10h30 ven)-18h. Fermé mar et j. fériés. Entrée pour les collections permanentes : 8 € ; réduc ; gratuit moins de 18 ans ; inclus dans la* Lyon City Card. *Accès au jardin GRATUIT. 2 grandes expos/an. Audioguides à l'accueil ou en ligne.*

Difficile d'imaginer, lorsque vous passez le porche qui se trouve face à la fontaine Bartholdi, que vous allez tomber d'abord sur un ***cloître magnifique*** transformé au XIXe s en ***jardin public***. C'est aux dames de Saint-Pierre, qui possédaient cette ancienne abbaye bénédictine, qu'on doit la préservation d'une halte un peu verdoyante et à l'écart de l'agitation urbaine dans ce quartier très minéral. Parmi les statues figées au grand air, 2 œuvres de Rodin (*L'Ombre* et *La Méditation*) ainsi qu'un bronze de Bourdelle. Des bancs comme de juste pour prolonger la contemplation.

Le plus grand musée régional français

Après la Révolution de 1789, les dames bénédictines sont expropriées. Le palais Saint-Pierre, sécularisé, accueille les œuvres confisquées aux émigrés et au clergé. Dès 1801, il devient un musée officialisé par un décret napoléonien. Mais à cette mission éducatrice s'ajoute une fonction utilitariste. Le musée doit être une source d'inspiration autant qu'un lieu d'apprentissage. Les édiles veulent relancer le commerce des manufactures lyonnaises : celles dont l'industrie est fondée sur les soieries. Les collections du département des objets d'art ont été constituées pour l'essentiel à la fin du XIXe s dans le but d'offrir aux dessinateurs en soierie un nouveau répertoire de formes. Grand consommateur, l'État comprend aussitôt les enjeux et envoie à Lyon quelque 110 tableaux entre 1803 et 1811. Parmi ces toiles, des Véronèse, des Tintoret, des Rubens, des Champaigne. La peinture de fleurs est également à l'honneur. Un temps.

Collectionneur d'objets égyptiens, l'archéologue-conservateur François Artaud entend tout autant rappeler le rang de *Lugdunum* dans l'histoire nationale. Tandis que l'École des beaux-arts donne peu à peu naissance à l'école lyonnaise, et dans des champs autres que ceux pour lesquels elle avait été créée, le palais des Arts se transforme progressivement en musée encyclopédique.

C'est aujourd'hui ***le plus grand musée régional français***, intelligemment rénové par les architectes Dubois et Wilmotte. 70 salles permanentes couvrent l'art pharaonique jusqu'aux peintures du XXIe s présentées au 2e étage pour tirer profit de la lumière naturelle.

Rez-de-chaussée

Voir, pour commencer, l'étonnant réfectoire à l'exubérance baroque ainsi que la ***chapelle*** (en fait, l'ancienne église Saint-Pierre) dont on peut admirer, sur la rue Paul-Chenavard, le beau porche en pur style roman du XIe s (seul vestige du monastère bénédictin fondé au VIe s). La chapelle accueille un ensemble de sculptures des XIXe et XXe s, parmi lesquelles ***différentes œuvres de Rodin, dont*** **La Tentation de saint Antoine,** 1re pièce directement achetée par le musée à l'artiste. Moins connue, la superbe *Odalisque* de James Pradier, œuvre où sourd l'influence de Canova. Pradier travaillait directement sur le modèle vivant. Une méthode qui lui valut l'inimitié de Victor Hugo. Parmi les modèles, cet ancien amour de Pradier : Juliette Drouet. De Bourdelle, son athlétique *Héraklès archer,* en train de viser les oiseaux du lac Stymphale. Un parcours qui met en valeur la 1re collection de sculptures en région, avec l'appui de vidéos qui éclairent sur les techniques de sculpture et sur les matériaux.

1er étage

– *Antiquités égyptiennes, grecques, romaines, étrusques... :* on commence par le département des antiquités égyptiennes avec de très beaux sarcophages, dont celui de *Teti-Anou* (fin de l'Ancien Empire). Les 2 yeux peints – *oudjat* – sur la partie est de la cuve permettaient au défunt, couché sur le flanc gauche, de regarder la rive du Nil au soleil levant. À partir du Nouvel Empire, la cuve cède le pas au sarcophage anthropomorphe. La fraîcheur des teintes, particulièrement celle de

la robe à résille rouge de Nout, qui décore l'intérieur du couvercle du ***cercueil d'Isetemkheb,*** est étonnante. On trouve aussi une belle collection d'*ouchebti.* Ces petites statuettes en bois peint, en faïence bleue ou en fritte émaillée, qui ont l'apparence du défunt momifié, sont appelées à le remplacer dans toutes les corvées qui lui seraient imposées dans l'au-delà. À défaut, on s'échappera ici-bas par les 2 portes monumentales en grès de Médamoud (au nord de Louqsor) pour découvrir les salles consacrées à Rome et à la Grèce antique (avec notamment une remarquable korê de l'Acropole d'Athènes).
– D'autres salles proposent une vision assez exceptionnelle des principaux objets d'art rapportés du Japon, d'Iran, de Syrie (très belle armure de tête de cheval).
– Place ensuite à ***l'art roman*** avec, par exemple, un jongleur berrichon du XIIe s (qui dégage presque de l'énergie !), un Jugement dernier, bois sculpté de Biberach (XVIe s) à la Bosch avec sa foultitude de personnages.
– Trésor fabuleux (la numismatique devient une source historique de 1er plan pour les chercheurs) que cette ***salle du Médaillier*** avec pas moins de 40 000 pièces : sesterces, sceaux, médailles, parmi les plus vieux de France. Lyon, en raison de sa position géographique, concentrait les meilleurs orfèvres. Observez le fameux sceau de Chalier (1747-1793), homme politique acquis aux idées révolutionnaires, mais dont « l'encre non sympathique » condamnait à mort les Lyonnais par simple apposition de sa marque. Les mobiles étaient ahurissants.
– On observera encore, au même étage, quelques faïences « stannifères » (qui contiennent tout bêtement de l'étain) pour déboucher sur la période Art nouveau : avec des pièces somptueuses de Lalique, de Gallé, de Linossier et de Marinot. Le clou étant, bien sûr, la chambre de Mme Guimard.

2e étage
– *XVe-XVIIIe s, salles 201 à 219 :* parmi les peintures et sculptures, signalons quelques chefs-d'œuvre, *La Vierge à l'Enfant entourée d'anges (salle 203),* une huile sur bois exécutée vers 1509 par Quentin Metsys et qui concentre tous les thèmes forts de la Renaissance – le jeu des perspectives, la présence de la nature utilisée comme toile de fond où la sérénité d'un beau ciel bleu fait écho à cette figure de Vierge empreinte de douceur et d'humanisme. En prime, cette palette de couleurs vives issues de procédés chimiques, caractéristiques de cette peinture flamande. Étonnamment inventive, cette gamme réduite de couleurs, blanc, noir et orange, qui compose le *Portrait d'une noble dame saxonne.* Lucas Cranach emploie un fond bleu extrêmement moderne, par endroits délavé, comme pour humaniser cette femme au visage sévère, à la mise impeccable, presque trop parfaite pour être vivante. Remarquez comment l'enchevêtrement des doigts prolonge le crevé des manches. Signalons encore la magnifique mise en scène de Véronèse pour sa *Bethsabée au bain,* sans oublier l'étonnant portrait de *Saint François* (la passion rend aveugle, dit-on), dont le grand peintre espagnol Francisco de Zurbarán a peint le cadavre debout. *La Fuite en Égypte* et *La Mort de Chinoé* de Nicolas Poussin sont des chefs-d'œuvre de la peinture française du XVIIe s.
– *XIXe-XXe s, salles 219 à 240 :* d'une facture prodigieuse de sobriété, *La Monomane de l'envie* est une huile sur toile exécutée par Théodore Géricault 2 ans avant sa mort. Ce regard hypnotisant à force de souffrance contenue s'inscrit dans une série de portraits de fous commandée par un ami médecin, chef du service des aliénés de la Salpêtrière. *La Femme caressant un perroquet,* d'Eugène Delacroix, est considérée comme l'un des joyaux du musée. Plus surprenantes, les toiles de Louis Janmot, peintre lyonnais dont le fantastique puise souvent aux sources d'une mélancolie mystique : *Le Poème de l'âme.* Toute une salle lui est consacrée. Autre peintre lyonnais internationalement connu : Puvis de Chavannes (ne pas manquer les 4 compositions murales de l'artiste dans l'escalier de l'angle sud-est du bâtiment), dont vous verrez le portrait à quelques pâtés de maisons du musée, sur la fresque des Lyonnais. À comparer avec la palette expressionniste autant que mal connue de l'un des plus grands artistes lyonnais du XXe s : Combet-Descombes. Voir aussi le *Nave nave mahana,* 1re toile de Gauguin acquise par un

musée français. Également quelques œuvres de Bonnard, Gleizes, *La Parisienne* et la superbe *Tête de femme, Méduse,* d'une luminosité aussi irradiante qu'une icône, réalisée par le peintre russe Alexeï von Jawlensky. Sans oublier les artistes incontournables que sont Ingres (avec une œuvre majeure, *L'Arétin et l'Envoyé de Charles Quint*), Flandrin, Courbet, Monet et le *Charing Cross Bridge* peint en 1903 *(salle 230),* Manet, Van Gogh et Matisse. En contrepoint, *La Cathédrale,* de Nicolas de Staël, autre peintre d'origine slave. Dans un registre toujours iconique, ***La Sainte Face, de Georges Rouault.*** Chef-d'œuvre absolu, légué au musée par Jacqueline Delubac en 1997. Au total, cette comédienne, qui fut un temps la compagne de Sacha Guitry, donna à sa ville natale 35 tableaux ou pastels, ainsi que 3 bronzes. Braque, Miró, un grand Picasso peint en 1937 peu de temps avant *Guernica, Femme assise sur la plage,* ou le *Nu aux bas rouges,* œuvre de jeunesse. Sur les cimaises également, Soulages, Léger, Hartung, Fautrier, Wifredo Lam, Victor Brauner, Francis Bacon avec 2 autres toiles magnifiques illustrant le « désespoir joyeux », comme il le nommait : *La Carcasse de viande* et *Étude pour une corrida.* Grâce à la politique d'acquisition du musée, la collection s'étoffe en permanence.

Librairie-boutique : *en accès libre au 1er étage du musée des Beaux-Arts ; ouv tlj sauf mar 10h (10h30 ven)-17h45.*

Café-restaurant ***Les Terrasses Saint-Pierre.*** Belle terrasse en été.

L'hôtel de ville *(zoom détachable C3)* ***:*** *visite guidée seulement (sur résa à l'office de tourisme).* Édifié au milieu du XVIIe s, il brûla en bonne partie 2 ans après la fin des travaux, puis fut réhabilité et repensé dans ses proportions actuelles au début du siècle suivant par Jules Hardouin-Mansart, l'architecte de Versailles. Style classique, avec, au pinacle, un Henri IV ajouté au XIXe s en lieu et place d'un Louis XIV qui subit les foudres de la Révolution. Beffroi élégant avec horloge et carillon et, au-dessus, une boule dorée qui est censée tourner et indiquer les phases de la Lune. De part et d'autre, encore l'homme et la femme, le Rhône et la Saône. Les vertus cardinales trônent au sommet des pavillons latéraux (Vérité, Justice, Prudence et Force). Pendant la Révolution, c'est ici que siégeait le tribunal. En fonction du verdict, les accusés se dirigeaient soit vers les caves nord s'ils étaient graciés, soit vers les caves sud s'ils devaient être coupés en deux. Au début, on les décapitait en place publique, puis la cadence fut si élevée que l'on finit par se contenter de les fusiller dans la plaine des Brotteaux.

ALLEZ-Y AU CULOT !

Au XVIIe s, les canuts se révoltèrent contre la vie chère. Ainsi, ils décidèrent de se mettre en marche vers l'hôtel de ville. Seulement, une fois arrivés, ils trouvèrent porte close. Le plus fort de la troupe se mit à donner des coups de postérieur. La porte vola en éclats et c'est ainsi qu'ils purent entrer dans la bâtisse. Le prévôt décida, par la suite, de faire mettre un heurtoir à la porte de l'hôtel de ville pour que, désormais, il suffise à quiconque de frapper tout simplement à la porte, au lieu de l'enfoncer. Depuis, on peut y voir un petit ange en guise de heurtoir, qui, pour frapper à la porte, se sert... de son postérieur.

Glissons-nous derrière la place par la rue Sainte-Catherine, qui se poursuit par la rue de la Martinière, jusqu'au bout, jusqu'à la Saône.

Le mur peint des Lyonnais *(zoom détachable C3)* ***:*** *2, rue de la Martinière (dans le prolongement de la rue Sainte-Catherine).* Réalisé en 1995, il répertorie un beau bouquet de Lyonnais célèbres, mais nul doute que certains ont dû faire la tête de ne pas voir la leur en peinture. Ça va de l'abbé Pierre à Bernard Pivot, de Laurent Mourguet à Bertrand Tavernier, de Bocuse à Bernard Lacombe, de l'empereur Claude à Frédéric Dard...

À VOIR

***Le mur peint de la Bibliothèque de la cité** (zoom détachable C3-4) :* *sur le quai de la Pêcherie, à l'angle de la rue de la Platière.* Si ce n'est pas le plus inspiré, on y jettera malgré tout un œil puisque l'on passe devant. Axé sur les écrivains de la région Rhône-Alpes, parmi lesquels on reconnaîtra Elsa Triolet, Rabelais, Bernard Clavel, Tardi...

***Le quai de la Pêcherie** (zoom détachable C3-4) :* en étroite logique avec l'histoire du quartier, on y trouve des bouquinistes, ouverts essentiellement l'après-midi. Suivons le quai jusqu'à la place d'Albon et empruntons la rue Mercière.

***La rue Mercière** (zoom détachable C4) :* la partie la plus intéressante de cette rue se situe au sud de la rue Grenette. C'est la seule concentration de façades Renaissance (XVIe et XVIIe s) dans la presqu'île. 3e grande mangeoire de la ville avec les rues Saint-Jean et des Marronniers (il n'y a quasiment que des restos). On observera surtout les maisons côté Saône. La rue Mercière était très logiquement la rue des marchands *(via Mercatoria)* et, si curieux que cela puisse paraître aujourd'hui, vu son étroitesse, c'était l'axe principal qui reliait les 2 seuls ponts que Lyon compta pendant des siècles. Nous sommes là au centre du foyer de l'imprimerie qui éclôt à Lyon à la fin du XVe s. Une bonne quarantaine d'imprimeurs mais aussi enlumineurs, relieurs, cartiers, dominotiers avaient leurs ateliers ici. Le vin, les armes, les épices, les draps et plein d'autres articles s'y échangeaient dans une joyeuse animation. Malheureusement, la rue subit dans sa partie nord, dans les années 1970, les foudres dévastatrices de Louis Pradel, l'ami du béton. Seule une partie de rue fut épargnée. Il y a 3 décennies, c'était encore la rue la plus « chaude » de la ville, avec son chapelet de péripatéticiennes. « Nettoyée » au moment de sa restauration, elle abrite aujourd'hui nombre de restaurants qui font un peu de tout, sauf généralement de la qualité.

On « traboule » par le 56, rue Mercière, dans l'allée marchande. Sortir ***quai Saint-Antoine** (zoom détachable C4)* et pénétrer immédiatement au n° 27 par le couloir voûté. Au fond de la cour, 2 niveaux de loggias ouvertes, l'escalier à vis et les fenêtres à meneaux, ainsi que la trace d'un ancien puits, le tout typique du XVIe s (les poubelles des restos voisins restent, elles, typiques du XXIe s...). Essayer ensuite de pénétrer au n° 29. Au bout du couloir apparaît la porte d'entrée intacte d'un des théâtres de Guignol de Laurent Mourguet. Il était installé dans l'ancienne chapelle du couvent des Antonins. Petite histoire cocasse : ce couvent s'occupait des malades atteints du « mal des Antonins » ou « mal des ardents », sorte de gangrène transmise par l'ergot de seigle. Louis XI leur avait octroyé le privilège royal d'élever des porcs et de les laisser vagabonder toute la journée dans les rues. Mais ça puait tellement qu'ils finirent par se friter chaudement avec les gens du quartier, puis par se faire tout simplement expulser au XVIIIe s. La charité a ses limites.

***Le théâtre et la place des Célestins** (zoom détachable C4) :* « Aux Célestins », comme disent les Lyonnais, un merveilleux théâtre à l'italienne, lieu incontournable, ancré dans la ville depuis plus de 200 ans. Un somptueux écrin qui a accueilli les plus grands, porté de plus jeunes, de tous styles et de tous crins. Le 2e théâtre de France après la Comédie-Française peut aussi se visiter avec l'office de tourisme ; c'est l'occasion assez unique de pénétrer dans le foyer des artistes, puis de fouler la scène l'espace d'un instant. Scène construite

ET MERDE !

Cette expression bizarre se dit toujours, chez les comédiens, pour souhaiter bonne chance. Autrefois, les spectateurs venaient en calèche. La quantité de crottin devant le théâtre était évidemment proportionnelle à l'affluence. Donc, un signe de succès pour le spectacle.

exactement à l'emplacement du chœur de l'église des moines célestins, la boucle est bouclée. La place, comme beaucoup d'autres de la ville, a subi un beau lifting. Au centre, un curieux objet. C'est un périscope qui permet de jeter un œil à ce qui se passe en dessous. Et, en dessous, c'est un étonnant parking (le plus beau de la ville) conçu et réalisé par Michel Targe et Daniel Buren.

LA CROIX-ROUSSE

Tout débute avec l'ancien village gaulois de Condate, dont le nom signifie « confluent », puisque c'est à ses pieds que le Rhône et la Saône se rencontraient. Les Romains y avaient édifié un amphithéâtre dont on peut encore voir les ruines. Puis plus grand-chose pendant un paquet de siècles. La véritable naissance de ce quartier couvert de bois, puis saupoudré de quelques clos religieux, a lieu avec le renouveau de la soierie au début du XIXe s. La Croix-Rousse se caractérise alors par un habitat particulier : les immeubles de canuts, destinés à accueillir les métiers Jacquard qui nécessitaient plus de 4 m sous plafond, et des traboules pour raccourcir les trajets à travers les immeubles, économiser l'espace et protéger les rouleaux de soie. On quitte alors les autres quartiers devenus inadaptés (Saint-Georges et la Guillotière, notamment) pour s'installer sur les pentes. Ces logements populaires et fonctionnels sont aujourd'hui prisés par la bourgeoisie branchée, et le quartier est devenu à la mode, sans perdre toutefois son côté village. Pour mieux s'en imprégner, lire avant la balade notre texte consacré à l'histoire de la soierie à Lyon, « Soyeux de Lyon », dans « Hommes, culture, environnement » en fin de guide.

BALADE DANS LE QUARTIER DES CANUTS

Schématiquement, on peut le diviser en 2 parties distinctes : le plateau et les pentes. Le boulevard de la Croix-Rousse en constitue la frontière. Notre balade débute sur la place de la Croix-Rousse, au métro du même nom.

Les pentes de la Croix-Rousse
(plan détachable B-C2-3)

Ce quartier possède quelque chose de mythique et son histoire récente mérite d'être racontée, au même titre que son brillant passé. D'ailleurs, la population d'autrefois n'est pas sans relation avec les néo-Croix-Roussiens, travailleurs indépendants eux aussi. De tradition populaire jusqu'à l'après-guerre, les pentes reçoivent une population immigrée au cours des années 1960. C'est à cette même époque que l'on développe en France une certaine approche hygiéniste de l'habitat. C'est l'heure des salles de bains, des frigos pour tous et du chauffage central. C'est aussi souvent l'heure de « nettoyer » en douceur un quartier, de pousser gentiment les moins nantis dehors, parfois même sans le calculer vraiment.

Un demi-siècle d'histoire immobilière

Les années 1970 correspondent, ici comme ailleurs, à une mauvaise période, celle des grandes vagues de démolition aveugle (comme le haut de la montée de la Grande-Côte et de ses jardins). Il faut attendre 1975 pour que soit inventée la réhabilitation. Et après les réhabilitations, on va s'arranger pour reloger la même population qu'avant les travaux. L'absence à cette période d'opérateurs immobiliers aux longues dents permet de mettre ce programme en œuvre sans trop de heurts.

Mais ce qui devait arriver arriva au début des années 1980 et se poursuivit durant toute la décennie : une spéculation foncière forte s'abat sur le quartier. La loi Malraux, qui a pour principale finalité la conservation du patrimoine architectural français, attire les investisseurs dans ce quartier historique comme dans bien d'autres. Abus, pressions, début de déplacements dus à l'inflation des loyers après réhabilitation... Ce fut la décennie la plus sombre pour le tissu social croix-roussien.
La charte de la réhabilitation mise en place et signée en 1991 comporte 3 grands aspects : le respect du patrimoine, la conformité avec les techniques de réhabilitation et le maintien du tissu social par une modération des loyers. Pari tenu et, semble-t-il, plutôt réussi. Et ce, grâce à la volonté de tous les partenaires, évidemment, mais aussi grâce à des facteurs inhérents à la Croix-Rousse.

Une population et une vie nouvelles

Les immeubles du quartier offrent en effet une large palette d'appartements correspondant à une demande et à des bourses très variées : jeune population branchée d'artistes, de créateurs et d'étudiants, ou couple à l'aise financièrement et qui trouve ici un côté village, une ambiance bohème qui ne sont pas pour lui déplaire. D'autant plus qu'ici, évidemment, les lofts lumineux avec vue démente se trouvent tout en haut et les petits 2-pièces sans lumière sur la cour au rez-de-chaussée, plutôt en bas. Reste que les logements du bas jusqu'au 4ᵉ étage étaient principalement des appartements de canuts dotés de très hauts plafonds (pour pouvoir mettre les énormes métiers) permettant aujourd'hui mezzanines et aménagements originaux, ce qui n'était pas possible aux 5ᵉ et 6ᵉ étages. Autre particularité lyonnaise : au XIXᵉ s, les immeubles ont été doublés pour accueillir davantage d'ouvriers avec leurs métiers, donc une partie a la vue sur la ville, l'autre sur la rue. Ainsi les prix des loyers dans un même immeuble varient-ils de manière importante. Le quartier a beaucoup bougé ces dernières années avec la fermeture de petites boutiques de confection, et n'en finit pas de se remodeler, devenant un des spots les plus tendance du moment (boutiques, cafés, etc.). Mais ceux qui y vivent l'ont choisi. On n'habite pas les pentes par hasard !
Concernant la topographie de la Croix-Rousse, on note que la plupart des rues sont très en travers de la pente et à faible déclivité. En effet, les trop fortes pentes empêchaient les carrioles chargées de marchandises de gravir les collines. Seuls les escaliers et les traboules « coupent le fromage ». On s'imagine aisément les hommes de peine des canuts, les rendeurs – sans doute appelés ainsi parce qu'ils se « rendaient » d'un point à un autre – portant les lourds rouleaux de soie de la fabrique jusqu'aux Terreaux où résidaient les négociants.

Descendre la ***rue des Pierres-Plantées*** *(plan détachable C2)* jusqu'à la rue du Bon-Pasteur. Depuis le promontoire qui surplombe le jardin, vue extraordinaire sur Saint-Jean, la colline de Fourvière et la côte, saccagée dans les années 1975. Petite incursion ***rue du Bon-Pasteur*** pour jeter un œil inquisiteur à l'impasse Beauregard, au nº 49 *(plan détachable C2)*. Petit écrin populaire et bucolique où plantes et fleurs font bon ménage avec les immeubles. Un brin de poésie urbaine.

La place Colbert *(plan détachable C2-3)* **:** admirable point de vue sur le Crayon et la Part-Dieu. Au 1ᵉʳ plan, sur la droite, l'ancien couvent des *Colinettes*, aujourd'hui *Résidence Villemanzy* (voir « Où dormir ? » plus haut). La place abrite quelques immeubles de canuts, avec leurs grandes fenêtres et leurs stores à jalousies en bois, décorées sobrement de lambrequins festonnés. Il n'y avait jamais de volets, car les fenêtres sont si proches les unes des autres qu'il n'y a pas d'espace pour en installer.

Si la grimpette dans le quartier vous a donné soif, la terrasse ombragée de ***l'Âne sans Queue*** invite à lézarder face à la chaîne des Alpes en toile de fond. Que la bière est désaltérante après une partie de pétanque sur les boulodromes de la place !

Au nº 9, pénétrer dans l'immeuble pour admirer la célèbre ***cour des Voraces*** *(plan détachable C3).* L'une des images les plus connues de Lyon quand on parle traboules. Exceptionnel escalier droit à la française du milieu du XIXᵉ s, avec ses galeries à rampes en fer forgé. La pierre grise, le pilier central, l'austérité du milieu lui donnent un aspect, comment dire... particulier. Très bel équilibre. Au-delà de l'esthétique, les Voraces revêtent une importance historique. On dit que ce fut l'un des principaux foyers d'insurrection des canuts en 1831 et 1834.

LA SOIF DES VORACES

La cour des Voraces doit son nom à une confrérie, les Voraces, créée au milieu du XIXᵉ s pour lutter contre la diminution de la contenance du pot lyonnais. À l'époque, les canuts n'apprécièrent pas que la bouteille de plus de 1 l soit réduite à 46 cl. Ils allèrent donc se fournir directement en tonneaux de beaujolais.

Noter la sobriété des façades. L'accent était mis sur la fonctionnalité et la lumière (grandes fenêtres). Aujourd'hui, cette cour a été réhabilitée par l'association Habitat et Humanisme, créée par le père Bernard Devert. Tout a été restauré, mais les habitations restent bon marché. On a veillé à ce que le mélange social et ethnique soit respecté, comme c'était le cas avant la réhabilitation. Bravo ! Descendre les marches dans la cour tout en bas. On débouche dans une ruelle que l'on prendra à gauche vers les jardins Croix-Paquet. Vue sur la Part-Dieu et, juste en dessous, au 1er plan, l'enchevêtrement, brouillon et harmonieux à la fois, des édifices qui bordent le Rhône.

« Trabouler » à nouveau au *14,* ***montée Saint-Sébastien*** et sortir au *29,* ***rue Imbert-Colomès*** ; prendre à droite pour croiser la ***rue Pouteau.*** Jeter un œil aux escaliers qui composent toute cette rue.

Toujours *rue Imbert-Colomès (plan détachable C3),* au nº 8, la minuscule ***rue Capponi,*** la rue la plus étroite de la ville. Lever les yeux pour observer les quelques vieilles jalousies en bois qui subsistent. On croise la ***montée de la Grande-Côte,*** qui possède 2 visages : à droite, la partie détruite sous Pradel et, à gauche, la section conservée.

Pour les amateurs de polars, pause dans la montée chez le seul libr(air)e-cafetier de la région. Jean-Pierre Barrel a fini par rassembler, dans ses rayons du moins, tous les auteurs et éditeurs régionaux du genre. Nombreux événements (consulter le site). Terrasse pour commencer à lire son polar. ***Librairie-Café Un Petit Noir :*** *57, montée de la Grande-Côte, 69001. Tlj sauf mer 10h-19h30.*

Continuer tout droit par la *rue Neyret.* Dans le virage, vue plongeante sur l'***ancien amphithéâtre des Trois-Gaules*** *(plan détachable C3),* construit en 19 apr. J.-C. pour réunir les représentants des 60 cités des Trois-Gaules (Belgique, Aquitaine et Lyonnaise). Il s'y déroulait des jeux, de terribles combats de gladiateurs, des fêtes populaires mais aussi des exécutions. N'est-ce pas ici même que les 1ers chrétiens furent martyrisés, dont sainte Blandine, en 177 ? Le poteau dressé au centre de l'ovale rappelle ce tragique épisode de l'histoire de la cité. C'est aussi là que Caligula fit assassiner son cousin Ptolémée. Il ne reste rien des gradins ni des murs d'enceinte qui devaient ressembler au Colisée de Rome, en plus petit évidemment. Même l'ovale a été en partie amputé par l'urbanisation. De là, belle vue sur Fourvière et, dans une percée, sur les flèches de Saint-Nizier et l'Hôtel-Dieu.

Allez, on récupère la ***rue des Tables-Claudiennes,*** où furent trouvées les célèbres plaques aujourd'hui visibles dans le musée gallo-romain de Lyon-Fourvière (voir plus haut « La colline de Fourvière »).

La ***rue Burdeau*** *(plan détachable C3),* sa parallèle, regroupe de nombreuses galeries d'art contemporain. Leur désir commun est de faire connaître et de valoriser la créativité artistique, qui est présente, de façon riche et foisonnante dans ce quartier. Au n° 30, faites un tour ***passage Thiaffait*** pour parcourir son « village des Créateurs », un ancien coupe-gorge, et traboulez dans les passages voûtés en jetant un œil à l'escalier à double volée, avant de ressortir au 19, ***rue René-Leynaud.*** Se retourner : superbe façade bien rénovée avec fenêtres à meneaux, ondulant légèrement sous le poids des ans. De l'autre côté de la rue, même chose.

L'IMPRIMERIE DE LA RÉSISTANCE

Au n° 21 de la rue René-Leynaud, Eugène Pons utilisa toutes ses machines pour imprimer faux papiers, tracts ainsi que les grands journaux de la Résistance, notamment Combat et Témoignage chrétien. Il mourut en déportation en 1945.

– Un débit de jeux unique en son genre vous attend au ***Moi j'm'en fous, je triche !*** *(plan détachable C3)* : *8, rue René-Leynaud ☎ 04-69-70-13-00. ● contact@debitdejeux.fr ● Mar-sam 19h (15h sam)-minuit ; dim 15h-19h. Adhésion : 6 €/an.* Ce bar à jeux associatif tenu par des bénévoles passionnés propose 1 600 jeux de société.

Continuer vers l'***église Saint-Polycarpe*** *(plan détachable C3),* avec son impressionnante et pompeuse façade du XVIIIe s, ajoutée un siècle après sa construction et très bien éclairée le soir. Elle fut canardée par les révolutionnaires. Des impacts de boulets sont encore visibles sur le pilastre cannelé de droite.

S'engouffrer dans la rue de l'Abbé-Rozier, juste en face, puis via la petite place du Forez, dans la ***rue des Capucins,*** à main gauche. On pénètre là dans l'ancien quartier des soyeux (les revendeurs de soie, pas ceux qui la fabriquaient). Articulation logique, cela a longtemps été le quartier des grossistes en prêt-à-porter qui ont aujourd'hui migré sur la rive gauche du Rhône. Au bout de la rue, se diriger vers la place Croix-Paquet, au bas de la montée Saint-Sébastien. Au n° 5 de la place, allez hop ! on « traboule » pour découvrir la ***cour des Moirages,*** où les canuts venaient faire traiter la soie, pour lui donner un aspect chatoyant. Sortir par la petite rue des Feuillants, que l'on suivra par la droite, puis la rue du Griffon sur la gauche.

La place Louis-Pradel *(zoom détachable C-D3)* **:** la grande esplanade située face au Rhône est le rendez-vous des skateurs et amateurs de glisse qui en ont fait leur terrain de jeux. D'ailleurs, *L'Homme de la liberté,* une sculpture de César, n'est-il pas représenté sur des patins à roulettes ? Place aménagée avec degrés et cours d'eau.

Filons ***rue Désirée*** *(zoom détachable C3),* bordée d'immeubles essentiellement du XVIIe s, et empruntons la sulfureuse ***rue Sainte-Catherine,*** l'une des plus populaires de la ville pour les bars. Chaud devant en fin de soirée ! Au n° 13, belle porte de chêne de l'immeuble où fut fondé en 1875 par Joséphine Andrée le 1er syndicat féminin français de la couture.

L'Atelier de soierie *(zoom détachable C3)* **:** *33, rue Romarin, 69001. ☎ 04-72-07-97-83. Ⓜ Hôtel-de-Ville. ● atelierdesoierie.com ● Lun-ven 9h30-13h, 14h-18h30 ; sam 9h-13h, 14h-18h. Fermé dim. Entrée et démonstration gratuites pour les individuels.* Le seul atelier d'impression traditionnelle sur soie. Il s'agit d'impression au cadre plat, aussi appelé « impression à la lyonnaise ». Possibilité de voir le travail en direct. Explications sur cette technique mise à la mode dans les années 1920. À l'étage, atelier de peinture à la main sur velours, mousseline ou soie, et boutique.

Pour achever la visite du quartier des canuts, allez donc faire un tour ***place Rouville,*** au n° 5, pour admirer la ***maison Brunet*** *(plan détachable B3),* maison de canut typique, édifiée en 1825. Très haute, très vaste, elle semble dominer les pentes et la Saône. Elle joua un rôle important lors de la révolte des canuts, où elle devint un véritable camp retranché. La garde ne put déloger les irréductibles, pourtant assiégés comme dans une forteresse. Juste derrière, au n° 17 de la rue Rivet, l'immeuble où est né Tony Garnier en 1869.

NOUVEAU CONCEPT : LA MAISON-CALENDRIER

La maison Brunet reprend tous les éléments de la cosmologie et revêt ainsi un caractère particulièrement symbolique : 4 portes cochères, une pour chaque saison, 7 étages pour les jours de la semaine, 52 appartements rappelant les semaines et 365 fenêtres en tout pour tous les jours de l'année.

Les SUBS *(plan détachable A3)* **:** *8 bis, quai Saint-Vincent, 69001. ☎ 04-78-30-37-24. • les-subs.com • Entrée libre tlj 9h-19h ; accueil-billetterie ouv mar-ven 12h30-18h30 et lun et sam avt représentations. Billetterie fermée en août. Tarifs des spectacles (théâtre, danse, cirque, numérique, musique) : 5-16 €.*
Posé au bord de la Saône, ce laboratoire international de création au service des artistes est tout autant un outil de travail et de production qu'un espace d'échanges. Visites guidées régulières des lieux (sur rendez-vous) et système de visite interactive, le « Subs-circuit », qui associe montages vidéo et textes historiques. C'est gratuit, et on vous prête même des tablettes.
Constitué d'une école (l'ENSBA, l'École nationale supérieure des beaux-arts de Lyon) et d'un lieu de création artistique contemporaine avec une résidence d'artistes, cet espace unique en France n'est pas seulement un ensemble patrimonial remarquable, mais un véritable centre d'expression et de création.
Ancien couvent de Sainte-Marie-des-Chaînes au XVIIe s, grenier militaire au XIXe s, Les SUBS occupent un espace où l'on retrouve, à travers les nombreux bâtiments (2 salles de spectacle, espaces de travail, d'exposition), ce qui fut autrefois le cloître, l'orangerie, les moulins, la boulangerie, l'entrepôt de stockage, etc. Quant au public, il est invité à venir assister à des spectacles en tout genre et tout type de performances (voir plus haut « Où sortir ? ») ou, tout simplement, à profiter, en été, de l'immense terrasse en bord de Saône. En plus d'y siffler en verre le soir (du mercredi au samedi), concerts et soirées viennent régulièrement enfiévrer le lieu !

Le plateau de la Croix-Rousse

Explorons ensuite un peu le plateau, autrefois habité par une petite population rurale (chacun y cultivait son lopin de terre). Situé en dehors des limites de la ville, l'endroit était peu peuplé. Il reste aujourd'hui encore moins prisé des touristes, mais possède pourtant un charme certain.
– Chaque sam ap-m et certains j. pdt les vac scol des zones A et C : visite guidée sur les pas des canuts à travers les traboules de la Croix-Rousse. Départ de la visite de la Maison des canuts sam à 15h30, durée 2h30, arrivée pl. des Terreaux à 18h. Billet jumelé Maison des Canuts + traboules 16 € ; réduc étudiants et gratuit jusqu'à 11 ans ; inclus dans la Lyon City Card. Contact à la Maison des canuts ci-dessous et résas sur la billetterie en ligne.

La Maison des canuts *(plan détachable C2)* **:** *10-12, rue d'Ivry, 69004. ☎ 04-78-28-62-04. • maisondescanuts.com • Ⓜ Croix-Rousse. Bus C13, S4, S6, nos 33 et 45. Lun-sam 10h-18h. Fermé dim et j. fériés. Visite libre : 2 € ; gratuit moins de 11 ans. Visite commentée de l'atelier de 50 mn (à 11h et 15h30) : 9 €/pers ; réduc ; gratuit jusqu'à 11 ans ; inclus dans la Lyon City*

Card. En vente (1 €), un petit plan avec un parcours des traboules de la Croix-Rousse, jusqu'à la place des Terreaux, très bien fait.
Une visite à ne pas manquer pour mieux appréhender la complexité du savoir-faire du métier (à défaut de le comprendre), si possible lors d'une des passionnantes visites commentées. 2 salles en tout, et une démonstration sur le métier Jacquard, dont les perfectionnements permettent le développement de la soierie lyonnaise, mais transforment également la ville et son urbanisme. Les immeubles de la Croix-Rousse en sont les parfaits exemples. La 2de partie de la visite, plus historique, est consacrée à l'origine de la soie (en Chine) et à l'organisation de la grande Fabrique lyonnaise avec l'histoire des canuts et de leurs luttes, véritable aristocratie ouvrière à l'origine de nombreuses institutions sociales. On comprend ainsi mieux comment, en 5 siècles d'histoire, Lyon a été façonnée par le textile. Rassurez-vous, il ne s'agit en aucun cas d'une visite nostalgique et savante, ni d'un cours d'histoire ennuyeux, mais d'une vulgarisation bien vivante de l'évolution de la Fabrique lyonnaise suivie d'une présentation de l'évolution du textile et de ses différentes applications au XXIe s. Une salle est également dédiée aux fils d'or et de soie et au ver à soie, tandis qu'une autre, ouverte lors la visite commentée, évoque un atelier de canuts et parle de leurs révoltes. Sur le mur, une fresque retrace les évolutions techniques des métiers ainsi que les mouvements sociaux des canuts, qui n'auront de cesse de se battre pour l'instauration d'un tarif minimum du prix de la façon.

Boutique ***Philéone,*** *• philéone.fr •* proposant écharpes, foulards, tissus... en soie, laine ou soie et laine. Un grand choix d'articles respectueux de l'environnement et tous fabriqués dans la région.

La Grande-Rue-de-la-Croix-Rousse *(plan détachable C1-2)* **:** très commerçante depuis toujours et bordée par de modestes maisons des siècles passés, elle mérite qu'on s'y attarde.
Au n° 77, emprunter l'impasse au bout de laquelle on découvre le ***cinéma Saint-Denis,*** *☎ 04-78-39-81-51 ; • grac.asso.fr • Séances tlj 6,50 € ; réduc.* Pour les amoureux de la dernière séance, ce cinéma des années 1920, avec sa superbe salle qui n'a rien à envier à celles des grands, fête ses 100 ans. Géré par une association de bénévoles du quartier à encourager. Demandez le programme et entrez dans la salle obscure !
– Au n° 81, on découvre, au fond du passage, une vieille cour de ferme.

Le jardin Rosa-Mir *(plan détachable C1)* **:** *impasse Viard, 87, grande-rue-de-la-Croix-Rousse, 69004. ☎ 04-72-69-47-78. • rosa.mir.free.fr • Ⓜ Hénon ou Croix-Rousse. Au fond de l'impasse, grand portall en fer marron avec vue sur l'hôpital. Ouv uniquement le sam avr-oct, 14h-18h. Animations et visites guidées possibles, se renseigner sur • nature-lyon.fr •* ***TEMPORAIREMENT FERMÉ.*** Cet étonnant jardin de pierres et coquillages est l'œuvre de Jules Senis, un artisan maçon carreleur refugié de la guerre d'Espagne, qui y a consacré les 20 dernières années de sa vie. Il imagina ce lieu extraordinaire à l'issue de sa guérison miraculeuse en 1957, alors qu'il était condamné, et le dédia ensuite à sa mère Rosa Mir Mercader ainsi qu'à la Vierge Marie. Son jardin fantastique fut inspiré par les différents lieux où il avait travaillé auparavant (du parc Güell à l'Alhambra de Grenade en passant par la Sagrada Família). Vivement que ce remarquable jardin caché, mélange de Facteur Cheval et Gaudí, soit à nouveau visible de tous !

La place Joannès-Ambre *(plan détachable C1)* **:** elle abrite le théâtre de la Croix-Rousse, typique de l'architecture des années 1930. Sur la gauche de la place, sous le *Crédit Mutuel,* une traboule contemporaine sous un immeuble moderne qui permet de gagner la croix qui a donné son nom au quartier. Sur la place, juxtaposition des modestes maisons des siècles passés avec les constructions récentes. Pas particulièrement palpitant, mais c'est l'ancien cœur historique de la Croix-Rousse.

Soierie Vivante *(plan détachable C1)* **:** *21, rue Richan, 69004.* ☎ *04-78-27-17-13.* • *soierie-vivante.asso.fr* • *Mar-sam 9h-12h, 13h30-18h. Fermé dim-lun et j. fériés. Visite commentée à 14h et 16h mar-sam à l'atelier de passementerie et mar-sam à 15h et 17h à l'atelier de tissage au 12 bis, rue Godart, 500 m plus loin. Compter 40 mn par atelier. Tarif : 7,50 €/atelier (11 € pour 2 ateliers) ; réduc ; gratuit moins de 6 ans ; inclus dans la* Lyon City Card. *Remise de 10 % sur les 2 ateliers sur présentation de ce guide.* Visite passionnante autant qu'émouvante de 2 ateliers authentiques de tissage et de passementerie animés parfois par d'anciens tisseurs. Démonstrations sur des métiers à tisser, et vente de soieries à la boutique de l'association (même adresse, mêmes horaires). Nombreuses activités pédagogiques pour les enfants.

Le Mur des canuts *(plan détachable B-C2)* **:** *à l'angle de la rue Denfert-Rochereau et du bd des Canuts, dans un quartier plutôt moderne, tranquille et populaire.* Petit détour si vous avez du temps pour découvrir ce mur peint en 1987, puis remanié en 1997 et en 2013. Voir les reproductions des différentes évolutions dans le passage sur la gauche en regardant le mur. Certainement l'un des murs peints les plus réussis et les plus grands aussi (1 200 m², c'est la plus grande fresque en trompe l'œil d'Europe). Hyperréaliste, avec des gens qui bossent, des gens qui passent, d'autres qui regardent les premiers bosser et les autres passer. Certains visages sont ceux d'habitants du quartier, très impliqués dans ce projet, et des artistes eux-mêmes. On devine, de-ci de-là, les mécènes de l'œuvre habilement remerciés. Un mur vivant, qui vivra probablement d'autres changements au fil des années et de l'évolution du quartier, les personnages vieillissant, tout comme les habitants.

La place de la Croix-Rousse *(plan détachable C2)* **:** dominée par la statue de Jacquard, elle constitue le lieu où se croisent le boulevard et la grand-rue du même nom près de laquelle se tient un marché particulièrement animé et sympathique. Nous sommes au cœur de ce quartier à l'atmosphère laborieuse, ancien bastion des canuts, ces ouvriers-tisserands de la soie et précurseurs des mouvements prolétaires du milieu du XIXe s, avant de quasiment disparaître, tués par le progrès technologique.

Prendre le **boulevard de la Croix-Rousse** vers l'est jusqu'au **Gros Caillou** *(plan détachable C2).* Quelques mots sur ce boulevard pour rappeler qu'il fut percé au milieu du XIXe s sur l'emplacement des anciens remparts qui protégeaient la ville, détruits après l'annexion de la Croix-Rousse par Lyon en 1852. Quant au Gros Caillou, il est évidemment posé là : ce bloc erratique (apporté il y a fort longtemps par les glaciers et découvert lors des travaux de percement du tunnel de l'ancien funiculaire en 1892) est un des symboles du quartier. Très belle vue depuis l'esplanade sur la rive gauche, le parc de la Tête-d'Or et jusqu'aux cimes enneigées des Alpes par temps clair ou dégagé.

Avant de repartir au gré de vos humeurs, dans ce quartier que vous connaissez désormais comme votre poche, rien ne vous empêche de faire un petit crochet par l'**église Saint-Bruno** *(plan*

LE « CHERIF » DE LA CROIX-ROUSSE

Les amateurs de la série policière Cherif, sur France 2, sont surpris de découvrir les lieux de tournage d'un feuilleton policier qui a donné une image de Lyon moins noire que d'autres. C'est une agence d'architectes qui prête ses locaux, place Bellevue, au commissariat où Cherif et son équipe ont officié plusieurs saisons durant. Le principal reproche qu'on peut leur faire, c'est d'avoir montré, côté gastro, un visage de Lyon que les habitants du quartier n'ont pas apprécié. Ils n'avalent que des burgers ou des parts de pizza... Un comble à Lyon !

détachable B3) : *7, impasse des Chartreux. Visite libre (dons bienvenus) tlj sauf dim et j. fériés 15h-17h.* Située entre l'impasse des Chartreux et l'allée des Marronniers, un véritable joyau architectural et certainement l'une des plus belles églises baroques de France. Construite au XVIIIe s par l'architecte lyonnais Ferdinand Delamonce, on peut y admirer un superbe mobilier signé Servandoni, notamment un magnifique baldaquin.

À VOIR UN PEU PLUS LOIN DU CENTRE

SUR LA RIVE GAUCHE DU RHÔNE

Avec le temps, on a appris à regarder autrement ce vaste secteur, qui vous permet de respirer, au nord, autour de l'un des plus beaux espaces verts de France, la Tête-d'Or, et d'une Cité internationale sur laquelle reposait l'avenir de Lyon, avant que, tout au sud, côté Confluence, un autre quartier ne s'éveille. Entre les deux, vous n'êtes pas obligé de tout faire à pied, rien ne vous empêche d'enfourcher un Vélov pour aller flâner dans le quartier des frères Lumière ou sur les pas de Tony Garnier, un peu plus à l'est, avant de remonter, quand la faim se fera sentir, côté 6e arrondissement. Un quartier bien vivant, un peu au nord des halles, qui restent le vrai cœur de ce vaste ensemble (voir plus haut « Où manger ? » et « Où faire son marché ? »).
Un ensemble regroupé un jour sous le vocable « rive gauche », certainement par des Parisiens, nous ont confié des Lyonnais pas rancuniers, car personne, à Lyon, ne se vantera devant vous d'habiter « rive gauche » : on sort dans le 3e, le 6e ou le 8e arrondissement, on fait la fête dans le 7e à la Guillotière, mais « rive gauche », non, vraiment... Tant pis, pour nous qui jouons les touristes sans en avoir l'air, ce petit distinguo reste bien pratique.

À la découverte du 6e arrondissement : balade entre Rhône et Tête-d'Or (plan détachable E-F1-2)

> **TOMBÉ SUR LA TÊTE ?**
> *Pourquoi la Tête-d'Or ? La légende veut qu'un trésor, une tête de Christ en or, ait été caché dans ce parc par un membre de la communauté juive persécutée sous le régime de Philippe le Bel. Personne n'a jamais rien trouvé et ce n'est pas faute d'avoir cherché, même avec le recours d'une voyante.*

Le parc de la Tête-d'Or (plan détachable E1-2) : *☎ 04-72-10-30-30. • lyon.fr • Ⓜ Foch ou Masséna ; bus n°s 70, 27, 38 et C2, C26, C1, C4, C5 et C6. ♿ L'ensemble du parc est ouv tlj 6h30-20h30 (22h30 de mi-avr à mi-oct). GRATUIT.*
Il y a 8 entrées pour pénétrer dans le parc, mais la plus belle, la « porte des Enfants du Rhône », est en bas du boulevard des Belges, au bord du Rhône, et s'ouvre sur la perspective d'un immense lac, avec, en son centre, sur l'île du Souvenir, un impressionnant *monument aux morts,* œuvre de Tony Garnier. Beau travail de ferronnerie dans le style XVIIIe s, même si les grilles datent du début du XXe s.
Aujourd'hui, les Lyonnais parlent de leur parc comme du poumon de la ville. L'air que l'on y respire n'est pourtant pas celui de la montagne, mais c'est ***le plus grand parc urbain de France,*** et le rendez-vous de nombreux citadins, un peu comme les New-Yorkais vont à Central Park, pour faire du sport, se promener, bouquiner, bronzer, ne rien faire ou... faire des rencontres ! Il faut prendre le temps

d'explorer les 117 ha de parc municipal, aux beaux jours de préférence, pour apprécier les roseraies et le jardin botanique. Vu les distances, ***on vous conseille vivement d'enfourcher un vélo pour arpenter les allées.*** En toute saison, les familles profitent de l'accès libre au zoo (voir ci-dessous), des 6 500 m² de serres dont les grandes serres de 23 m de haut édifiées en 1903 et inscrites à l'Inventaire des monuments historiques, et des nombreux loisirs proposés sur place : location de barques et d'embarcations à pédales, balançoires, minikart, train touristique, carrousel, manèges, buvettes et, bien sûr, théâtre de Guignol. Des couleurs, des odeurs, une ambiance différente à chaque saison. La mélancolie de l'hiver et les cygnes qui se perdent sur la neige, les 1res fleurs du printemps, l'ombre épaisse et fraîche des arbres en été, puis les couleurs chatoyantes de l'automne. 4 saisons, 4 parcs.

La visite de la ***grande roseraie,*** à l'époque de la floraison, est également un grand moment pour les amateurs. Inaugurée en 1964 par Grace de Monaco, elle s'étend sur plus de 6 ha et compte 16 000 rosiers. On va donc de « Lancôme » à « Dolce Vita » en passant devant « Le Rouge et le Noir ». Et puis on s'arrête un instant auprès de « Maria Callas ». Quand on approche le nez, elle sent bon. Quand on approche l'oreille, chut, n'entendez-vous pas ? Elle chante... Autant de roses, autant d'hommages.

VOS PAPIERS, S'IL VOUS PLAÎT...

Autrefois, le parc de la Tête-d'Or était ouvert aux calèches, qui se louaient à l'entrée du parc, mais trop nombreux étaient ceux qui abusaient du galop ; à tel point que, en 1891, on demanda aux conducteurs d'inscrire un numéro sur leur calèche pour identifier les éventuels chauffards. Et c'est ainsi que le 1er système d'immatriculation au monde vit le jour.

À VOIR

Le jardin zoologique *(plan détachable E-F2)* **:** *☎ 04-72-69-47-78. • zoo.lyon.fr • Tlj sauf mar 9h-18h30 (18h avr et oct, 17h nov-mars). GRATUIT.* Créé en 1858 au cœur du parc de la Tête-d'Or, le zoo s'étend sur 8 ha et compte environ 400 animaux d'une soixantaine d'espèces différentes. Un bel espace qui favorise le bien-être des pensionnaires : plus de la moitié des espèces sont menacées dans leur milieu naturel. Depuis plus d'une dizaine d'années, la *Plaine africaine* accueille une mixité d'espèces : zèbres, antilopes, girafes, watusis, lémuriens, mais aussi des oiseaux, fauves et primates. Dans le dernier espace créé, *Forêts d'Asie,* 80 pensionnaires ont trouvé refuge entre la volière, la nef tropicale et un enclos extérieur. Dans ce décor végétal, la priorité est bien de préserver des espèces menacées d'extinction comme certains oiseaux ou reptiles rares.

Le jardin botanique du parc de la Tête-d'Or *(plan détachable E-F2)* **:** *☎ 04-72-69-47-78. • animation.nature@mairie-lyon.fr • jardin-botanique-lyon.com • Ⓜ Masséna ; bus nos 27, 38 et C1. ♿ (accès partiel). Ouv tlj. Collections extérieures : 9h-17h (18h avr-sept). Jardin alpin : mars-oct 9h-11h30. Serres : 9h-16h30 (17h30 avr-sept, dim 17h). GRATUIT. Animations enfants, ateliers jardinage et visites : 6 €.*

Le jardin botanique de Lyon a été fondé en 1796 sur les pentes de la Croix-Rousse. Lorsque le parc de la Tête-d'Or fut créé en 1856, le maire de l'époque décida de l'y transférer. Il comprend aujourd'hui les diverses serres (grandes serres, plantes tropicales, carnivores, plantes de Madagascar, d'Afrique du Sud) et les collections extérieures composées d'une dizaine de jardins thématiques : bambous, pivoines, roseraie, jardin d'hiver, jardin alpin, jardin floral, arboretum, fougeraie, jardin d'ombre, etc.

Commencez votre visite par les *grandes serres,* face à la statue du botaniste lyonnais Jussieu. Le pavillon central, une belle poussée de métal de 21 m de haut, date de 1880 et a été classé Monument historique en 1982. Vous êtes au cœur d'un vaste jardin tropical où les 5 continents sont représentés, avec un focus sur les plantes « utiles ». N'arrachez pas les feuilles mais respirez-les, votre nez pourra retrouver le parfum de l'arbre aux 4 épices, du camphre, de la cardamome, du patchouli. Ce dernier vous rappellera le camphre. Parmi les espèces les plus rares, découvrez les camélias centenaires, un cycas de plus de 180 ans (quand on apprend que cette plante existait déjà au temps des dinosaures, on la trouve toute jeunette !). À côté, la serre des camélias, à visiter en début d'année lors de la floraison. Très grande variété. Voir aussi la serre dédiée à Madagascar et aux milieux arides : nombreux cactus, euphorbes, aloès et agaves. Levez les yeux pour admirer les fleurs exotiques. Terminez votre visite par la serre aux plantes carnivores (plus de 300) programmées pour attraper des insectes (et non vos doigts !).

La Cité internationale *(plan détachable E-F1)* **:** *entre le parc de la Tête-d'Or (et d'ailleurs inspiré des serres pour l'architecture) et le Rhône, à l'emplacement de l'ancien palais de la Foire. Bus C1 et C2 (depuis la Part-Dieu) et C5 (depuis Bellecour).* Un projet ambitieux confié à l'architecte Renzo Piano. Sur un site gigantesque de plus de 80 000 m^2 se sont regroupés, auprès des locaux d'Interpol, un complexe de cinéma ultramoderne, un palais des congrès (complété par un amphithéâtre), des immeubles de bureaux, le musée d'Art contemporain (voir plus bas), une brasserie, des parkings, un *Marriott,* ainsi qu'un casino. Également de nombreux logements.

Le musée d'Art contemporain de Lyon *(plan détachable E1)* **:** *Cité internationale, 81, quai Charles-de-Gaulle, 69006. ☎ 04-72-69-17-17. • mac-lyon.com • Bus C1 (depuis la gare de la Part-Dieu), C4 (correspondance métro A à Foch ou métro B et D à Saxe-Gambetta), C5 (depuis Cordeliers par Hôtel-de-Ville, arrêt Musée-d'Art-contemporain). ♿ Mer-dim 11h-18h, sauf périodes d'installation d'expo ; téléphoner absolument. Fermé lun-mar. Visites guidées. Entrée : 8-9 € (plus cher lors de la Biennale) ; réduc ; gratuit moins de 18 ans ; inclus dans la* Lyon City Card.

Face à l'une des plus belles roseraies d'Europe, celle du parc de la Tête-d'Or, le musée a gardé des années 1930 la superbe façade de l'ancien palais des congrès. Il a pris aux années 1990 la griffe de l'architecte Renzo Piano.

Attention, ici – et malgré l'important fonds détenu par le musée –, aucune exposition permanente (vérifier l'ouverture avant de venir), mais plusieurs expos simultanées d'artistes vivants ou pas.

Avec un total de plus de 1 400 œuvres, le musée conserve aujourd'hui une belle collection constituée en majorité d'installations de grandes dimensions. Les œuvres d'artistes tels que Baldessari, Boltanski, Broodthaers, Dumb Type, Filliou, Kosuth, Paik, Sarkis, Spoerri, Viola... rendent ainsi compte des formes prises par l'art contemporain après 1945. Depuis 1991, le musée contribue à l'organisation de la Biennale de Lyon, qu'il accueille dans ses espaces d'exposition.

Le quartier de la Part-Dieu et des halles *(plan détachable E-F4)*

Sur la rive gauche du Rhône s'étend un vaste secteur qui ne fut rattaché à Lyon qu'en 1852. Il est longtemps resté rural, avant d'être comme happé par la ville. L'histoire lui donne 2 sérieux coups d'accélérateur : le premier, au milieu du XIXe s, avec la construction d'une caserne et le développement d'un quartier résidentiel qui provoque le reflux d'un vieux tissu populaire et ouvrier. Le 2^d bouleversement aura lieu dans les années 1960 et 1970, où l'on transformera la majeure partie de cet espace, après la destruction de la caserne, en une ZAC. Au centre de ce secteur, la gare de la Part-Dieu, où commence et finit, pour beaucoup, tout séjour à Lyon. Une gare dont la réhabilitation enfin en bonne voie n'est pas un luxe. Des places plantées d'arbres, des terrasses, des activités de plain-pied pour renouer avec une vie de quartier oubliée par l'urbanisme des années 1970. Quant à l'immense centre commercial de la Part-Dieu, ouvert en 1975, il ne cesse de s'étendre, désormais en hauteur, et de se transformer pour devenir plus attrayant.

Les Halles de Lyon – Paul-Bocuse *(plan détachable E4)* **:** *102, cours Lafayette, 69003.* Ⓜ *Place-Guichard ; bus n° 1. Mar-sam 7h-19h, dim et j. fériés 7h-13h. Fermé lun. Écaillers et restos ouv tlj jusqu'à 19h (16h30 dim).* Il faut y aller de préférence un matin, le vendredi, le samedi ou, encore mieux, le dimanche matin, lorsque les échoppes sont bien approvisionnées et la clientèle plus nombreuse. On se rend compte à ce moment précis que Lyon est encore et toujours la capitale de la gastronomie. Sinon, bien sûr, allez-y à l'heure du déjeuner. Adresses fameuses, goûteuses et nombreuses mais aussi onéreuses, il faut bien le reconnaître (voir plus haut « Où manger rive gauche ? »).

Le quartier de la Guillotière et ses alentours *(plan détachable D-E-F5-6)*

Dès le XVIe s, ce quartier, exonéré de taxes, attira tavernes et auberges, car il n'était pas cher d'y séjourner. Les routards de l'époque s'y donnaient déjà rendez-vous. Il y avait là l'unique pont qui permettait de traverser le Rhône et de pénétrer dans la ville. Ainsi les voyageurs provenant de tous les horizons s'y retrouvaient-ils. On assécha les marécages et le quartier tomba dans l'escarcelle de la ville comme ceux de la Croix-Rousse, de la Part-Dieu et de Vaise, en 1852. Digues et quais permirent de retenir les soudains épanchements du Rhône.

C'est un quartier coloré à défaut d'être très beau. Aujourd'hui comme hier la population immigrée s'y est arrêtée. Bazars, épiceries, petites échoppes donnent le ton de ce coin différent du Lyon propre sur lui. Pour le découvrir, emprunter la *Grande-Rue-de-la-Guillotière* (dite « Grande-Rue-de-la-Guill' ») qui va de la place Gabriel-Péri à la place Stalingrad et qui a conservé son tracé médiéval. Le côté populaire et bien vivant du quartier ainsi que les prix de l'immobilier (!) attirent aujourd'hui à la Guillotière étudiants comme « créatifs ». En dehors des abords du métro où prolifèrent des trafics en tous genres, le quartier se « boboïse » progressivement. C'est tout bénéfice pour la Guillotière, qui prend même des allures de « petit Brooklyn » dans certains coins ! D'autant que s'y ouvrent nombre de très sympathiques adresses.

Le Centre d'histoire de la Résistance et de la Déportation *(plan détachable C6)* **:** *14, av. Berthelot, 69007.* ☎ *04-72-73-99-00.* • *chrd.lyon.fr* • Ⓜ *Jean-Macé ou Perrache ;* Ⓣ *T2, arrêt Centre-Berthelot.* ♿ *Mer-dim 10h-17h45. Fermé lun-mar, j. fériés sauf les 8 mai et 11 nov. Entrée : 6 € ou 8 € en cas d'expo temporaire ; réduc ; gratuit moins de 18 ans ; inclus dans la Lyon City Card. Visite commentée : 3 € en plus du tarif d'entrée ; audioguide 1 €. Renseignez-vous aussi sur la programmation et les expos temporaires.*

SUR LES PAS DE JEAN MOULIN

C'est dans la maison du docteur Dugoujon, à Caluire (voir plus loin « Au nord de la presqu'île »), que Jean Moulin fut arrêté le 21 juin 1943. Racheté par le Conseil général, ce lieu symbolique fait revivre les heures les plus sombres de la Résistance. On peut prolonger le circuit commémoratif en visitant un autre lieu tout aussi émouvant : la prison de Montluc, devenue, après la guerre, une prison pour femmes. C'est là que le petit-fils du docteur Dugoujon donnait aux détenues des cours d'art plastique.

Ne pas manquer la visite de ce centre dans une ville déclarée « capitale de la Résistance » par le général de Gaulle. L'ancienne école de médecine militaire fut,

À VOIR

pendant les années noires, le siège de la Gestapo. Aujourd'hui, les locaux sont partagés avec Sciences Po. C'est ici que Jean Moulin fut interrogé et torturé par Klaus Barbie, avant de mourir au cours de son transfert en Allemagne. La 1re partie de la visite – chronologique – est organisée autour des collections du musée (documents d'archives, panneaux pédagogiques, témoignages vidéo, quelques objets comme ce chapelet en mie de pain fabriqué par un détenu en camp) et jalonnée de clichés grand format pris pendant la guerre. Plusieurs reconstitutions sont ensuite présentées : une petite place de la Croix-Rousse, un intérieur des années 1940 (où cohabitent photo de Pétain et radio réglée sur Radio Londres !) et, à la cave, une imprimerie clandestine. La visite s'achève dans l'auditorium où sont diffusées les images – parfois presque suffocantes... – du procès de Klaus Barbie.

– À noter : on trouve également ici un excellent ***centre de documentation.*** *Ouv à tous sur rdv, au 2e étage. Mer-ven 10h-12h30, 13h30-17h. Fermé j. fériés et 2de quinzaine d'août.* Accès à une extraordinaire documentation (plus de 30 000 ouvrages) sur toute la période. Consultation et recherche possibles.

Autour de la ***place Gabriel-Péri*** *(plan détachable D5)* vous n'aurez aucun mal à trouver des salons de thé-pâtisseries orientaux, pour croquer un *doigt de fatma* ou siffler un verre de thé à la menthe. Juste à côté, entre le Rhône et la rue de Marseille, s'étend un minuscule quadrilatère qui abrite cette fois une population à dominante asiatique : ***rue Passet, rue d'Aguesseau, rue Basse-Combalot...*** Même si le quartier n'a rien de particulièrement typique, gentille animation avec boutiques, restos et épiceries. Sympa, et l'un des seuls secteurs où les commerçants ouvrent le dimanche.

Le Centre nautique Tony-Bertrand *(plan détachable D5)* **:** *8, quai Claude-Bernard, 69007. • piscines-patinoires.lyon.fr • Ouv tte l'année. En été, lun 12h-19h30, mar-dim 10h30-14h30, 15h30-19h30 ; le reste de l'année, tlj 12h-20h (18h w-e). Entrée : 8 € ; moins de 26 ans : 5,50 € ; gratuit moins de 6 ans.* L'entrée n'est certes pas donnée mais les bassins extérieurs posés au bord du Rhône séduisent Lyonnais et touristes en quête de fraîcheur ! Baignade dans le magnifique bassin olympique de 50 m pour les nageurs ou bassin ludique et jeux d'eau pour les gones. Revigorant !

Le mémorial national de la prison de Montluc *(plan détachable F6)* **:** *4, rue Jeanne-Hachette, 69003. ☎ 04-78-53-60-41. • memorial-montluc.fr • Ⓜ Sans-Souci ; Ⓣ T4, arrêt Manufacture-Montluc. À 10 mn à pied de la gare de la Part-Dieu. Pdt les travaux du mémorial, jusqu'en 2025, le site reste ouv mais les horaires sont susceptibles d'évoluer. Voir le site internet. Fermé dim-lun tte l'année et Noël-1er janv. GRATUIT.* Inscrite il y a quelques années au titre de Monument historique afin d'éviter sa démolition, la prison de Montluc, lieu emblématique de la barbarie nazie durant la Seconde Guerre mondiale, a été réhabilitée. Ce n'est pas un musée au sens classique du terme, mais un lieu de mémoire et de recueillement. Plus de 10 000 prisonniers y furent détenus entre 1943 et 1944 dans l'attente de leur déportation ou de leur exécution. Les cellules affichent les photographies et biographies de leurs détenus dont un

L'ANTICHAMBRE DE LA GESTAPO

C'est à Montluc que fut incarcéré Jean Moulin, mais aussi le maréchal de Lattre de Tassigny, l'historien Marc Bloch, l'industriel Marcel Dassault et les enfants d'Izieu. Sans oublier les milliers d'anonymes juifs, résistants ou otages, torturés par la Gestapo de Klaus Barbie. Pendant le procès de celui-ci en 1983, Robert Badinter, alors ministre de la Justice, exigea que le « boucher de Lyon » soit incarcéré à Montluc.

À VOIR

certain Jean Moulin... À Caluire-et-Cuire (au nord du parc de la Tête-d'Or), on peut aussi visiter le mémorial ouvert au sein de la villa du docteur Dugoujon. C'est là que Jean Moulin fut arrêté par Klaus Barbie le 21 juin 1943, ainsi que Raymond Aubrac et 4 autres résistants (voir plus loin).

À L'EST ET AU SUD-EST DE LYON

Villeurbanne et ses gratte-ciel *(plan détachable G4 et hors plan détachable par G3)*

L'Institut d'art contemporain *(plan détachable G4)* **:** *11, rue du Docteur-Dolard, 69100* ***Villeurbanne****. ☎ 04-78-03-47-00. • i-ac.eu • Ⓜ République ; bus C3. ♿ Ouv au public seulement pdt les expos, mer-ven 14h-18h, w-e 13h-19h. Fermé lun-mar. Entrée : 6 € (20 € pendant la biennale, qui inclut 5 lieux d'exposition) ; réduc ; gratuit moins de 18 ans ; inclus dans la* Lyon City Card. *Visites commentées gratuites le w-e à 16h.*
Institution pionnière en France, l'Institut a la double mission d'organiser des expositions temporaires dans ses murs et de constituer une collection pour la diffuser sur l'ensemble du territoire rhônalpin (à Nantua, à Saint-Donnat, à Saint-Paul-Trois-Châteaux...) et au-delà. 3 fois par an, l'IAC propose des expositions représentatives de la diversité des pratiques de l'art contemporain et toujours de haut niveau, qui mettent en avant des artistes majeurs (Boetti, Buren, Graham, Weiner, On Kawara...), des groupes ou de jeunes artistes dans un espace de 1 200 m² renouvelé pour chaque projet.

À VOIR

Beaucoup de Lyonnais ne viennent à Villeurbanne que pour ses cinémas encore dans leur jus ou pour les puces du Canal, le dimanche (voir plus haut dans la rubrique « Adresses et infos utiles. Les rendez-vous des quais »). Ils en oublieraient presque les ***gratte-ciel,*** sur l'avenue Henri-Barbusse *(hors plan détachable par G3). Ⓜ Gratte-Ciel. Possibilité de les découvrir sur demande dans le cadre des visites organisées par l'office de tourisme. Sinon Cybèle • cybele-arts.fr • (voir plus haut la rubrique « Adresses et infos utiles »).* Dans cette ville *(Villa Urbana)* fondée par les Romains en 50 av. J.-C., un ensemble unique d'immeubles Art déco que l'on doit à l'architecte Leroux et réalisé sous le mandat du maire Lazare Goujon. L'objectif officiel : améliorer les conditions de vie des ouvriers. L'objectif officieux, pour Lazare Goujon : gagner les élections municipales de 1935.
De part et d'autre de l'***avenue Henri-Barbusse,*** mais aussi ***rue Paul-Verlaine*** et ***rue Michel-Servet,*** les 2 tours d'entrée font 62 m et 19 étages. Les autres immeubles ont de 9 à 11 étages. Il s'agit d'une construction métallique boulonnée. Une fois le squelette monté, il est rempli de briques creuses. Une belle prouesse pour l'époque. Elle a inspiré tous les Européens. Chaque appartement dispose d'un petit balcon, d'une miniterrasse (la plus haute culmine à 28 m) et est desservi par un ascenseur à 2 vitesses. Les 1 500 appartements, toujours habités, ont gardé leur vocation d'habitations à loyer modéré.
Au fond, l'*hôtel de ville,* construit entre 1929 et 1930 par l'architecte lyonnais Robert Giroux (Grand Prix de Rome), barre le boulevard et a également une façade sur la place Lazare-Goujon. De ce côté, il fait face à l'ancien palais du Travail du même architecte (1928), aujourd'hui le TNP (Théâtre national populaire). Possibilité de s'attabler à la ***L'Aparté,*** la brasserie du TNP pour un plat du jour dans une ambiance... brasserie.

Épicerie Daniel & Denise : *25, av. Henri-Barbusse, 69100 Villeurbanne. ☎ 04-78-62-78-96. Ⓜ Gratte-Ciel. Lun-sam 9h-19h (20h ven).* Un bistrot-épicerie où l'on vient manger sur le pouce à toute heure. Blanquette de veau, paleron de bœuf confit sauce au vin rouge, pâté en croûte au foie gras et ris de veau... Côté épicerie, ne manquez pas les quenelles à la sauce nantua en bocaux du chef Viola mais aussi ses terrines et sa pâte à tartiner à la praline. Petite terrasse pour profiter de l'animation de la rue.

Vaulx-en-Velin et Groupama Stadium à Décines (hors plan détachable par G3-4)

Le quartier de Vaulx-en-Velin/La Soie, qui déborde sur Villeurbanne, est en pleine mutation. Oubliées les friches industrielles squattées, qui avaient abrité autrefois les grandes usines textiles de la région, c'est un nouveau quartier, hautement connecté, qui devrait trouver sa place au sein de la métropole.

Mini World Lyon : *3, av. de Bohlen, Pôle de commerces et de loisirs du Carré de Soie,* ***Vaulx-en-Velin.*** *☎ 04-28-29-09-19. • miniworldlyon.com • Ⓜ Vaulx-en-Velin/La Soie ou Ⓣ T3, puis suivre fléchage « Carré de Soie » sur 500 m. À 15 mn en voiture du centre de Lyon par le périphérique nord, sortie La Soie. Ouv mer-ven 11h-18h, w-e et j. fériés 10h-19h et tlj pdt les vac scol. Entrée : 15 €, 10 € pour les 4-17 ans ; réduc de 1 €/pers si achat de billets sur le site ; inclus dans la* Lyon City Card. *Nombreux tarifs réduits sur le site internet. 2 € de réduction pour l'achat de 2 entrées adultes sur présentation de ce guide.* Installé dans un vaste espace intérieur de 3 000 m² d'un centre commercial, c'est le plus grand parc de miniatures animées en France. Plus de 70 000 personnages, 8 000 animaux, 5 000 véhicules et 150 trains, tous à l'échelle 1/87 et répartis sur 4 plateaux contigus avec comme thématiques la ville, la montagne, la campagne. Dernière nouveauté : une reproduction de la ville de Lyon en miniature riche elle aussi en détails réalistes, insolites et souvent drôles. On se sent Gulliver au pays des Lilliputiens ! L'ensemble a nécessité plus de 120 000 heures de travail, et les créateurs ont même pensé au passage du jour à la nuit toutes les 20 mn, avec un show de *Fête des lumières* assez fascinant. Les petits s'amuseront à rechercher des personnages célèbres de dessin animé et de super-héros, tandis que les grands tenteront de retrouver les Beatles ou Marilyn Monroe. En prime, une expo temporaire tout en Lego (1 million de briques) est proposée avec un thème nouveau chaque année. Seul bémol, la féerie peut facilement être gâchée les jours de grosse affluence où il est difficile d'approcher les maquettes. Resto-snack sympa sur place au cœur d'écrans larges avec vues animées.

Grand Parc Miribel-Jonage : *chemin de la Bletta,* ***Vaulx-en-Velin.*** *☎ 04-78-80-56-20. • grand-parc.fr • Ⓜ Vaulx-en-Velin/La Soie, puis bus nº 83 (d'avr à mi-sept). À 15 mn en voiture du centre de Lyon par l'autoroute A 42, sortie 4 ou rocade est, sortie 5. Ouv tte l'année. GRATUIT (sauf base de loisirs).* Ce vaste espace de loisirs est l'un des plus grands parcs périurbains d'Europe. Sentiers balisés ou non, chemins de terre pour les cyclistes et un patrimoine naturel très riche par la variété de la faune et de la flore. On y va en famille ou entre amis et on lézarde ou on s'active sur l'une des plages (3 gratuites, 1 payante) au bord de l'eau. Aires de jeux et de pique-nique un peu partout et, en saison, restaurants et buvettes.
Et puis, découvrez l'*Atol,* base de loisirs du Grand Parc *(entrée : 8,50 € adulte, 4 € enfant jusqu'à 11 ans ; gratuit moins de 4 ans)* avec de nombreuses activités terrestres et nautiques : tyrolienne, tennis, badminton, golf, VTT, voile, canoë...

Groupama Stadium (stade de l'Olympique lyonnais) **:** *10, av. Simone-Veil, Décines-Charpieu. ☎ 08-92-69-69-69 (0,05 €/mn). • groupamastadium.com • Ⓣ T3 de la Part-Dieu, arrêt T : Décines-Grand Large, puis bus no 85. Le stade : visites guidées uniquement, sam-dim, 9-39 € selon la visite choisie (sur résa par tél ou sur le site, onglet « billetterie »). Le musée : mer, sam-dim 10h-19h (dernier accès à 18h ; ouv tlj pdt les vac scol). Entrée : 10 €, réduc, gratuit moins de 5 ans ; visite du stade (à 12h) ou du musée inclus dans la* Lyon City Card. *Audioguide 2 €.*

Plusieurs raisons, indépendamment des jours de match, peuvent inciter à venir faire un tour jusqu'à l'OL. Ce stade, inauguré en 2016 (45 ha, 58 000 places), a été construit à la périphérie de la ville avec musée, hôtels, restaurants, centres d'entraînement et de loisirs, bureaux, etc. Le nouveau pôle de loisirs OL Vallée a pour vocation de devenir un lieu de vie au pied du stade (padel, bowling, boutique, théâtre, trampolines...).
Un intéressant musée, même pour les néophytes, pour découvrir, sur plus de 1 300 m², l'histoire et l'origine du foot lyonnais. Des espaces thématiques très bien faits, où d'amusantes portes « secrets vestiaires » racontent des histoires et offrent des témoignages. Un écran géant diffuse les plus grands matchs de l'OL et des écrans tactiles donnent des infos sur les joueurs. Reconstitution à taille presque réelle de *l'Ours Blanc,* lieu historique où joueurs et supporters sont passés boire un verre avant ou après les matchs. Nombreux jeux interactifs pour tous les âges. Le week-end à 14h30, sur réservation, visite de *l'Offside Gallery,* plus de 1 800 m² de surface peinte par des artistes de *street art* du monde entier. Le Groupama Stadium accueillera des tournois de foot pour les J.O. d'été de 2024.

Le quartier des frères Lumière
(plan détachable F-G6 et hors plan détachable par G6)

Le 8e arrondissement de Lyon abrite un petit quartier à l'histoire passionnante. Nouvelle zone industrielle de Lyon dès la fin du XIXe s, ce quartier s'est développé au travers d'industries célèbres : les usines *Lumière,* ou encore *Berliet* qui a lancé la production des 1res automobiles françaises. Des ateliers *Cottin-Desgouttes,* d'où est sortie la populaire « Sans-secousse », une touriste 12 CV, pourvue d'une suspension indépendante sur les 4 roues. Tandis que, à 2 pas, le moteur du 1er TGV a été conçu chez *Jeumont-Schneider,* autrefois *Schneider-Westinghouse,* l'une des plus grosses usines françaises de l'industrie métallurgique. Bref, une concentration industrielle qui a engendré une réflexion sur l'habitat ouvrier. Sous l'égide d'Édouard Herriot, l'architecte avant-gardiste Tony Garnier jette les bases d'un urbanisme fonctionnel et humaniste dont le 8e arrondissement porte encore aujourd'hui les traces. Les cités-jardins n'ont pas toutes cédé la place aux immeubles résidentiels ou aux logements sociaux. Quant au patrimoine industriel, souvent d'une très grande beauté architecturale, dépêchez-vous de lui rendre visite avant qu'il soit détruit. N'oubliez pas que le hangar du Premier-Film ne doit sa survie qu'à la sensibilité visionnaire de quelques-uns (voir ci-dessous le musée Lumière).

À VOIR

L'Institut Lumière *(plan détachable G6)* **:** *25, rue du Premier-Film, 69008.* ☎ *04-78-78-18-95.* • *institut-lumiere.org* • Ⓜ *Monplaisir-Lumière ; bus C16. Musée ouv mar-dim 10h-18h30. Fermé lun (sauf j. fériés), 1er janv, 1er mai et 25 déc. Entrée : 8 € ; réduc ; gratuit moins de 7 ans ; inclus dans la* Lyon City Card. *Pdt les vac scol, visites guidées tlj à 15h (3 €). Audioguide (aux commentaires passionnants) et 1 version enfant (3 €). Séances de cinéma mar-dim journée et soirée, séance jeune public mer et sam à 14h30, plus dim à 10h30. Séance : 8 € ; réduc ; 4 € séance jeune public. Billetterie en ligne. Librairie ouv juste en face : 20, rue du Premier-Film. Tlj sauf lun. 3 000 références de livres et revues, 4 000 DVD, des signatures avec auteurs. Un vrai bonheur pour les amateurs.*
Parc Lumière ouv tlj 8h30-19h (22h mai-sept) ; bibliothèque Raymond-Chirat ouv mar-ven et 1er sam du mois 14h-18h30 (nov-mai). Entrée : 3 € ; réduc.
« Sur l'écran apparaît une projection photographique. Jusqu'ici, rien de nouveau. Mais, tout à coup, l'image, de grandeur naturelle ou réduite suivant la dimension de la scène, s'anime et devient vivante. C'est une porte d'atelier qui s'ouvre et laisse échapper un flot d'ouvriers et d'ouvrières, avec des bicyclettes, des chiens

qui courent, des voitures ; tout cela s'agite et grouille. C'est la vie même, c'est le mouvement pris sur le vif », écrivait Victor Perrot, un ami des frères Lumière. Cette rue, vous y êtes. Louis Lumière venait de placer son nouvel appareil, le cinématographe, là, oui, devant l'entrée des usines Lumière. C'était le 19 mars 1895. Regardez la plaque : Rue du Premier-Film. C'est bien là qu'est né le cinéma.

Lyon, la ville d'invention du cinématographe

La découverte du Hangar du Premier-Film est un des temps forts d'une visite qui commence aux portes d'une imposante villa de maître, construite entre 1899 et 1902 par Antoine Lumière, le père des frères Lumière. Le « château de Monplaisir », comme on l'appelle ici. Une belle demeure cossue de style Art nouveau, un intérieur typique de la bourgeoisie 1900 : carreaux de ciment, carreaux de céramique, verres colorés... Le jardin d'hiver, 1re pièce de la visite, a une allure folle. Dans la 2e salle, une maquette reconstitue des villas et les usines de la famille Lumière. L'agencement du musée, moderne et interactif, permet de découvrir les extraordinaires inventions d'Auguste et de Louis Lumière, artistes autant qu'ingénieurs, et ce, au travers des 2 étages de la villa familiale ; mais aussi les différentes inventions qui ont précédé les découvertes des frères Lumière (lanterne magique, praxinoscope). Cette famille hors du commun est à l'origine d'inventions insolites dans les domaines les plus divers. À ne pas manquer : le Cinématographe n° 1, qui a servi à la 1re projection de cinéma au monde, et les Autochromes, les 1res photographies en couleur dont les tonalités rappellent l'impressionnisme. Et quand vous grimperez l'escalier, observez ce magnifique coq sur la rampe en bois sculpté. Symbole du lever du jour, des Lumière qui montaient... au 1er étage ?
Autour de la villa, un beau jardin clos par le mur des cinéastes, sur lequel sont apposées des plaques marquant leur passage, et le fameux Hangar du Premier-Film. C'est bien là qu'est né le cinéma le 19 mars 1895. Mettez vos pas à votre tour exactement à l'endroit où Louis posa son 1er cinématographe. Fermez un œil, regardez la structure du Hangar, classé Monument historique et qui abrite désormais une magnifique salle de projection à la programmation audacieuse, ouverte en fonction des séances. Sur chaque siège est apposée une plaque avec le nom d'un réalisateur.
En sortant de l'Institut Lumière, allez flâner un moment sur la place Ambroise-Courtois (où il y a le métro) au charme très provincial, dotée d'un kiosque à musique, qui résonne le plus souvent du timbre des boulistes. L'été, dans le cadre de « L'été en cinémascope » de l'Institut Lumière, des projections gratuites sont organisées tous les mardis à la tombée de la nuit, sur le mémorial des frères Lumière.

Marguerite *(plan détachable G6)* **:** *57, av. des Frères-Lumière, 69008. ☎ 04-37-90-03-00. Ⓜ Sans-Souci. Tlj. Menu du jour 31,90 € en sem, 35,70 € le w-e.* Le groupe Bocuse a rendu son lustre d'antan à cette belle maison bourgeoise où ont vécu les frères Lumière. Atmosphère intimiste dans les salons du rez-de-chaussée comme à l'étage. Un écrin de choix pour une belle cuisine, qui affûte ses classiques plus qu'elle n'ose l'originalité. Délicieuse terrasse ombragée.
On peut prendre sinon un petit verre sur le zinc du ***Bistro Autrement*** : *12, pl. Ambroise-Courtois. ☎ 04-78-01-00-11. Tlj 7h-23h. Plat du jour env 10,90 € ; formule déj 19 € ; menus 22-25 €.* Un joli petit bistrot acquis aux armes cinématographiques des frères Lumière. En été, sympathique terrasse sur la place piétonne.

Vous pouvez vous rendre à pied jusqu'à l'***ancienne manufacture des tabacs,*** conçue et réalisée par l'architecte Joseph Clugnet dans les années 1920. Ce fut, jusqu'aux années 1960, la plus moderne de France. 700 employés s'activaient, entre autres, pour la célèbre « Gauloise ». Elle abrite aujourd'hui l'université Jean-Moulin Lyon-III.

L'hôpital Édouard-Herriot *(hors plan détachable par G6)* **:** en sortant du musée Lumière, remonter cette fois l'avenue des Frères-Lumière vers l'est. À 15 mn de marche, cet ensemble hospitalier inscrit aux Monuments historiques en 1967 a

À VOIR

été réalisé par l'architecte Tony Garnier. Extrêmement innovant, il s'inspire de l'hôpital Bispebjaerg de Copenhague, visité par l'architecte en compagnie du maire de l'époque, Édouard Herriot. L'ensemble adopte le principe d'une cité-jardin pour malades. Les bâtiments, qui ont plutôt mal vieilli, vus de l'extérieur, sont reliés les uns aux autres par un immense réseau de voies souterraines. Les pavillons en béton sont recouverts d'un toit-terrasse, rendu possible par l'invention du béton armé. Le tout dans un écrin de verdure structuré de pergolas. Notons l'orientation des pavillons, adaptés aux maux des malades. En revanche, profondément athée, Garnier refusera de dessiner la chapelle. L'un de ses élèves, Louis Thomas, s'en chargera.

LA MÉDECINE DES ODEURS

Au XIXe s, on repérait les maladies par leur odeur : viande avariée pour la fièvre jaune, pain chaud pour la typhoïde ou poulet grillé pour la rubéole. Une technique bien peu efficace. Et pourtant, aujourd'hui, certains chiens repèrent le cancer de la vessie ou certains cancers de la prostate en reniflant l'urine.

Le quartier des États-Unis et la cité Tony-Garnier (hors plan détachable par G6)

« Les États », comme on dit ici. En hommage à ces 10 000 soldats américains qui avaient stationné dans l'Est lyonnais lors de la Première Guerre mondiale. Ils y avaient leurs baraquements au milieu d'un grand terrain vague. Nous sommes dans le 8e arrondissement de Lyon, le long du boulevard des États-Unis, au cœur de la cité Tony-Garnier. 4 000 habitants. Probablement la seule cité HLM au monde que l'on visite. Cours, haies taillées, sols sablés, bancs et pergolas rythment ces immeubles pavillonnaires. Ambiance méditerranéenne. Dans les années 1920, il s'agissait de fixer une population mi-ouvrière mi-rurale.

« Sauver l'ouvrier du taudis », foyer de tuberculose et d'alcoolisme, tel était le mot d'ordre d'Édouard Herriot, maire de Lyon à l'époque. Le quartier devenait ainsi le 1er ensemble d'habitations bon marché, HBM (ancêtres des HLM), réalisé en Europe. Il accompagnait l'essor industriel florissant de la ville.

Ce vaste programme d'urbanisation, fortement remanié, est confié à l'architecte lyonnais Tony Garnier. Celui-ci substitue à la pierre de taille le ciment armé, augurant nombre d'innovations comme le couvrement des immeubles en terrasse, la simplification des formes, une approche cubiste des volumes. De 1920 à 1933, 1 563 logements, répartis en 12 îlots, sont construits pour accueillir 12 000 personnes. Mais les immeubles vieillissent mal. Dans les années 1980, on parle même de détruire certaines parties du quartier plutôt que de les réhabiliter, à cause du coût élevé des travaux. Attachés à leur quartier, les habitants vont se mobiliser. La réhabilitation est enfin acceptée, mais les crédits ont du mal à suivre. La solution des fresques s'impose aussitôt au Comité des locataires. Contact est pris avec la *Cité de la Création,* un collectif d'artistes qui a signé de gigantesques trompe-l'œil au cœur de Lyon. Transformer un quartier populaire en ***musée urbain*** était un défi incroyable.

À VOIR

Le musée urbain Tony-Garnier (hors plan détachable par G6) **:** *4, rue des Serpollières, 69008. ☎ 04-78-75-16-75. • museeurbaintonygarnier.com • T T4, arrêt « États-Unis – Tony-Garnier » ou M Grange-Blanche, puis bus C16. ♿ Mar-dim 14h-18h. Fermé lun et j. fériés. Visite guidée sans rdv le sam à 14h30 (murs peints et appartement). Tarifs : 10 € ; réduc ; gratuit moins de 10 ans ; inclus dans la Lyon City Card. 5 € pour l'appartement 1930, mar-dim à 16h30 (et 14h30 sam). Audioguide pour découvrir la cité 5 €. Divers événements culturels et artistiques tte l'année : visites guidées thématiques, nocturnes, ateliers, expos temporaires, conférences, etc. (se renseigner).*

Un musée pas comme les autres. D'ordinaire, les œuvres sont à l'intérieur, voire dans la cour. Ici c'est le contraire : elles sont dehors. Guidé ou en toute liberté, partez à la découverte de l'œuvre de Tony Garnier (plans et dessins de sa cité idéale) revisitée, à partir de 1988, par les artistes de *Cité Création.*
Quoi de plus réaliste qu'un projet utopique ? Le musée urbain fait partie des utopies réalisées. À la fin des années 1980, les 1res peintures apparaissent (11 m de large et 21 m de haut), financées, entre autres, par l'Office public des HLM. Au coin des rues, le panier des ménagères côtoie l'univers avant-gardiste de Tony Garnier.
En 1991, c'est la consécration internationale : l'Unesco décerne à la cité Tony-Garnier le label de la « Décennie mondiale du développement culturel » pour avoir pris en compte la culture dans le développement. Des visiteurs étrangers affluent, ainsi que de nouveaux créateurs. Encouragée par l'Unesco, la réalisation des 6 derniers murs peints est confiée à des artistes (ivoirien, russe, égyptien, indien et mexicain), certains de réputation internationale, à l'instar du peintre new-yorkais Matt Mullican. Le thème ? Dessiner sa vision personnelle de la Cité idéale. Le succès est immédiat et les gens sont fiers de leur cité. 17 000 visiteurs chaque année. Près de 5 500 m² de peintures murales réalisées sur 25 murs.

– ***L'appartement-témoin des années 1930 :*** *au cœur du quartier des États-Unis.* Un petit 3-pièces qui restitue fidèlement l'atmosphère de l'entre-deux-guerres. Illustrant la modernité de Tony Garnier, c'est un saut dans le temps à la découverte de la vie des ouvriers de l'époque. Le musée propose régulièrement des ***visites du stade de Gerland*** (Matmut Stadium) sur réservation, édifice aux dimensions olympiques, classé Monument historique et conçu par Tony Garnier.
– Au ***nº 1, rue des Serpollières,*** face au musée Tony-Garnier, on trouve 3 édifices de 3 étages, 1res réalisations de Garnier avant qu'on lui demande de revoir sa copie (voir plus haut l'histoire du quartier). Tous les autres immeubles appartiennent au projet modifié.
– ***Les murs peints :*** les 24 façades géantes des murs peints doivent subir un immense chantier de restauration sur 8 à 10 ans. Sur les 24 projets, 8 fresques seront reproduites à l'identique, 8 seront améliorées et 8 autres seront refaites entièrement. Visibles jusqu'à ce qu'ils ne soient plus accessibles pendant la restauration ; le 1er mur présente le plan du quartier, le 2e raconte les différents temps de cette cité tandis que le 3e dépeint la vie ouvrière à la fin du XIXe s (mur 3), largement inspirée de Zola (opposition labeur-jouissance). Un mur, inauguré en 2001, montre des vues de la maison de l'architecte, sur l'île Barbe. Sur le plan général de la cité, l'image grandiose de sa cité utopique, pensée autour d'un fleuve. 11 autres murs reprennent des éléments de la cité industrielle de Garnier, réalisés à partir de ses plans-gravures, en respectant ses couleurs. On y découvre le côté futuriste de son œuvre (gare ferroviaire, le 6 ; projet d'école, le 10 ; projet de maison particulière, le 9 ; stade pour les sports athlétiques, le 15 ; intéressante vue globale du projet d'« habitations en commun entre la Guillotière et Vénissieux », le 18...). Et puis 6 murs confiés à des artistes étrangers sur le thème de leur vision idéale de la ville et de l'habitat. Parmi ceux-ci, *la Cité idéale russe* (le 23). Beaucoup de vie et de couleurs, avec des maisons qui s'animent joyeusement. Le 21 est un délire mexicain haut en couleur tandis que le 20 est une illustration d'une peuplade indienne du nord de Bombay, les Warlis, ne connaissant pas l'écriture. On y retrouve la cellule familiale, les rituels, les danses... Le choix des œuvres fait toujours l'objet d'une concertation étroite avec les habitants, ainsi chacun se sent détenteur et défenseur de cette superbe idée. À tel point d'ailleurs que, contrairement à bien d'autres coins de la ville, on ne voit aucun tag !
À la fin de votre visite guidée, n'hésitez pas à vous promener dans la *rue Émile-Combes* (attenante à la cité). Une petite merveille de poésie au printemps ou à l'automne.

AU SUD : GERLAND ET LA CONFLUENCE !

Gerland *(hors plan détachable par G6 et plan détachable Confluence-Gerland)*

Juste au nord de Gerland, le ***quartier de la Mouche,*** où, entre autres, on fabriquait les célèbres bateaux, les bateaux-mouches voyons !

La halle Tony-Garnier *(plan détachable Confluence-Gerland C4-5)* **:** *pl. Antonin-Perrin.* 210 m de long, 80 m de large et 20 m de haut. Construite entre 1908 et 1914 et inaugurée pour l'Exposition internationale urbaine, cette halle aux vifs (on y accueillait les bestiaux vivants) n'était qu'une toute petite partie d'un vaste complexe d'abattoirs dont il ne reste que cet édifice. Elle fut immédiatement transformée en arsenal au début de la guerre. Elle ne reprit sa vocation originelle qu'en 1928 et fonctionna jusqu'en 1978, date à laquelle elle faillit être détruite par Louis Pradel, comme tous les autres édifices. Seule la halle fut sauvée... et classée. C'est aujourd'hui une salle polyvalente (rassemblements, expos, concerts...). Pour les concerts, acoustique médiocre mais ambiance parfois démente. Contrairement à ses attirances naturelles pour le béton, Garnier utilisa ici la pierre, le fer et le verre. Les pavillons latéraux sont en revanche caractéristiques de son style (toits plats).

POURQUOI BATEAU-MOUCHE ?

Tout simplement parce que les premiers furent construits dans le quartier de la Mouche, à Lyon, dès 1867. Ensuite, certains bateaux partirent à Paris, mais subirent la concurrence du Métropolitain. L'idée fut reprise en 1949 par un certain Bruel, non pas le chanteur, mais le fondateur de la compagnie des Bateaux-Mouches (au pont de l'Alma, à Paris), la plus ancienne et la plus prospère.

À VOIR

Le stade de Gerland (Matmut Stadium) : *entrée principale sur l'av. Jean-Jaurès (au sud de la ville, sur la rive gauche du Rhône).* Ⓜ *Stade-de-Gerland. Visites guidées seulement sur résa auprès du musée urbain Tony-Garnier (voir plus haut).*

Il a acquis sa véritable notoriété lors de la Coupe du monde de football de 1998 ; quelques matchs se jouèrent ici et, pour l'occasion, 2 virages (nord et sud) furent entièrement restructurés et recouverts d'une toiture textile. Encore une œuvre de Tony Garnier, à qui l'on doit également la halle voisine. Bâti en 1926 sous la houlette d'Édouard Herriot, en ciment et béton armé, c'est l'un des plus vieux stades de France et le doyen de ceux qui ont accueilli des matchs de la Coupe du monde. C'est aussi, de notre point de vue, le plus beau des grands stades français, avec son architecture un peu grandiloquente et ses 4 portes munies d'arches monumentales. D'inspiration antique, il évoque quelque peu le passé romain de Lyon. En 1967, il a été inscrit à l'Inventaire

LA COUPE QUI N'Y COUPE PAS...

Le mur peint de la Coupe du monde 1998 se trouve allée Pierre-de-Coubertin. Encore un mur peint et pas des moindres ! C'est l'une des plus célèbres fresques lyonnaises qui fut réalisée à cette occasion. Plein d'humour, le terrain se transforme vers le bas en jardin ouvrier où un papy arrose ses tomates, clin d'œil aux lopins voisins. Allusions à la vie du quartier avec des cornues, référence au pôle scientifique qu'est devenu Gerland, 2 pêcheurs (allusion au Rhône). Et, évidemment, quelques évocations footballistiques.

des monuments historiques. On vous invite donc à découvrir cette architecture même si, avec le Parc Olympique Lyonnais Groupama Stadium à Décines, la pelouse n'accueille plus les matchs de l'OL, mais ceux du LOU (équipe de rugby de Lyon) !

Le pont Raymond-Barre *(plan Confluence-Gerland, B4)* **:** cet élégant pont aux arches aériennes relie depuis 2014 Gerland à la Confluence. Réservé aux piétons et cyclistes (et au tramway), il est joliment éclairé la nuit.

Cap sur la Confluence

- Plan détachable Confluence-Gerland en fin de guide

Une balade incontournable pour tout amateur d'architecture et d'urbanisme contemporains (visites guidées organisées régulièrement, se renseigner auprès de l'office de tourisme). On y accède en tram (T1) ou, en été, grâce à la navette fluviale, le *Vaporetto* (attention, le week-end quand il fait beau, arrivez tôt si vous voulez être assuré de monter dedans). À moins que vous ne préfériez le bus S1 (au départ de Saint-Paul) qui prend tout son temps pour vous faire découvrir le chantier du siècle. Mais si (le temps et) le cœur vous en dit, n'hésitez pas à emprunter le quai Rambaud le long de la Saône afin de découvrir en marchant (ou en courant) les berges de la Saône réaménagées.

UN NOM DÉJÀ CÉLÈBRE

Confluences est également le nom d'une revue éditée par René Tavernier, le père du cinéaste bien connu, grand résistant. Clara Malraux (alors séparée de son illustre mari), résidant à Lyon, y écrivit des articles en pleine guerre, entre 1942 et 1944, alors même qu'elle était juive.

Descendez jusqu'à la confluence de la Saône et du Rhône, tout en jetant des regards curieux sur les bars, les boîtes, les restos, les immeubles qui font aujourd'hui l'attraction de cette ancienne zone industrielle reconvertie. Il y a même des chaînes d'hôtels qui se sont empressées de conquérir l'espace *(Ibis Styles, Novotel)* tout comme des entreprises (siège d'*Euronews* dans le cube vert). Et vous ne mourrez pas de faim, d'autres chaînes de restauration ne cessent de s'implanter au fil du tram.
Pour aller vers Perrache, remontez le long du Rhône après avoir traversé le fleuve par la passerelle piétonne, au niveau du musée des Confluences.

La Maison de la Confluence *(plan détachable Confluence-Gerland B4)* **:** *73, rue Smith. ☎ 04-78-38-74-00. Mer-ven 14h-18h ; GRATUIT.* Elle présente le projet d'aménagement urbanistique dans son ensemble (150 ha). Une maquette permet de repérer les bâtiments intéressants et d'appréhender l'évolution du nouveau quartier dans le temps et dans l'espace. Un chantier d'envergure, donc, qui a doublé la superficie du centre-ville au sud de Perrache, à la confluence des 2 fleuves. Cette ancienne friche industrielle devient petit à petit la vitrine de Lyon du XXIe s, avec logements, bureaux et équipements publics. *Le Progrès de Lyon* s'y est installé, rejoint par l'imposant *Hôtel de la région* dessiné par Christian de Portzamparc, le cube vert d'*Euronews,* la *Banque de France, GL Events,* le *groupe Cardinal, Eiffage...*

Le quartier de la Confluence *(plan détachable Confluence-Gerland, B4)* **:** côté Saône, le long du quai Rambaud, la nouvelle balade des trekkeurs urbains. Pour avoir une vue d'ensemble de ce nouveau quartier, montez au 2e étage du centre commercial pour accéder aux terrasses ouvertes à tous. De là, on domine le bassin et l'alignement des nouveaux immeubles d'habitation signés par des

À VOIR

pointures de l'architecture. L'un d'entre eux, en cuivre marron, change de tonalités selon la lumière et peut ainsi passer au vert d'une seconde à l'autre. Une vraie mue ! Autour du bassin, creusé pour que le fleuve s'invite encore plus dans la ville, plusieurs bancs permettent de se poser et d'admirer ce nouveau paysage urbain.
Une balade aménagée sur les anciens docks le long de la Saône incite piétons et cyclistes à découvrir plusieurs constructions emblématiques de ce nouveau visage de Lyon, où un jardin aquatique a même été créé. Passé *Le Progrès,* on tombe sur la structure métallique perforée du *Cube Orange,* imaginé par les architectes Jakob et MacFarlane. À côté, les anciens entrepôts des *Salins du Midi* transformés en une immense brasserie avec une grande terrasse sur la Saône. Autre bâtiment notable, réhabilité par Jean-Michel Wilmotte, le *pavillon des Douanes* accueille des galeries d'art.
La *Sucrière* *(11-49, quai Rambaud),* un ancien entrepôt des années 1925, accueille des expos temporaires qui contribuent à populariser le quartier. Grimpez sur le toit pour découvrir le *rooftop* à ciel ouvert : soirées avec DJ et vue imprenable sur la Saône.
À son pied, un ancien wagon a été transformé en bar : ***O Quai 49*** est tout indiqué pour une petite pause voyageurs devant une pression ou un burger. Les rails face auxquels le wagon est posé servaient à acheminer du matériel d'entretien pour le barrage de la Mulatière. L'atelier de stockage était situé tout au bout de la presqu'île. Et si les rails plongent dans l'eau, c'est que le niveau était plus bas dans les années 1950.
Quant à la ***halle Girard***, ancienne chaudronnerie réhabilitée *(70, quai Perrache),* elle accueille ***H7,*** nouveau lieu totem du numérique de Lyon. Outre des *start-up* en phase d'accélération, y trouve également ***Heat-Hall à manger,*** un *food hall* de 600 m² (voir aussi plus haut la rubrique « Où manger sur la presqu'île ? »). Sous une charpente métallique et chauffée, un nouveau rendez-vous pour les gourmets en herbe, avec une scène culinaire en mouvement perpétuel. Plus d'infos sur le site • *h-7.eu* •
La plus grosse curiosité reste encore et toujours le musée des Confluences, construit au début des années 2010, sur le site notamment d'un ancien boulodrome à l'abandon. Aujourd'hui, le musée est entouré d'un parc public de 2,4 ha et si la végétation reste encore timide, on peut s'y balader agréablement jusqu'à la pointe de la presqu'île où se croisent les eaux de la Saône et du Rhône. Plus d'infos sur le site • *lyon-confluence.fr* •

À VOIR

> **AU PÉRIL DE SA VIE**
> *Shennong est le dieu chinois de l'agriculture. Il est représenté par une petite statuette en bois, assis et tenant à la main un épi de blé. C'est aussi le dieu de la pharmacopée traditionnelle. Il goûta à toutes les plantes médicinales et finit bien sûr... par succomber.*

*** ***Le musée des Confluences*** *(plan détachable Confluence-Gerland, B4)* **:** *86, quai Perrache, 69002.* ☎ *04-28-38-12-12.* • *museedesconfluences.fr* • Ⓣ *T1, arrêt Musée-des-Confluences.* ♿ *Mar-dim 10h30-18h30 ; nocturne le 1er jeu du mois jusqu'à 22h. Fermé lun, sauf vac scol zone A. Entrée : 9 € ; réduc ; tarif réduit 6 € ; gratuit moins de 18 ans et étudiants de moins de 26 ans ; réduit jeunes actifs 18-25 ans 5 €. Médiateurs mer, w-e et vac scol.*
Le musée, installé au point de confluence des fleuves, a été dessiné par une équipe d'architectes de l'agence autrichienne *Coop Himmelb(l)au.* Il ressemble à un vaisseau de verre et d'acier surgissant des eaux et ouvert sur la ville. Vaguement inspiré du musée Guggenheim de Bilbao. Le musée s'apprécie particulièrement de l'intérieur, baigné de lumière, ou mieux encore de nuit, lors des nocturnes. ATTENTION, ce musée est le plus fréquenté de la région (près de 700 000 visiteurs par an). N'hésitez pas à venir le mercredi (eh oui !) ou le 1er jeudi du mois en soirée (formidable, en nocturne) pour profiter au mieux de ce lieu magique qui vous invite à vous interroger non seulement sur la Terre depuis les origines et la place

de l'homme, avec beaucoup d'humour parfois, mais aussi sur l'accès au savoir transmis par ces nouvelles cathédrales de béton devenues des repères pour les voyageurs du monde.

On entre par le Cristal, un espace monumental dont l'armature de verre s'élève à 33 m sans qu'un boulon ne soit visible à l'œil nu. Une passerelle tournant autour du puits de gravité permet de monter dans le Cristal et de découvrir cette architecture issue de l'école déconstructiviste. À travers cette gaine transparente, la vue est superbe ! Le chiffre 4 est ici incontournable : 4 expos permanentes, 4 expos temporaires par niveau. Car le musée répond aux 4 questions universelles : qui sommes-nous ? (Espèces) D'où venons-nous ? (Origines) Où allons-nous ? (Éternités) Et que faisons-nous ? (Sociétés). Quels que soient les époques, les cultures, les continents, ces 4 questions structurent l'individu, le visiteur que nous sommes, qui est au cœur de chaque exposition. Une grande partie des 3 000 objets exposés provient du musée Guimet, l'ancien musée d'Histoire naturelle de Lyon. Dans chacun des espaces d'exposition, sortes de *black box* où la lumière est très tamisée, les disciplines des sciences humaines et des sciences naturelles dialoguent sans s'opposer, tissent des passerelles comme chacun de nous le fait dans sa vie quotidienne, à travers un parcours jalonné d'écrans, de vidéos et bornes tactiles. Pas d'ordre pour aborder les expos, elles se visitent indépendamment les unes des autres. Avant de démarrer la visite, dans le grand couloir, vous ne manquerez pas l'imposant squelette de la baleine (17 m de long, 12 t !), ressortie des collections du musée Guimet. Avec son mouvement courbe (une prouesse), elle en impose cette bête trouvée échouée sur les côtes corses au XIXe s !

– Dans l'exposition « ***Origines, les récits du monde*** », le visiteur remonte le temps des hominidés jusqu'au big bang, en quête de ses origines. Le gigantesque squelette de Camarasaurus, un dinosaure du Wyoming vieux de 155 millions d'années, est impressionnant ! Tout comme le mammouth de Choulans, retrouvé à quelques kilomètres du musée. En vis-à-vis, des ammonites (mollusques fossilisés dont la coquille enroulée fait penser à une corne de bélier) disparues il y a des millions d'années. Pour se familiariser avec cet environnement si lointain, des objets à toucher, comme un crâne de rhinocéros (un vrai !), un autre de dinosaure, une météorite, un bout de lune, une ammonite... Une vidéo explique le big bang, une maquette de *Spoutnik 2* évoque l'odyssée de l'espace...

– On poursuit avec l'exposition « ***Espèces, la maille du vivant*** », dans un immense espace qui regroupe momies animales (alligator, ibis, chat...), arts premiers et animaux naturalisés. Le parcours replace l'homme parmi les autres espèces sans hiérarchie mais en coexistence, avant d'amorcer un classement à l'occidentale et d'interroger le propre de l'homme, dont le plus étonnant est son impact sur l'environnement, inédit dans l'histoire géologique de la planète. On perd parfois le fil, cherchant à faire le lien entre une coiffe amazonienne, une collection de microscopes et une table de radiologie.

On peut tout simplement se laisser guider par la scénographie, difficile de bouder son plaisir en voyant dépasser le long cou de la girafe, suivie d'une troupe réjouissante : zèbre, chameau, lion, kangourou... Et la vitrine sur les insectes forme un véritable tableau ! La taxidermie ne s'arrête pas là : les oiseaux ont aussi leur place, et le manque d'explications écrites est compensé par les bornes tactiles. Coup de projecteur sur les espèces menacées ou disparues, dont le fameux dodo de l'île Maurice, qui permet d'aborder le sujet de la biodiversité.

– En face, la salle ***Sociétés, le théâtre des hommes*** s'articule autour de 3 pôles : organiser, échanger, créer. Si un certain nombre de pièces, dans la partie « Créer », se réfèrent au patrimoine lyonnais, comme un métier à tisser ou une voiture Berliet de 1908, on n'hésite pas à piocher dans la peinture aborigène ou dans des objets du Japon (une armure du XIIe s pour ne citer qu'elle) pour illustrer l'organisation des sociétés. Les esprits scientifiques se pencheront sur l'accélérateur de particules (1958). La création la plus récente, réalisée pour le musée, est une robe de mariée en fibre optique. Lumineux ! Face aux minéraux utilisés dans la fabrication des

matériaux de haute technologie, des objets domestiques plus prosaïques comme téléphones ou Minitel des années 1980 et Cocotte-Minute Seb. À vrai dire, dans ce beau musée, l'éclectisme des œuvres peut surprendre.
– Le rapport de l'homme à la mort, abordé dans la salle ***Éternités, visions de l'au-delà,*** fait voyager dans le temps comme dans l'espace, et l'émotion ici est vraiment au rendez-vous. On reste sans voix devant le corps momifié d'une femme en position assise, bras et jambes repliés sur la poitrine, exposé dans la pénombre pour ménager les âmes sensibles. Parmi les pièces remarquables, un impressionnant masque végétal du Mato-Grosso, les « hommes barbus », des statues en pierre vieilles de 3 000 ans retrouvées dans des tombes égyptiennes et dont la barbe symbolise le pouvoir. Sépultures (nord-Caucase, Ossétie du Nord), sarcophages, statuettes et sculptures se partagent l'espace dédié aux religions, aux croyances et aux rituels funéraires.
Avant de redescendre, ou de découvrir les expositions temporaires, remarquables de qualité, faites un saut au 4e et dernier étage accessible en ascenseur ou par la passerelle. Depuis la terrasse, la vue rectiligne sur le Rhône et le pont Raymond-Barre vaut vraiment le coup d'œil. Et la vue est presque encore plus magique de nuit !

Le Comptoir Gourmand, *au dernier étage.* Pratique, à défaut d'être gastro *(formules sandwich ou bagel 7,50-16 €).* Sandwichs, salades et burgers à avaler sur le pouce, le regard perdu vers la Saône, même si la structure métallique du musée cache en partie la vue ! La ***Brasserie des Confluences*** est située au rez-de-chaussée, derrière la boutique du musée *(menus déj sauf dim 24-29 € ; carte env 50 €).*

La Mulatière

L'Aquarium de Lyon : *7, rue Stéphane-Déchant, 69350 La Mulatière. ☎ 04-72-66-65-66. • aquariumlyon.fr • Bus n° 15 (arrêt Pont-de-la-Mulatière) et C10 (arrêt Bastero-Aquarium) depuis la pl. Bellecour ; C7 depuis la Part-Dieu ; 8 et 63 depuis Perrache (arrêt Bastero-Aquarium). Ouv mer-dim hors vac scol et tlj pdt vac scol (zone A) 10h30-18h30 (fermeture des caisses à 17h30). Entrée : adulte 17 € ; 13 € 5-10 ans, 8 € 3-4 ans, gratuit moins de 3 ans. Réduc en réservant en ligne. Compter env 2h de visite.*
Quelques coups de nageoires séparent Lyon des océans. 3 000 poissons, 39 aquariums pour près de 300 espèces venues des eaux douces et salées de toute la planète, de quoi faire tourner la tête des spectateurs. Une découverte aussi ludique que pédagogique.
La visite commence par les poissons des eaux douces tempérées, avec notamment une vedette locale, plus connue en quenelles : le brochet, armé de plus de 700 dents ! Suivent les goujons, souvent cachés sous la nasse de pêche, ou encore les saumons de fontaine et les perches de rivière. Bassin suivant, on se retrouve nez à nez avec un silure glane, le plus gros poisson pêché dans le Rhône. À défaut d'être beau, c'est un véritable mastodonte de plus de 1,50 m pour environ 25 kg !
Mais l'attraction principale, ce sont les ***requins*** qui évoluent derrière les vitres du plus grand aquarium – 500 000 l d'eau de mer et 8 m de haut –, autour d'un décor représentant un tombant rocheux de l'île de la Réunion. On observe plusieurs espèces : requins à pointe noire en surface, des poissons récifaux et les requins-léopards. Faites une pause pour assister au nourrissage des requins, ou participer à une rencontre thématique avec les médiatrices scientifiques qui en connaissent un rayon sur le monde marin. Immergez-vous ensuite le domaine des poissons des eaux douces tropicales et ses légendaires piranhas, une salle également dédiée aux cichlidés africains et américains. Jetez un œil au tétra aveugle, qui s'est entièrement adapté à son milieu lorsqu'il fut prisonnier des lacs souterrains il y a quelques millions d'années.

À VOIR

La 3ᵉ salle, celle des récifs coralliens, est certainement la plus appréciée, car elle offre une palette d'espèces somptueuses : les pagres roses, rougets volants, poissons-clowns, chirurgiens, poissons-coffres, poissons-vaches (aux cornes surprenantes), ainsi que la tanière d'une murène léopard.
Passez par le bassin venu tout droit de la baie de Sydney pour observer les requins de port Jackson. À côté, découvrez « la mer en mini » et admirez les petits animaux du monde aquatique marin : hippocampes, crevettes danseuses, crevettes nettoyeuses, crevettes arlequins, crabes anémones, langouste bleue... mais aussi le poisson-pierre, dont les mortelles épines dorsales en font le poisson le plus dangereux du monde. Terminez par le bassin tactile où les enfants peuvent caresser turbots, étoiles de mer... Bref, une fabuleuse plongée les pieds au sec pour découvrir la splendeur du monde marin !

À VOIR AUX PORTES DE LYON

À L'OUEST DE LYON

Le domaine de Lacroix-Laval : *69280* ***Marcy-l'Étoile.*** *☎ 04-26-83-89-50. À env 15 km au nord-ouest de Lyon, par la D 307, puis direction Charbonnières et route de Saint-Bel (suivre les fléchages). Bus TCL nº 98, depuis Gorge-de-Loup ou Tassin-la-Demi-Lune ; train direction Charbonnières, au départ des gares Saint-Paul ou Gorge-de-Loup, arrêt Casino-Lacroix-Laval. ♿ Parc ouv tlj 6h-22h (7h-20h l'hiver). GRATUIT.* Le parc, labellisé Jardin remarquable, est propriété de la Métropole de Lyon. Avec ses 115 ha de vallons, prairies, étangs, rivières et bois, le site offre aux familles et aux sportifs l'occasion de grandes balades dans la verdure et plein d'activités estivales : aires de jeux, trampolines, parcours aventure, balades à poney aux beaux jours (***poneyterie :*** *06-75-47-91-84*), parcours de santé et boucles balisées pour les marcheurs. Lacroix-Laval cultive un héritage végétal et historique riche. Le potager et la roseraie sont des conservatoires de fruits, de légumes et de fleurs anciennes et remarquables d'origine lyonnaise. Buvette et restauration aux *Terrasses de Lacroix-Laval.*

Le musée Antoine-Brun : *centre-bourg, 69280* ***Sainte-Consorce.*** *☎ 04-78-87-15-51. • ccvl.fr • À env 12 km au nord-ouest de Lyon. Ouv mer, sam et dim 14h-18h. Fermé dernière sem de juil, 1ʳᵉ quinzaine d'août et 10 j. fin déc. Entrée : 3 € ; réduc ; gratuit jusqu'à 5 ans. Visites guidées sur résa : 5 € ; réduc. Ateliers pour les enfants pdt les vac scol.* Antoine Brun (1822-1900) est un personnage pour le moins singulier. Propriétaire et agriculteur né à Sainte-Consorce, il abandonne assez vite le travail de la terre et se découvre une passion pour le travail du bois. Taciturne et peu sociable, il passe son temps à sculpter. Sa grande œuvre ? Rien moins que la reconstitution de Lyon, quartier par quartier et dans ses moindres détails. Une maquette gigantesque dont, malheureusement, il ne reste presque rien. Mais, emporté par son élan, il reproduit en miniature des monuments du monde entier. Lui qui n'avait jamais voyagé entreprend de reproduire les 400 plus beaux monuments du monde. Le palais impérial de Saint-Pétersbourg, le site royal de l'Escurial, la basilique Saint-Pierre de Rome, l'abbaye de Saint-Denis, la tour Eiffel ou le Capitole américain, tous réalisés en bois de tilleul patiemment sculpté. Les 160 maquettes exposées sont un témoignage étonnant de patience et d'une vie passée à rêver.

Le musée-théâtre Guignol : *18, montée de la Bernade, 69126* ***Brindas.*** *☎ 04-78-57-57-40. • ccvl.fr • À env 15 km à l'ouest de Lyon. Mer-dim 14h-18h. Fermé lun-mar. Fermé dernière sem de juil, 2 sem en août et 1 sem à Noël. Entrée : 4 € ; réduc ; gratuit jusqu'à 5 ans. Expos temporaires. Ateliers et*

À VOIR

spectacles pour les enfants pdt les vac scol : 7 €. Programmation de spectacles de marionnettes contemporains et café-théâtre.
Un musée-théâtre Guignol à Brindas ? Depuis le début du XXe s, les descendants du Lyonnais Laurent Mourguet (1769-1844), créateur de Guignol, ont fait de Brindas leur lieu de villégiature. Jean-Guy Mourguet, dernier descendant marionnettiste de la famille et brindasien, donne l'ensemble de sa collection familiale sous condition d'ouvrir un musée pour conserver les décors, accessoires de scène et de bruitage, costumes et un théâtre pour que les quelque 200 marionnettes continuent à jouer sur le territoire. C'est chose faite en 2008, lors du bicentenaire du trublion intergénérationnel.
Passez dans les coulisses du castelet afin de découvrir l'envers du décor et chaussez Guignol : à vous de jouer ! Le clou de la visite reste le mur de marionnettes. Alignés sur des râteliers, Madelon, Gnafron, mais aussi Chiracula, Mittératu, Sicolas Narkozy et une centaine d'autres... attendent que le marionnettiste les chausse pour jouer. Peut-être aurez-vous la chance de les voir s'animer lors d'un spectacle ?

AU NORD DE LA PRESQU'ÎLE

Le mémorial Jean-Moulin : *pl. Gouailhardou à* ***Caluire-et-Cuire,*** *au nord de la presqu'île de Lyon. Ⓜ Cuire. Bus nos 33 ou 38, arrêt Caluire centre. Ouv sur résa au ☎ 04-78-98-85-26 ou • m.jeanmoulin@ville-caluire.fr • Départ des visites mer et sam (plus mar et jeu pdt les vac scol) à 11h, 13h30 et 15h. Fermé la 1re quinzaine d'août. GRATUIT.*
La maison du docteur Dugoujon, où fut arrêté Jean Moulin, chargé par le général de Gaulle d'unifier la Résistance en zone sud, le 21 juin 1943, ainsi que 7 autres responsables dont Raymond Aubrac, fait l'objet d'une reconstitution d'époque à travers 4 pièces (salle d'attente, salle de consultation, et à l'étage chambre et salle à manger), accompagnée de portraits de résistants. Dans la chambre, une maquette représente l'arrestation. C'est ici qu'un rendez-vous était fixé pour désigner le successeur du général Delestraint, chef de l'armée secrète. L'intérêt de la visite réside surtout dans les commentaires du guide qui restitue, comme un jeu de piste, les tenants et aboutissants de cette journée. Le mystère reste entier : qui a trahi Jean Moulin ?
Au sous-sol, les enfants s'instruiront en s'amusant dans la salle multimédia : montages audiovisuels et présentation de textes retracent les événements de la Seconde Guerre mondiale. Pour prolonger le circuit commémoratif, on peut visiter un lieu tout aussi émouvant : la prison de Montluc, devenue, après la guerre, un lieu d'incarcération pour femmes. C'est là que le petit-fils du docteur Dugoujon donnait aux détenues des cours d'arts plastiques (voir plus haut).

L'île Barbe : on la découvre en remontant tranquillement les bords de Saône à pied (en suivant, rive gauche, le « chemin nature » joliment aménagé) ou en s'offrant une croisière sur la Saône. C'est l'occasion d'une petite halte agréable. Jadis, l'île vivait au rythme d'une abbaye dont seuls quelques communs subsistent. Une centaine de moines habitaient ici. Aujourd'hui, on peut encore voir l'église Notre-Dame, qui date du XIIe s. Quelques familles argentées occupent à présent les lieux, ainsi que d'étonnantes lanternes géantes en verre de Murano, installation contemporaine de Jean-Michel Othoniel.

Le musée Jean-Couty : *1, pl. Henri-Barbusse, Saint-Rambert, l'île Barbe, 69009. ☎ 04-72-42-20-00. • museejeancouty.fr • Tlj sauf lun-mar et j. fériés 11h-18h. Entrée : 6 € ; réduc, gratuit pour les moins de 12 ans ; inclus dans la Lyon City Card.* Ce musée présente plus de 150 œuvres de Jean Couty (1907-1991), artiste majeur lyonnais et peintre témoin de son temps. Couty aimait peindre sa ville, les églises romanes mais aussi les paysages du monde entier découverts lors de ses voyages. Animé de spiritualité, sa palette tend vers les couleurs fauves

À VOIR

VERS LES MONTS D'OR

Seul massif calcaire de la métropole lyonnaise, avec ses 7 monts d'où l'on domine Lyon et la vallée de la Saône, il comporte sur son territoire quelques communes dont les noms parleront à ceux qui arrivent par le TGV ou l'autoroute depuis Mâcon et qui ne se doutent pas de la richesse d'un territoire qui couvre 7 000 ha dont 3 500 ha d'espaces naturels et agricoles. Collonges, qui cultive le souvenir de Bocuse, Limonest et son nouveau musée du Chocolat, Poleymieux et le musée de l'Électricité...

Le MUSCO (musée-manufacture du Chocolat) : *324, allée des Frênes (parc du Puy-d'Or), 69760* ***Limonest.*** *☎ 04-69-85-96-38. • chocolatseve.com • À 13 km au nord de Lyon. Sortie d'autoroute A 6 Porte de Lyon. Ⓜ D (gare de Vaise) puis bus nos 6 ou 21. Ouv mar-sam 10h-17h30. Entrée : 7,50 € ; réduc ; gratuit moins de 5 ans.* Un vrai beau musée, même si ce nom ne veut rien dire dans le cas du chocolat. Installé à l'intérieur d'une zone qui ne fait pas zone, un bon point. Pas un hangar, attention, mais un bel espace muséographique, très « indus » dans l'esprit, où l'on part à la découverte du produit tout en jetant un œil derrière les vitres à l'atelier. Du gris, du rouge, du verre. Un décor moderne et brut, où la présentation invite à la connaissance, avant même la dégustation. Richard Sève est l'un des rares chocolatiers français à fabriquer son propre chocolat. La chocolaterie est labellisée entreprise du patrimoine vivant (EPV). Sa femme Gaëlle et lui sont des voyageurs gourmands qui ont rapporté des pièces uniques, joliment mises en lumière pour rendre au décor industriel un peu de l'âme qui aurait pu lui manquer. Arômes des fèves torréfiées et de cacao, bruit des machines, film qu'on regarde installé sur un sac de fèves, on assiste de loin à la transformation de la fève de cacao en pâte de chocolat, en goûtant à chaque étape de la transformation. Des produits qui éclatent en bouche, sans mièvrerie. Pour une fois, on comprend vraiment ce qui reste d'ordinaire du domaine de la magie, au mieux, et de l'industriel, au pire.

Le musée de l'Automobile Henri-Malartre : *château de* ***Rochetaillée-sur-Saône,*** *645, rue du Musée, 69270. ☎ 04-78-22-18-80. • musee-malartre.com • Sur la rive gauche de la Saône, à 11 km au nord de Lyon (route D 433, bus TCL nos 40 et 70, arrêt Rochetaillée). Ouv mer-dim 10h30-18h (derniers tickets à 17h). Fermé lun-mar. Ouv w-e en janv. Entrée : 6 € ; réduc ; gratuit jusqu'à 18 ans ; inclus dans la* Lyon City Card *et la* Carte Musées de Lyon.

Il était une fois un casseur d'automobiles nommé Henri Malartre. Un beau jour de 1931, on lui apporta une *Rochet-Schneider* de 1898 et le casseur se dit qu'il n'avait pas le cœur à la démonter. Ainsi naquit l'idée de ce formidable musée de l'Automobile. Après les années de guerre – période où il est passé dans la Résistance puis a été envoyé en déportation –, Henri Malartre continue son œuvre. Il récupère, retape, restaure des véhicules anciens et achète un château du XIIe s surplombant la Saône, ancienne propriété des comtes de Lyon. En 1960, M. Malartre inaugure son musée, qu'il vendra à la Ville de Lyon en 1972. Aujourd'hui, le musée conserve 150 voitures construites entre 1890 et 1986, mais aussi des motos, des cycles, des véhicules de transport en commun, des accessoires, etc. Parmi tous les modèles, une vingtaine de pièces uniques au monde.

Les collections sont réparties en 2 sites. ***Le château lui-même abrite les véhicules les plus anciens.*** Et quelle surprise d'admirer une *Cottereau* de 1899 avec son toit-parasol, la carrosserie en rotin de la *Hugot* de 1897, ou les roues élastiques Beaujeu de la *Corre* de 1904, exposées dans des pièces au sol orné de mosaïques, équipées de cheminées et de plafonds à caissons. Encore dans le château, les cycles, dont un vélo tout en bois, la *Souplette,* et un autre ayant appartenu à Jacques Anquetil, ainsi que de magnifiques motos de marques oubliées mais rutilantes de chrome. ***Dans le parc,*** 2 halls accueillent des véhicules plus récents mais non moins rares : *Renault Vivastella* des frères Lumière,

Mercedes blindée d'Hitler (4 780 kg à vide !), *Hispano-Suiza* du général de Gaulle, *Packard* 1955 d'Édith Piaf, entre autres merveilles plus anonymes de l'âge d'or de l'automobile. Également des voitures de course, dont 2 offertes par le mythique Amédée Gordini, des prototypes (celui de la 2 CV) et d'antiques tramways et funiculaires lyonnais.
Les mécaniciens du musée veillent à l'entretien et au bon fonctionnement des véhicules qui, un samedi par mois, participent à des animations dans le parc. Que serait une automobile qui ne roulerait pas ? Par ailleurs, un artisan sellier a installé son atelier dans le parc du musée, où l'on peut admirer les automobiles qu'il restaure. Ce superbe musée, tant par son cadre que par ses collections, ravira les amateurs du genre et étonnera les autres.

Le musée Ampère (musée de l'Électricité) : *300, route d'Ampère (D 73), 69250* ***Poleymieux-au-Mont-d'Or.*** *☎ 04-78-91-90-77. • amperemusee.fr • À 15 km au nord de Lyon. De Lyon, prendre la direction de Neuville-sur-Saône ou bus nos 40, 43, 70 ou 84. Sam 14h-18h ; dim 10h-12h, 14h-18h. Entrée : 6 €, réduc ; audioguide 2 €.* Nous sommes dans la maison de jeunesse d'Ampère. Ce Lyonnais découvrit l'électromagnétisme : il vérifia sa théorie par des expériences, les plus importantes étant exposées et pouvant être mises en route par les visiteurs.

HOMMES, CULTURE, ENVIRONNEMENT

ARTS DE LA RUE

A comme Architecture ? Non, le terme ici est trop réducteur, trop rude. « Bizarreries lyonnaises » serait déjà une appellation plus large, plus adaptée à cette grande scène de théâtre. Car c'est à Lyon et nulle part ailleurs que vous allez découvrir ces éléments d'un décor urbain que la nuit magnifie...

Les traboules

Ce sont des passages privés qui permettent de passer d'une rue à une autre à travers les couloirs et les cours d'un ou de plusieurs immeubles. « Traboule » vient de *transambulare* : « passer au travers », « traverser ». Lyon possède en tout 315 traboules concentrées dans le vieux Lyon, sur les pentes de la Croix-Rousse et un peu dans la presqu'île, la plupart indiquées par une signalétique. Les premières ont été percées par économie de place à la grande époque Renaissance. On préférait alors créer des passages à travers les immeubles plutôt que de tracer des rues trop encombrantes. Les traboules de la Croix-Rousse possèdent une autre histoire. Elles furent percées au XIXe s, lors du développement de ce quartier et de la construction des immeubles de canuts. Elles servaient à transporter les rouleaux de soie tout en permettant de sérieux raccourcis. Elles sont avant tout pratiques, sans réelles intentions esthétiques. Se munir du ***plan gratuit à l'office de tourisme*** car elles ne sont pas toutes indiquées. On peut aussi les découvrir via une application iPhone (gratuite), conçue par l'office de tourisme.

LES TRABOULES, ÇA REND MABOULE !

Les traboules sont à la mode, quand elles sont aménagées par des artistes, rouvertes après avoir été fermées à la visite. On oublie qu'elles furent intensément utilisées durant la Seconde Guerre mondiale par la Résistance. Elles servaient de boîtes aux lettres et facilitaient les contacts. J'entre d'un côté, tu entres de l'autre... Ça rendait fous les Allemands, qui ne disposaient pas des plans de ces passages secrets.

Les conventions d'ouverture

Certains propriétaires d'immeubles ont passé avec la ville une convention qui prévoit l'ouverture aux visiteurs dans la journée d'un certain nombre de traboules. L'office de tourisme indique les heures sur son plan. Une concession établie pour le plaisir de tous les passants et habitués, en échange de quoi une partie des frais de nettoyage et d'électricité est prise en charge par la Ville et non plus par les locataires. Un autre type d'accord a été signé pour les traboules de la Croix-Rousse, sous forme de subventions à la réhabilitation en échange de l'ouverture diurne. Là encore, les visiteurs ont tout à y gagner. Inutile, cependant, de vous conseiller de vous faire le plus discret possible... Nous indiquons dans notre parcours les plus belles traboules ouvertes à tous. Évidemment, ça peut changer. En tout cas, ne pas hésiter à pousser d'autres portes, certaines sont ouvertes. Pour mettre toutes les chances de votre côté, faites la balade le matin. À l'heure du facteur, tout est généralement ouvert.

Pour ceux qui ont envie de trabouler en paix, l'office de tourisme propose des visites guidées régulières des traboules du vieux Lyon et de la Croix-Rousse. Réservation à l'office sur • *visiterlyon.com* • ou sur • *lyon-france.com* •

Les murs peints

Il fut un temps où les murs aveugles étaient tristes et gris. Au début des années 1980, de jeunes artistes se regroupèrent pour proposer de leur donner couleur et vie. Ils fondèrent leurs associations – la *Cité de la Création* et *Mur'Art* –, cherchèrent des sponsors, obtinrent le feu vert de la mairie et se mirent au boulot. Par le biais de grandes fresques atteignant parfois plus d'un millier de mètres carrés, ils choisirent d'évoquer les célébrités lyonnaises (***mur des Lyonnais,*** angle des rues Saint-Vincent et de la Martinière), l'imprimerie (***mur de la Bibliothèque,*** angle quai de la Pêcherie et rue de la Platière), les tisseurs de soie (***mur des Canuts,*** face au métro « Hénon »), l'hôtel de la Cour-des-Loges (à côté de la place du Change), le cinéma (place Gabriel-Péri), les grands cuisiniers (au restaurant de Bocuse, à Collonges-au-Mont-d'Or) et la Coupe du monde de football 1998 (rue Pierre-de-Coubertin).
Boulevard des États-Unis, le musée de plein air Tony-Garnier permet d'admirer librement ***25 fresques*** consacrées au travail de l'architecte de la halle et aux Cités idéales. On pourrait encore citer le mur des « Transports-en-commun » (98, rue Lacassagne), celui des « Grands-Hommes-de-la-Médecine » (115, av. Lacassagne) ou le « Mur-Mur » (11, rue de Lortet), hommage au film d'Agnès Varda, que les varappeurs escaladent, et bien d'autres encore. ***Il en existe près de 150*** et il n'en fallait pas plus pour que Lyon, qui n'en est pas à une distinction honorifique près, s'octroie le titre de capitale des murs peints. L'office de tourisme propose occasionnellement une ***visite guidée*** des murs de la Croix-Rousse. L'association du musée urbain Tony-Garnier (☎ 04-78-75-16-75) organise également une visite des fresques du quartier des États-Unis, le samedi à 14h30 toute l'année. Mais vous pourrez aussi vous procurer la liste des murs, afin de partir tout seul à la découverte de cet univers qui vous donnera une autre perspective sur la ville.

Les éclairages nocturnes

Lyon, surtout la nuit, aime ce qui scintille. S'appuyant sur sa traditionnelle ***Fête des lumières,*** qui, chaque année autour du 8 décembre, commémore par un foisonnement de lampions, de watts et de luxe l'inauguration de la statue de la Vierge du clocher de Fourvière (le 8 décembre 1852, jour de la fête de l'Immaculée Conception), Lyon brille de mille feux dès que Phébus disparaît derrière la sainte colline. Le plan Lumière ***illumine toutes les nuits 250 monuments,*** sites et quais, tout en veillant à réduire la consommation énergétique de la ville, qui baisse chaque année grâce à un matériel plus performant et moins énergivore. Ces illuminations magnifiques mettent en valeur le patrimoine architectural de la ville, attirent le regard sur des détails oubliés, donnent un relief exceptionnel aux cours d'eau qui se rejoignent à Lyon, ville d'adoption des frères Lumière... Pour en savoir plus : • *fetedeslumieres.lyon.fr* •

CUISINE

Lyon s'est autoproclamée capitale de la gastronomie. Si l'on en juge par la quantité de toques qui étoilent la région, par la qualité des produits disponibles (c'est ça, le secret) et par l'amour passionné des Lyonnais pour la cuisine, ce titre n'est sans doute pas usurpé. « Laisser aux choses le goût de ce qu'elles sont », voilà l'unique leçon. Stendhal, originaire de Grenoble, ville que l'on ne peut pas suspecter de sympathie instinctive pour Lyon, en convenait : « Je ne connais qu'une chose que l'on fasse bien à Lyon, c'est manger. »
Mais pour être capitale, il faut une histoire. On va essayer de vous la raconter

Les bouchons

POUSSONS LE BOUCHON

L'origine du mot « bouchon » viendrait d'une grappe de pommes de pin (l'insigne de Bacchus) ou d'un bouquet de paille autrefois accrochés à la porte des cabarets pour indiquer que l'on pouvait y boire du vin. Ce bouquet de paille porte aussi le nom de « bouche ». Le temps faisant son travail, le mot se déforma de « bouche » à « bouchon ».

Là commence la gastronomie lyonnaise, au temps des chevaux et des diligences. Lieu de passage entre le Nord et le Sud, les Alpes et le Massif central, Lyon fut de tout temps une étape indispensable au repos des hommes et des bêtes. Mais contrairement aux idées reçues, le bouchon n'est pas un lieu où les chevaux se faisaient « bouchonner » la panse à l'aide d'une botte de paille. Ce qui est certain, c'est que la cuisine était déjà authentique.
Aujourd'hui encore, elle est simple, roborative, goûteuse, et les grands classiques sont toujours au menu : salaisons, bouilli (pot-au-feu en patois lyonnais), salade de pommes de terre, cervelle de canut, tablier de sapeur, quenelles, etc.
Deux labels distincts promeuvent les restaurants qui perpétuent la tradition du bouchon lyonnais. L'association de défense des bouchons lyonnais décerne le label « authentique bouchon lyonnais » tandis que la chambre de commerce et d'industrie de Lyon a créé en 2012 la marque « les Bouchons lyonnais ». Ces 2 associations (reconnaissables à leur plaque en métal apposée sur la porte des établissements) réunissent des bouchons qui répondent à certains critères : qualité des produits, accueil, hygiène. Notre sélection en inclut certains, sans systématisme.

Les mâchons

Avec l'avènement de l'ère industrielle et l'émergence du prolétariat, les auberges s'installèrent en centre-ville, afin de nourrir les ouvriers, et notamment les soyeux. Elles durent aussi s'adapter aux horaires de cette nouvelle clientèle. On inventa alors le mâchon, un solide casse-croûte matinal, reprenant les plats de base du traditionnel repas des bouchons. Cette pause familiale et bistrotière (les clients et le tout-puissant patron faisaient partie de la même famille, et tout se passait à la bonne franquette, sans carte ni prix indiqués) pouvait s'étirer en longueur et précédait parfois de peu le déjeuner. Et on recommençait la ronde des saladiers, contenants traditionnels des multiples entrées.

Les mères

Voilà donc nos Lyonnais à table, mais bien loin de la recherche et de la finesse de la gastronomie. À la suite de bourgeoises faillites, de grandes familles durent, dans la 1re moitié du XXe s, se séparer de leur cuisinière. Certaines d'entre elles, qui maîtrisaient autrement mieux la préparation des mets que les aubergistes bougons, s'installèrent à leur compte et mirent leur compétence au service de la restauration publique. Ainsi, tout le monde put découvrir les subtilités de la poularde en vessie, de la tête de veau roulée, des *béatilles* (crêtes, gésiers, foies, cœurs de coqs servis en ragoût), des cardons à la moelle ou du gâteau de foies de volaille.
Mère Guy, mère Brazier, mère Bizolon, Mme Andrée, mère Léa, autant de noms qui résonnent dans l'estomac des gastronomes. Sans oublier la ***mère Fillioux*** (née Benoite Fayolle), 1re « mère lyonnaise » à connaître la célébrité internationale. Elle fut à l'origine de la réputation de toutes les mères lyonnaises, à commencer par son apprentie, la mère Brazier, qui fut la 1re femme à décrocher 3 étoiles au Michelin et qui forma à son tour un certain Paul Bocuse. Ces mères tenaient table ouverte en permanence pour les compagnons du tour de France.

Cette génération de femmes donna l'impulsion à la naissance de la vraie et merveilleuse cuisine lyonnaise. Pour toutes ces cuisinières d'origine modeste, le repas se devait d'être simple, mais parfait et consistant.

Les produits lyonnais

Venons-en au fait, puisque c'est bien dans la richesse des terroirs alentour que réside le secret de la réussite de la cuisine lyonnaise. Au nord, les vins du Beaujolais ou de Bourgogne et les bœufs du Mâconnais ; à l'est, les vins du Bugey, les fromages de Saint-Marcellin, les porcs du Dauphiné, les poissons des lacs de Savoie et les volailles de Bresse ; à l'ouest, les charcutailles, les fruits et les vins des montagnes lyonnaises ; au sud, les grands côtes-du-rhône. Et partout, des producteurs scrupuleux qui font pleuvoir sur la ville leurs merveilles de gueule. Il y a des choses avec lesquelles on ne rigole pas.

Les spécialités

Elles sont nombreuses, et il faudra goûter à tout, même à ce qui, au 1er abord, apparaît comme peu ragoûtant. Encore une fois, ce qui fait la réussite de cette cuisine, c'est la fraîcheur et la qualité des produits.

– ***Le saucisson à cuire :*** subtil mélange de jambon maigre et de lard gras, c'est l'une des vedettes de la farandole des charcutailles. Il va, en cuisant dans l'eau bouillante, donner un peu de sa saveur aux pommes de terre qui doivent baigner dans le même élément liquide. Dans sa version *briochée,* on évitera de le passer à l'eau bouillante. Le *sabodet* est une variante du saucisson à cuire, composée de morceaux de tête et de couenne. Plus lourd mais délicieux.

LA ROSETTE ET LE JÉSUS

Reine de la cochonnaille, la véritable rosette est fabriquée à partir d'un boyau de porc spécifique : l'intestin qui aboutit à l'anus et qui est effectivement tout rose. Le jésus est un saucisson à se réconcilier avec le Bon Dieu. Beaucoup plus gros (10 cm de diamètre), on le reconnaît par le filet qui l'entoure et sa forme de poire.

– ***La rosette :*** « La Légion d'honneur de Lyon ? La rosette ! », disait Boris Vian. Elle fait partie des nombreuses variantes du saucisson (voir encadré). Plus mignon, le *jésus* est un gros saucisson emmailloté comme le divin enfant dans la crèche.

– ***Le cervelas :*** cette sorte de saucisson, lisse et à la peau transparente, est un plat de fête. Nature, pistaché ou truffé, il se déguste chaud ou froid, accompagné de pommes vapeur.

– ***Les salades lyonnaises :*** rien de bien léger. Les salades aussi ont leur quota de calories : salade de lentilles, pissenlits aux lardons, croûtons et œufs pochés, etc.

– ***Le tablier de sapeur :*** par analogie formelle et chromatique au tablier de cuir que portaient les sapeurs pour protéger leur uniforme, on a ainsi baptisé cette tranche triangulaire de « bonnet » (de la tripe pas grasse du tout), marinée quelques heures au vin, avant d'être panée et frite. Le tablier de sapeur est traditionnellement servi avec une sauce béarnaise.

– ***Le gras-double :*** une bien peu ragoûtante appellation pour désigner l'un des grands classiques du mâchon. Cette tripaille est servie chaude ou froide, en gratin, en salade ou à la lyonnaise, avec des oignons.

– ***Les grattons :*** gras de porc frit puis séché, il est servi en petites bouchées et en amuse-gueules dans certains bouchons.

– ***L'andouillette lyonnaise :*** contrairement à ses cousines picardes ou champenoises qui tutoient le cochon, l'andouillette locale n'est composée que de fraise de veau grossièrement hachée. Elle arrive coupée en tronçons, baignant dans une crème moutardée et accompagnée de pommes sautées, ce qui fait oublier qu'elle est censée être la moins grasse et la plus digeste des andouillettes.

– ***Les quenelles*** (prononcer « k'nelle ») **:** une préparation très fine à base de semoule de blé dur, de lait et d'œuf, à laquelle on ajoute du brochet, du veau ou de la volaille. Elles se cuisent le plus souvent au four avec une sauce nantua (à la béchamel et à l'écrevisse) et doublent alors quasiment de volume.
– ***La cervelle de canut* :** incontournable et inimitable, ce fromage blanc battu avec de la crème fraîche, du vinaigre et de l'huile d'olive, auquel on incorpore de l'ail, de la ciboulette, du persil et de l'échalote hachés, puis une tombée de vin blanc des coteaux du Lyonnais.
– ***Les fromages* :** si le saint-marcellin est parvenu à se glisser sur toutes les tables lyonnaises, n'oublions pas le saint-félicien, le mont-d'or (un chèvre à l'origine, rien à voir donc avec son homonyme jurassien) ou la rigotte.
– ***Le fromage fort* :** pas un fromage, mais des fromages. Ensemble de rogatons que l'on met dans un pot, que l'on arrose de vin blanc et que l'on oublie. Quand on s'en souvient, on a du fromage fort. Goûtez, c'est du tonnerre !
– ***La pogne* :** spécialité du Dauphiné que les Lyonnais ont déclinée sous plusieurs formes, du pain brioché garni de fruits confits à la tarte aux fruits rustique qui peut être, en hiver, tarte à la courge ou au potiron.
– ***La papillote* :** friandise (chocolat, pâte de fruits, etc.) enveloppée dans un papier frangé, brillant et multicolore, et contenant généralement une blague, un proverbe, un pétard... Une légende voudrait qu'elle ait été créée à la fin du XVIIe s par M. Papillot, pâtissier dans le quartier des Terreaux. Ayant surpris son commis envoyant des douceurs à sa belle en les enveloppant de mots doux, il le renvoya, mais conserva l'idée et se mit lui-même à confectionner la fameuse papillote ! Incontournable friandise à Noël, elle est vendue chez nombre de confiseurs et pâtissiers de la ville.
– ***La tarte aux pralines* :** une pâte sablée nappée de crème fraîche et de pralines roses. Une teinte colorée obtenue suite à la coloration du sucre lors de la cuisson.
– ***La bugne* :** appelée aussi oreillette ou beignet de carnaval. Pâtisserie frite dans l'huile, craquante ou molle, saupoudrée de sucre. On les découpe avec une roulette en forme d'éperon.

TU VEUX UNE TARTE ?

Ah ! La tarte à la praline a émerveillé des générations de Lyonnais. Par contre, ce que l'on sait moins, c'est que le joli rouge de la praline provient des cochenilles, ces insectes nuisibles qui grignotent les cactus d'Amérique du Sud. Donc, une pierre deux coups : quand vous dégustez des pralines, vous faites aussi le plein de protéines ! Alors, une dernière part ?

ÉCONOMIE

Au confluent du Nord et du Sud, la capitale de la région Auvergne-Rhône-Alpes entend bien devenir la porte stratégique du Grand Sud-Est européen. Avec 1,3 million d'habitants, la Métropole de Lyon regroupe 59 communes. Nombre d'entre elles sont marquées par l'héritage du XIXe s, quand les activités liées au commerce (le *Crédit Lyonnais* fut la 1re banque mondiale) ou à la soie (la teinture déboucha sur l'industrie chimique) étaient particulièrement prégnantes.
Le Grand Lyon est la ***1re métropole industrielle de France*** avec 78 000 emplois répartis sur 7 610 établissements industriels. Elle a fait le choix de faciliter les projets d'implantation industrielle en réduisant son empreinte énergétique. Un savoir-faire très varié qui se traduit par la diversité des activités lyonnaises dans les domaines suivants : soierie, chimie, environnement, transports, énergie, pharma-biotech. Très dynamique, la métropole lyonnaise est une grande exportatrice de produits de chimie organique et de substances pharmaceutiques. Lyon reste toujours le siège du Centre de recherche international sur le cancer. La métropole est tête de pont des bio-industries et des biotechnologies en Auvergne-Rhône-Alpes

mais également des technologies de l'information, avec plusieurs pôles high-tech (Vaise, Confluence, Part-Dieu). Un savoir-faire que l'on sait mettre en exergue et au profit des quelque 175 000 étudiants lyonnais.

ENVIRONNEMENT

Une charte paysagère est en train de reconquérir cette vallée de la chimie, longue d'une vingtaine de kilomètres. Cette charte s'inscrit dans un complet redéploiement de la ville et redessine un nouveau corridor vert le long du Rhône et de la Saône. Le « ***plan nature*** » déployé par la ville de Lyon met sur la table 141 millions d'euros pour faire de Lyon une ville verte. Les pistes cyclables qui grignotent du bitume sur les voitures sont de plus en plus larges. Un aménagement du réseau cyclable qui se prolonge jusqu'en 2030 avec la création de 350 km de pistes cyclables séparées de la route pour renflouer les voies déjà balisées. Par ailleurs, ***la rive gauche des berges du Rhône est aménagée*** sur 5 km de long, du parc de la Tête-d'Or à l'entrée du parc de Gerland : pistes cyclables, péniches... une belle invitation à la balade. Pour passer du fleuve à la rivière, empruntez le tunnel des modes de déplacement doux de la Croix-Rousse, réservé aux piétons, cyclistes et autobus, et qui longe le tunnel routier entre le pont Clemenceau et le pont de Lattre-de-Tassigny. Parmi les aménagements réussis, une promenade verte de 11 km sur la rive gauche de la Saône, un cheminement continu de la Confluence à l'île Barbe réservé aux piétons, au plus près de l'eau. Les plantations le long de la rivière permettent de végétaliser ses berges, et visent à réintroduire la nature en ville, avec des espèces indigènes à la Saône.
Du côté de la ***Confluence,*** le titanesque chantier a permis de reconvertir une friche industrielle et un ensemble d'entrepôts en un écoquartier avec logements et bureaux exemplaires en matière d'énergies renouvelables, mais également de créer un véritable pôle de loisirs avec l'aménagement de places, bassins, parc aventure, cinéma, piscine... sans oublier la promenade plantée, côté Saône.
Un espace de verdure qui fait écho aux 117 ha du parc de la Tête-d'Or, le plus grand parc à l'anglaise gratuit d'Europe.
Une belle mise en valeur qui ne permet pas pour autant d'oublier qu'une véritable autoroute traverse la ville (déclassée, elle devrait disparaître d'ici quelques années), dans l'attente d'un vrai contournement par l'ouest...

FOOTBALL

Lyon et l'« Olympique lyonnais »... un lien très fort entre les Lyonnais et leur équipe de foot. Il faut dire que le palmarès de cette équipe féminine est plutôt remarquable : Trophée des championnes, 9 Coupes de France, 1 Coupe de la Ligue, 8 titres de championnes d'Europe. En 2022, l'équipe féminine de l'OL remporte sa 8e Ligue des champions en 10 ans et reste sur un palmarès impressionnant. Bravo mesdames ! Des visites du stade de Gerland sont organisées et attirent de plus en plus de monde, et ce, pas uniquement pour l'intérêt architectural du lieu ! Réservez impérativement, donc, auprès de l'office de tourisme si vous souhaitez faire une visite !
Par ailleurs, le Groupama Stadium, aussi appelé stade des Lumières, a été inauguré en 2016 à Décines, dans la banlieue lyonnaise. En complément de la visite du stade, un musée très bien fait a récemment ouvert, ainsi qu'une galerie de *street art, Offside Gallery,* au cœur du stade (voir plus haut la rubrique « À voir. À l'est et au sud-est de Lyon »). Le stade a accueilli plusieurs matchs de l'Euro 2016, la finale de la Ligue Europa et a été sélectionné pour les J.O. d'été de 2024. 45 ha, 58 000 places, hôtels, restaurants, centres d'entraînement et de loisirs, bureaux, etc. : ce véritable complexe a pour vocation de devenir un lieu de vie à lui seul.

GUIGNOL !

Hommage au plus célèbre enfant de la ville. Le personnage muet, que vous découvrirez au musée des Arts de la marionnette, possède en fait un langage unique au monde. Un langage qui lui a fait faire le tour du monde...

LA DYNASTIE GUIGNOL

Laurent Mourguet, canut au chômage, créa, en 1808, le personnage de Guignol, à la fois naïf et roublard. Mais c'est avec Polichinelle, issu de la comédie italienne, qu'il fit ses débuts. Au départ, alors qu'il était arracheur de dents dans les foires, ses marionnettes lui permettaient de distraire ses patients. Aujourd'hui, les descendants du fondateur sont toujours dans le métier.

Le créateur de Guignol, Laurent Mourguet, est issu d'une famille de tisseurs pauvres. Il sera donc canut. Mais à la Révolution, l'avenir semble bouché. Du haut de ses 20 ans, le jeune et insouciant Laurent a pour seule école les rues du vieux Lyon. Il ne saura jamais écrire (il ne signera même pas lui-même son acte de mariage). Peu instruit certes, mais malin et vif, il gagne sa vie bon an, mal an en suivant les foires et les fêtes de la région. Ainsi le retrouve-t-on « maître gazier », puis « ouvrier en soye », forain ou marchand de chaussons. Quand il ne travaille pas, il fait des enfants à sa femme. 10 en 10 ans ! 2 d'entre eux prendront d'ailleurs la relève en tant que marionnettistes.

Est-ce pour s'élever socialement ou pour se stabiliser qu'il devient arracheur de dents ? Allez savoir ! Le métier de dentiste à l'époque relève plus du numéro de cirque que de la faculté. Il ne suffit pas d'une bonne paire de tenailles (quoique ce soit nécessaire), il faut aussi pouvoir attirer le chaland et divertir son public. Car oui, cela se passe en place publique. Laurent Mourguet crée donc un petit théâtre de marionnettes, type de spectacle déjà très en vogue à Lyon. En 1804, il abandonne définitivement la tenaille pour la gaine. Il devient marionnettiste professionnel et se trouve un compagnon en la personne du père Thomas, un comédien-amuseur fameux, avec qui il fera un bout de chemin. Mais Thomas taquine trop la dive bouteille et les 2 compères se séparent.

La légende raconte que le 1er personnage du théâtre de Mourguet sera ***Gnafron,*** sous les traits du... père Thomas. La toute 1re marionnette lyonnaise est née. Puis suivra Guignol en 1808, le héros, le canut, roublard et naïf tout à la fois, proche des préoccupations populaires. Madelon, sa compagne, fait rapidement partie du trio gagnant. En 1820, tout le monde est là et, au fil du temps, les personnages s'affinent, tant physiquement que moralement.

Guignol parle bien, mais invente un tas de nouveaux mots, jongle avec le parler local et l'argot, caresse le subjonctif pour mieux lui tordre le cou et zézaie un brin. Hiver comme été, il porte une redingote marron à boutons dorés, un tricorne et un nœud papillon aux ailes froissées. Les cheveux sont d'ébène, rassemblés en une natte qui se balade de droite à gauche au rythme des mouvements. Guignol se met toujours dans des situations impossibles dans lesquelles il finit par prendre le dessus sur la maréchaussée, qui en prend toujours pour son grade, en se faisant évidemment tanner la couenne. Ouvriers et petits employés se régalent. Le pouvoir est moqué, le nanti ridiculisé. Mourguet a l'intelligence de glisser dans ses scénarios des éléments de l'actualité pour les présenter sous un jour cocasse (*Les Guignols* de la télé n'ont rien fait d'autre). Et on rit de bon cœur. Petit à petit, même le bourgeois goûtera l'humour de Guignol. Et c'est un succès, toutes classes confondues, notamment auprès des adultes, 1er public de Guignol.

Laurent Mourguet meurt en 1844, mais ses enfants poursuivent le chemin. Paradoxalement, c'est grâce à la création de la police des théâtres en 1852 que l'on conserve des traces des pièces de Mourguet. Les textes devaient, en effet, être soumis à la préfecture pour une éventuelle censure en amont de la représentation.

Ce qui n'empêchait nullement notre amuseur de dévier royalement de la trajectoire éditoriale pour se moquer de la maréchaussée plus qu'il n'était annoncé. De plus, une partie des textes était improvisée en fonction de l'actualité... et ça continue aujourd'hui, petits et grands se tordent encore de rire devant les aventures et les coups de bâton reçus par le gendarme. Et pan, et pan, et pan ! Tant mieux.

HISTOIRE

« **La politique, c'est comme l'andouillette, ça doit sentir la merde, mais pas trop.** »
Édouard Herriot (1872-1957), maire de Lyon et président du Conseil

Chronique des années 43 av. J.-C. à 1943

Le temps des Romains : Condate et Lugdunum

Bien avant les Romains, plusieurs tribus de Celtes gaulois, notamment les Ségusiaves, avaient édifié des villages autour du quartier de Vaise (sur la Saône, au nord de Fourvière). Rendons tout de même à César ce qui appartient à Jules. Après être passé par Lyon lors de sa chasse au Vercingétorix, il manda Munatius Plancus afin de créer sur le site une colonie destinée au repos des vétérans de la légion romaine. Nous voilà donc en ***43 av. J.-C., fondation officielle de Lugdunum*** (littéralement « colline du dieu Lug », dieu chargé du Soleil, de la Lumière, des Arts et des Métiers). Au pied de l'autre colline, celle de la Croix-Rousse, s'étendait la ville gallo-romaine de *Condate,* qui fut capitale des Trois-Gaules (lyonnaise, belge et aquitaine). Leurs représentants se réunissaient régulièrement dans l'amphithéâtre, qui fut certainement le 1er parlement de France. Cette enceinte de 20 000 places connut son heure de gloire avec les 1ers martyrs chrétiens, parmi lesquels l'évêque Pothin et, surtout, la pauvre Blandine (en 177), mise en pâture aux lions.
Lyon, dont la presqu'île était alors une île dédiée au stockage des marchandises, prospérait tranquillement à l'ombre de la *Pax romana.* Mais un mauvais choix politique – l'opposition à Septime Sévère et la répression tout aussi sévère qui suivit – mit un terme provisoire à sa superbe à l'aube du IIIe s. Les Burgondes et autres barbares finirent de dépouiller la région de ses richesses et on laissa passer quelques siècles.

Dieu sauve Lyon

Ballottée entre les éphémères royaumes du haut Moyen Âge, Lyon passa de main en main. Grands bénéficiaires de cette incertitude, les évêques d'une France fraîchement catholique, à la suite du baptême de Clovis (498), s'appuyèrent sur leurs martyrs pour installer durablement leur pouvoir sur Lyon.
Malgré les épidémies, les famines, les invasions, les dissensions politiques, les héritages hasardeux, les ambitions des seigneurs féodaux, ce fut, ***sous l'égide de l'Église, une époque de grand essor,*** qui vit pousser de nombreux édifices religieux (abbayes, églises) et profanes (ponts, rues).
Cette constructive ferveur fut récompensée en 1074 par le pape Grégoire VII, qui décerna à l'archevêque de Lyon le titre envié (et jamais remis en jeu) de ***primat des Gaules.***
La toute nouvelle primatiale Saint-Jean accueillit au XIIIe s 2 conciles déterminants, ainsi que la dépouille de Saint Louis, mort de la peste pendant la 8e croisade. Au siècle suivant, 2 papes se firent couronner à Lyon, ce qui conforta encore la mainmise de l'Église sur la ville.
Mais qui dit pouvoir dit lutte de pouvoir. Des bourgeois vinrent à passer, décidant que le céleste absolutisme du clergé avait assez régné sur le pouvoir terrestre.

La ***révolte bourgeoise de 1269*** laissa à la ville sa devise : « Avant, avant, Lyon le meilhor ! » (on entend certaines variantes plus crues à Gerland !). Elle permit surtout aux rois de France de profiter de la confusion, accentuée par les séquelles de la guerre de Cent Ans et par quelques ordinaires épidémies de peste, pour ***rattacher Lyon à la Couronne,*** non sans lâcher, à droite et à gauche, des miettes de privilèges.

Foires, marchands et artisans

Au début du XVe s, Charles VII fit à Lyon un cadeau de prix : 2, puis bientôt ***4 foires franches annuelles.*** L'aubaine de la libre circulation des marchandises attira des commerçants de toute l'Europe. Allemands, Flamands et surtout Lombards et Florentins, fuyant leur pays en guerre, transformèrent Lyon en un incontournable ***carrefour international.*** Beaucoup décidèrent de s'y installer et des familles transalpines construisirent au pied de la colline de Fourvière un quartier dans le style en vogue dans leur pays d'origine (on vous livre tous les détails de cette histoire dans la rubrique « À voir » du vieux Lyon).

Soie, livre, argent et religions

Parmi les nombreuses marchandises qui transitaient par les foires lyonnaises, ***ce fut la soie,*** dont François Ier favorisa le tissage à Lyon, ***qui apporta la richesse à la ville*** (voir plus loin la rubrique « Soyeux de Lyon »). La quantité des échanges commerciaux et l'habileté des commerçants florentins suscitèrent le développement d'une prospère activité bancaire, dont Lyon s'enorgueillit toujours.
Mais le Lyon de cette florissante Renaissance, qui avait gagné une relative indépendance vis-à-vis du pouvoir royal, n'était pas qu'un îlot économique et commercial. Lyon devint, avec Venise et Paris, ***l'une des capitales du livre*** et de la vie intellectuelle.
On y imprima le 1er livre en français, *La Légende dorée,* mais aussi *Gargantua* et *Pantagruel,* ouvrages d'un médecin et correcteur d'imprimerie nommé Rabelais, ainsi que des œuvres d'Érasme et de Clément Marot. Lyon grouillait alors de beaux esprits et d'esprits libres, comme la poétesse Louise Labé, la Belle Cordière.
François Ier et sa mère Louise de Savoie y séjournèrent souvent, apportant à Lyon le faste de la Cour. Lors des guerres de Religion, ***de nombreux imprimeurs lyonnais prirent fait et cause pour les réformes prêchées par Calvin.*** On pilla, brûla, assassina, jusqu'à ce qu'Henri IV y remette un peu d'ordre en promulguant l'édit de Nantes. Il mit aussi un terme à l'autonomie de la « commune de Lyon », mais vint épouser en secondes noces Marie de Médicis à la primatiale Saint-Jean. Lyon aussi valait bien une messe.

XVIIe et XVIIIe s : pestes et révoltes, science et révolution

Au XVIIe s, Lyon connut bien des malheurs. Les lourds impôts collectés afin de satisfaire les besoins du pouvoir royal ébranlèrent l'économie locale et provoquèrent quelques émeutes. S'ajoutèrent des crues meurtrières et de nouvelles épidémies de peste, et la ville s'étiola.
Heureusement, on y créa tout de même un vaste hospice et des écoles qui, en formant la jeunesse, donnèrent sans doute une impulsion neuve à la ville.
Et si le XVIe s avait été le siècle des littéraires, ***le XVIIIe s*** fut celui des ***scientifiques*** : Bichat posa les bases de la physiologie pendant que les frères Jussieu entreprenaient de classifier les plantes et que Bourgelat créait la 1re école vétérinaire d'Europe. Sur l'eau, Jouffroy d'Abbans inventa le « pyroscaphe » et remonta la Saône à l'aide de sa « pompe à feu », tandis que les frères Montgolfier montaient au ciel en faisant une démonstration de leur ballon aux Brotteaux.
Quelques années plus tard, Ampère menait tout un tas d'expériences physico-électriques, alors que Vaucanson, et surtout Jacquard, allaient inventer et mettre au point un nouveau système de métier à tisser.

Tout ne fut pas rose dans cette ville qui avait changé de couleur avec l'arrivée de la Terreur. Les suites de la Révolution de 1789 rayèrent un temps le nom de Lyon, qui, menée par une minorité royaliste, avait osé défier la Convention. Le 12 octobre 1793, un décret stipule que « Lyon fit la guerre à la liberté. Lyon n'est plus. » ***Un impitoyable tribunal révolutionnaire*** téléguidé par Robespierre envoie des centaines de Lyonnais à la guillotine, mais épargne la ville que, dans un premier temps, on avait prévu de raser.
La mort de Robespierre donne le signal d'une Terreur blanche, où les jacobins sont massacrés, et il fallut attendre l'arrivée de Napoléon pour arrêter la folie meurtrière.

Le monde des canuts, le temps des bâtisseurs

Napoléon, donc, en exigeant que les soieries et velours de l'Empire fussent fabriqués à Lyon, relança l'économie lyonnaise. Le métier de Jacquard fit la fortune des soyeux, mais le malheur des canuts, laissés-pour-compte du progrès, restait entier. Leurs révoltes successives, en 1831, 1834 et 1848, jetèrent les bases de grands progrès sociaux : société mutualiste, épicerie coopérative, caisse de secours mutuel, caisse de retraite, sans oublier le 1er journal ouvrier, *L'Écho de la fabrique,* qui, en 1833, titrait : « Prolétaires de tout État, unissez-vous ». Tout cela plut à Karl Marx. Il étudia le mouvement des canuts et recycla la formule avec le succès que l'on sait. Comment parler de ces ouvriers de la soie sans évoquer les immeubles de 6 étages et de 4 m sous plafond que l'on construisit pour qu'ils y logent leur métier et qui font aujourd'hui le régal immobilier de la jeune bourgeoisie lyonnaise.
Déjà après la chute de Napoléon, des maires ambitieux (Lacroix-Laval et Prunelle) édifièrent de nouveaux ponts, le Grand Théâtre, le palais de justice, et ouvrirent des rues, notamment entre Bellecour et Perrache (future rue Victor-Hugo). Ils apportèrent aussi l'eau à tous les étages, généralisèrent l'éclairage urbain et créèrent de nouveaux cimetières (Loyasse et Guillotière).
À Lyon comme à Paris, ce fut toutefois sous le règne de Napoléon III (de 1852 à 1870) que la ville prit son apparence moderne. Après avoir annexé les communes périphériques (Vaise, Croix-Rousse, Guillotière), Lyon connut un immense chambardement architectural mené tambour battant par le préfet-sénateur-maire ***Claude-Marius Vaïsse.*** Ce baron Haussmann lyonnais rasa les quartiers jugés insalubres entre Bellecour et les Terreaux, qu'il remplaça par 2 voies nouvelles (aujourd'hui Président-Édouard-Herriot et République), bordées d'immeubles de rapport.
Cette époque vit aussi la construction du 1er funiculaire du pays (qui roulait sur la rue Terme), du parc de la Tête-d'Or, de quelques digues pour calmer les crues du Rhône et de la Saône, du palais du commerce (la Bourse), ou encore des gares des Brotteaux et de Perrache, d'où étaient partis vers Saint-Étienne, dès 1836, les 1ers trains à vapeur français.
Cette frénésie de constructions profanes eut un sacré prolongement, avec l'édification de nombreux lieux de culte, dont la très symbolique basilique de Fourvière.

Révolution industrielle : ça tourne

Pendant des siècles, les tisseurs lyonnais transformèrent, tels des alchimistes, la soie en or. Leur crépuscule permit aux vrais chimistes de prendre le relais. Dès la fin du XVIIIe s, des fabriques de vitriol, de soude, d'acide, de colorants, de gélatine, de tout un tas de produits aussi chimiques que polluants et indispensables au progrès, fleurirent sur la rive gauche du Rhône.
En 1853, François Gillet créa une entreprise de teinturerie (qui deviendra Rhône-Poulenc), tandis que grâce au gélatino-bromure d'argent, les frères Lumière inventèrent le cinéma en 1895.
Ça ne chômait pas non plus côté métallurgie et mécanique. La voiture, notamment, connut ici ses 1ers tours de roue (voir le musée Henri-Malartre) : Rochot

Schneider renonça à la carrosserie pour se consacrer – avec quel brio ! – au carburateur Zénith, et Marius Berliet inventa le camion.
Comme toujours en cas de pareille croissance, le secteur tertiaire a prospéré, avec son tout 1er représentant : la banque. De nombreux ouvrages sont encore de nos jours consacrés à la gestion du *Crédit Lyonnais,* dont le gigantisme ruineux et les impardonnables scandales semblent liés à l'histoire.
Tout alla très vite pendant ce XIXe s. Outre les institutions déjà citées, parlons encore du journal *Le Progrès,* des railleries de Mourguet (le créateur de Guignol), de l'université de médecine, de l'école de commerce, de la faculté des sciences, et aussi de l'émergence de sociétés secrètes ou ésotériques, qui, le ventre plein, aimaient à réfléchir et à infléchir et bousculaient, sans vraiment l'ébranler, la toujours puissante Église catholique. Ce siècle inventif pendant lequel la population quadrupla (de 100 000 à 400 000 habitants) se termina avec l'assassinat, en 1894, du président Sadi Carnot par un anarchiste italien nommé Caserio ; celui-ci finit sur l'échafaud, sans que l'histoire ait retenu ce que l'exalté reprochait exactement au président.

LYON, VILLE FÉMINISTE

Non contente d'être le foyer du 1er quotidien féminin fondé en 1833 par la saint-simonienne Eugénie Niboyet, la capitale de la Gaule est aussi la 1re ville à accepter la candidature d'une femme à se présenter au baccalauréat, jusque-là réservé aux hommes (1861). Les recteurs des universités de Paris et d'Aix-en-Provence ayant débouté Julie-Victoire Daubié, avec pour motif le risque de provoquer la risée du corps enseignant...

Herriot, un demi-siècle de vie lyonnaise

50 ans de règne municipal, 2 guerres, une carrière politique nationale : rien ne pouvait arrêter Édouard Herriot (1872-1957), militant radical (centre gauche), célèbre autant pour sa diction que pour sa moustache et sa pipe. Cet orateur bougon et habile avait le sens du raccourci : « La politique, c'est comme l'andouillette : ça doit sentir un peu la merde, mais pas trop. »
Loin du front, Lyon devint une formidable base arrière pendant la Grande Guerre. Non seulement la ville d'Herriot fut pourvoyeuse de munitions et de camions (les Berliet qui ravitaillaient la Voie sacrée vers Verdun), mais son maire prit en 1916 la décision volontariste de réorganiser ses grandes foires commerciales.
L'après-guerre, qui était aussi l'avant-guerre, mais personne n'y croyait, fut une période faste pour Lyon. Soucieux de son destin national (il participa à plusieurs gouvernements), Herriot savait flatter son fief avec intelligence. La ville et la région bénéficièrent d'importants crédits qui servirent à édifier le service public : ***écoles, hôpitaux, postes, infrastructures routière et ferroviaire,*** etc.
Rendons grâce à Herriot, qui eut le bon goût de faire appel, pour quelques grandes réalisations, à un architecte de talent, Tony Garnier, à l'honneur au musée urbain qui porte son nom.

Années 1940 : Lyon se démarque !

« La France a perdu une bataille. » Et elle a beau ne pas avoir perdu la guerre, le réveil, en 1940, fut amer.
Au sud de la ligne de démarcation, Lyon, qui pourtant fit un temps mine de s'acoquiner avec la pitoyable escouade de Vichy, accueillit vite et avec plaisir les fonctionnaires, les journalistes et les combattants hostiles à la paix des lâches et à la collaboration. ***Dès la fin de 1941, Lyon devint la capitale de la presse rebelle :*** tracts, journaux, pamphlets furent imprimés clandestinement.
Changement de musique en 1942, ***avec la suppression de la zone libre et la prise de pouvoir des Allemands sur la ville.*** Grandeur et misère, héroïsme et lâcheté, grosses affaires et marché noir, la période fut sombre, mais de nombreux

mouvements de résistance, laïcs, communistes ou religieux, continuèrent leur travail souterrain. En réponse à la propagande vichyssoise du *Nouvelliste de Lyon, Le Progrès* choisit de se saborder plutôt que de collaborer. Si certains préférèrent mourir, de grands destins se dessinèrent et prirent le relais : *Témoignage chrétien, Libération, Combat, Franc-Tireur* devinrent les parties émergées de l'iceberg. L'imprimerie de la rue Viala, clandestine comme il se doit, tourna sans relâche, avant d'être découverte et détruite par les Allemands. D'autres suivirent. Les traboules lyonnaises se prêtèrent à merveille aux réunions secrètes et à l'impitoyable jeu du chat et de la souris que se livrèrent les nervis de la Gestapo et les défenseurs de la France libre.
L'emblématique ***Jean Moulin*** permettra à Lyon (même si la cité ne se libéra pas par elle-même) de figurer au palmarès des ***grandes villes de la Résistance.*** Il meurt pendant son transfert en Allemagne des suites des tortures subies à Lyon. Quant à Klaus Barbie, « le boucher de Lyon », il sera condamné à perpétuité pour ses crimes, dans le palais de justice de Lyon, plus de 40 ans plus tard.
Après l'épuration, Herriot, qui était prisonnier en Allemagne, reprit son siège municipal et tenta de panser les plaies lyonnaises. Mais l'homme était usé et tout était à faire, et vite : reconstruire tous les ponts – plastiqués par les Allemands –, rebâtir des quartiers entiers – bombardés par les Américains –, redonner vie à une ville blessée, qui ne rêvait que de renouer avec sa prospérité, dans un monde en mutation.

En route vers le futur

Années 1960-1980 : laisse béton

Après la mort d'Édouard Herriot, en 1957, l'un de ses conseillers municipaux, Louis Pradel, fut élu au siège du maire. La ville poussait, les réfugiés arrivaient d'Algérie, le progrès des Trente Glorieuses était en route avec ses millions d'automobiles.
Initialisée sous le mandat d'Herriot, l'offrande de Lyon à la bagnole se concrétisa par le tunnel de la Croix-Rousse, l'aménagement en autoroute des quais rive droite du Rhône, puis le monstrueux tunnel de Fourvière, ainsi que le massacre architectural du cours de Verdun, à côté de Perrache. Il ne se désengorgera un peu qu'après l'inauguration, en 1997, d'un ubuesque périphérique (le TEO).
D'autres « merveilles » allaient illuminer les 20 années que durèrent les mandats de ***Pradel,*** qui se définissait lui-même comme ***« un amoureux du béton »*** et eut toujours à cœur d'honorer cet amour. Il fit bâtir de grands ensembles à moindre coût (un alibi béton à l'époque !). Il fit appel à des concepteurs avec une exception quand même, le Musée archéologique de Bernard Zehrfuss. Difficile d'échapper au legs posthume du « Crayon » – surnom de la tour du *Crédit Lyonnais,* livrée en 1977 –, gratte-ciel cylindrique dont le cône sommital culmine à la même hauteur que la basilique de Fourvière. Pradel est aussi à l'origine du quartier « multifonctionnel » de la Part-Dieu. On ne sait ce qu'il serait advenu du vieux Lyon si Malraux, alerté par l'actif monde associatif lyonnais, n'avait sauvegardé ce quartier Renaissance en 1964.
Reconnaissons tout de même à ce piètre urbaniste d'avoir favorisé le développement économique de la région, notamment la recherche dans les secteurs scientifique, médical et pharmaceutique (hôpitaux, centre de recherche contre le cancer, etc.).

Lyon à l'aube du XXe s

Francisque Collomb succéda à Pradel en 1977, sans laisser de trace mémorable dans la ville ni le cœur des Lyonnais, hormis le lancement du quartier scientifique de Gerland et la réhabilitation de la halle Tony-Garnier.

Michel Noir, jeune et ambitieux représentant du renouveau de la droite française, prit la mairie en 1989. Ses louables intentions urbanistiques (éclairage de Lyon, réfection de l'opéra, réaménagement des places de la ville, création des parkings où l'art se mêle à l'architecture, mise en chantier du TEO, etc.) ont été ternies par une fin de mandat moins glorieuse.
L'ancien Premier ministre Raymond Barre géra tranquillement et honnêtement cette ville conservatrice et réussit, avec l'aide d'une équipe dynamique, à faire ***classer au Patrimoine mondial de l'humanité, par l'Unesco, 500 ha de sa ville, en 1998, ce qui est exceptionnel.*** L'arrivée de Gérard Collomb – qui n'est pas de la famille de son prédécesseur homonyme – en mars 2001 marqua, avec celle de Delanoë à Paris, le basculement à gauche de 2 des plus grandes villes de France.

3e millénaire, nouvelle vie...

Gérard Collomb avait décidé de poursuivre les chantiers engagés par la mairie précédente. Après les aménagements de la rive gauche des berges du Rhône, les rives de la Saône sont rendues aux piétons. Et puis, il y a eu bien sûr ***Lyon Confluence,*** chantier de longue haleine, mais aussi de grande envergure ! Un musée qui est, après Paris, le plus fréquenté de France, et un quartier qui attire, jour et nuit, un nouveau public, qui flâne le long des berges avant de s'installer en terrasse.
Son passage au ministère de l'Intérieur, après l'élection d'Emmanuel Macron, ne dura qu'un temps, et Lyon le vit revenir à son poste 18 mois avant les municipales de 2020.
C'est lui qui inaugura, en 2019, la Cité de la gastronomie au sein du nouvel Hôtel-Dieu. De la poudre aux yeux ? La fermeture prématurée en 2020 (un an après l'ouverture !) a, en tous cas, laissé les Lyonnais sur leur faim.
Aux portes de Lyon, à la jonction de Villeurbanne et Vaulx-en-Velin, le Carré de Soie, aménagé sur d'anciennes friches industrielles, fait partie de tous ces nouveaux quartiers, plantés, aérés, réaménagés, qui augurent bien du Lyon de demain.
Reste à réussir l'impossible rêve de plusieurs générations déjà : voir Lyon contournée par l'autoroute, ce qui rendrait la traversée de la ville, après plus de 80 ans de pollution sonore et visuelle, enfin douce à vivre.

Quelques dates

- ***43 av. J.-C. :*** fondation officielle de Lugdunum par Lucius Munatius Plancus.
- ***27 av. J.-C. :*** Lugdunum devient la capitale des Gaules.
- ***15 av. J.-C. :*** inauguration du théâtre de Fourvière.
- ***19 av. J.-C. :*** inauguration de l'amphithéâtre des Trois-Gaules.
- ***69-192 :*** apogée de la ville sous les Flaviens et les Antonins.
- ***177 :*** martyrs chrétiens dans l'amphithéâtre des Trois-Gaules. Lugdunum est l'un des centres intellectuels de la chrétienté.
- ***297 :*** la ville perd son rang de capitale des Gaules.
- ***461 :*** des tribus germaniques burgondes s'installent dans la région et Lugdunum devient la capitale de leur royaume, la Bourgogne.
- ***476 :*** fin de l'Empire romain.
- ***532 :*** le royaume de Bourgogne tombe sous la domination franque.
- ***725-737 :*** raids des conquérants musulmans.
- ***843 :*** sous le règne des Carolingiens, Lugdunum devient une ville de Lotharingie après le traité de Verdun.
- ***IXe et Xe s :*** époque de raids et de pillages par les Normands, les Hongrois et les Sarrasins.
- ***952 :*** la ville s'intègre au royaume d'Arles.
- ***1018 :*** le royaume d'Arles est légué par son dernier roi, Rodolphe de Bourgogne, au Saint-Empire romain germanique.

– ***XIIIe s :*** disparition de « Lugdunum » au profit de « Lyon ». La ville rayonne sur le plan religieux : au cours de ce siècle s'y tiennent 2 conciles ; 2 papes y sont couronnés.
– ***1312 :*** rattachement de Lyon au royaume de France lors du concile de Vienne.
– ***XVe et XVIe s :*** obtention des franchises pour les 4 foires annuelles ; Lyon profite du développement économique et culturel italien. Rabelais donne à Lyon, plaque tournante des échanges et du commerce, le surnom de Myrelingues (la « ville aux mille langues »). Elle devient la 1re place bancaire européenne. C'est la ville la plus peuplée du royaume avec ses 50 000 habitants.
– ***1562 :*** Lyon passe à la Réforme.
– ***1562-1599 :*** les guerres de Religion déchirent le royaume.
– ***Août 1572 :*** massacre des huguenots. Lyon sur le déclin : fuite des grandes familles florentines et des imprimeurs.
– ***1600 :*** mariage d'Henri IV et de Marie de Médicis à la cathédrale Saint-Jean, mettant fin à la guerre entre catholiques et protestants après l'édit de Nantes (1598).
– ***XVIIe s :*** à partir de 1630 règne la tolérance. Lyon devient un centre intellectuel de la république des lettres. Construction de l'hôtel de ville. Prédominance de l'industrie de la soie dans l'activité économique.
– ***XVIIIe s :*** la ville s'agrandit.
– ***1783 :*** invention de la montgolfière par Joseph Montgolfier à Annenay et du bateau à vapeur.
– ***1793 :*** Lyon prend le parti des Girondins et se soulève contre la Convention.
– ***12 octobre 1793 :*** répression sanglante de la Convention : « Lyon fit la guerre à la liberté, Lyon n'est plus. » Lyon prend ainsi le nom de Ville-Affranchie.
– ***XIXe s :*** révolution industrielle et révoltes sociales ; au début du siècle, Lyon est encore la 1re place financière française.
– ***1801 :*** invention du métier Jacquard.
– ***1806 :*** création du 1er conseil des prud'hommes de France dans le quartier des canuts à Lyon, par Napoléon Ier.
– ***1831-1849 :*** insurrections des canuts.
– ***1863 :*** création du *Crédit Lyonnais.*
– ***Décembre 1870 :*** la « Commune de Lyon », insurrection à l'instigation de Bakounine, se termine dans un bain de sang.
– ***1894 :*** assassinat du président Sadi Carnot par l'anarchiste Geronimo Caserio.
– ***1895 :*** invention du cinéma par Louis et Auguste Lumière et 1er film tourné à Lyon.
– ***1896 :*** inauguration de l'actuelle basilique de Fourvière.
– ***1905-1957 :*** mandat d'Herriot, maire de Lyon. Modernisation de la ville avec le nouveau quartier des Brotteaux. De nombreuses réalisations sont dues à l'architecte Tony Garnier : l'hôpital de Grange-Blanche, le stade de Gerland, etc.
– ***22 juin 1940 :*** à la suite de l'armistice de Rethondes, la France est découpée en 2. Lyon, située en zone libre jusqu'en 1942, devient un foyer de résistance. Jean Moulin est capturé à Caluire, dans la banlieue lyonnaise, le 21 juin 1943.
– ***3 septembre 1944 :*** libération de Lyon par la 1re division française libre et les Forces françaises de l'intérieur (FFI).
– ***1960 :*** création du quartier d'affaires de la Part-Dieu.
– ***1968 :*** les 54 communes limitrophes de Lyon se regroupent dans une communauté urbaine qui fait de l'agglomération lyonnaise la 2e de France.
– ***1978 :*** Lyon inaugure son métro.
– ***1981 :*** mise en service de la 1re ligne à grande vitesse entre Paris et Lyon (TGV Sud-Est).
– ***1996 :*** sous l'impulsion de Raymond Barre, alors maire de la ville, Lyon accueille le G7.
– ***2001 :*** la ville bascule à gauche.
– ***2005 :*** mise en place de *Vélo'V* dans l'agglomération du Grand Lyon, un parc de vélos en libre-service.

– ***2007 :*** inauguration des berges du Rhône réhabilitées.
– ***2008 :*** Gérard Collomb est réélu en mars haut la main à la mairie.
– ***2012 :*** inauguration d'un centre commercial et d'un Novotel nouvelle génération au cœur du quartier Confluence : le Lyon de demain est annoncé.
– ***2013 :*** ouverture des rives de Saône aux piétons qui peuvent profiter des berges entre la Confluence et l'île Barbe (11 km) et sur une partie du val de Saône (4 km).
– ***2014 :*** ouverture du musée des Confluences.
– ***2016 :*** inauguration du Groupama Stadium flambant neuf, pour accueillir des matchs de foot de l'Euro 2016.
– ***2018 :*** ouverture en avril de l'Hôtel-Dieu rénové.
– ***2019 :*** lancement de la Cité de la gastronomie, la 1re de celles imaginées sous le quinquennat de François Hollande.
– ***2020 :*** la vague verte des municipales touche Lyon. L'écologiste Gregory Doucet détrône Gérard Collomb, tandis que Bruno Bernard est élu à la tête de la métropole.
– ***2022 :*** béatification de Pauline Jaricot, Lyonnaise qui a lutté contre l'injustice sociale et les conditions de travail des canuts au XIXe s.

IMPRIMERIE

Lyon, capitale de l'imprimerie

Vers 1470, Lyon n'est pas encore une grande ville et la vie intellectuelle y est réduite. L'absence d'université et de cour empêche la constitution d'une élite laïque. Les manuscrits ne sont lus que par quelques ecclésiastiques, quelques médecins et les gens de loi.
20 ans plus tard, ***Lyon devient le 3e centre typographique européen*** derrière Venise et Paris, et le restera pendant près d'1 siècle. À l'origine de cette prospérité, Barthélemy Buyer, qui attire dans sa maison du quartier Saint-Nizier son typographe Guillaume le Roy, originaire de Liège. Un 1er livre est ainsi imprimé à ses frais à Lyon en 1473. Buyer est un novateur. Il noue très tôt des relations avec les libraires vénitiens. Après avoir accueilli un grand imprimeur de la ville, il en fait venir de nombreux autres. Dès 1485, ils sont 12 maîtres imprimeurs à s'être installés à Lyon. Les typographes européens, nomades dans l'âme, sont vite attirés par cette ville qui bouge. Par ailleurs, les papetiers du Beaujolais ne sont guère loin. Nombreux sont les typographes germaniques qui rejoignent le mouvement déclenché par Buyer.
À la fin de ce même siècle, on compte déjà 45 ateliers qui publient ici, dont 23 maîtres imprimeurs allemands, bâlois ou strasbourgeois. On publie beaucoup de livres de droit et d'ouvrages en français, laissant à Milan, Venise et Paris le soin de publier les classiques anciens. La culture de l'imprimé s'ajoute à la culture orale. Les quais de Saône s'emplissent de chariots chargés de cette nourriture intellectuelle qui va partir par la Saône puis la Seine jusqu'à Paris ; certains ouvrages vont jusqu'à Bâle et sont distribués dans toutes les villes allemandes, tandis que d'autres empruntent le Rhône jusqu'à l'Espagne via Marseille. Si le sujet vous passionne, ne manquez pas la visite du musée de l'Imprimerie, à commencer par celle du site • *imprimerie.lyon.fr* •

GUIDE DES RECORDS (LYONNAIS)

Au début du XVIe s, Lyon imprimait 1/3 des livres français. La rue Mercière et alentour abritaient une centaine d'ateliers. Les ouvriers étaient fort cultivés (ils savaient lire et connaissaient le latin et le grec) mais étaient mal payés. Ils furent à l'origine de la 1re grève de l'histoire de France, en 1539, sous le règne de... François 1er.

Lyon et l'humanisme

Ouvriers et typographes possèdent un haut niveau d'instruction. La ville est riche grâce aux banquiers italiens, marchande grâce à ses foires. Elle devient le ***carrefour obligé*** entre Suisse, Italie et Allemagne. Au début des guerres de Religion, les réformés se réfugient à Genève, non loin de Lyon. Un certain sens de l'érudition se développe, sous l'influence italienne.

L'invention de l'imprimerie tombe à pic. Ne correspondait-elle pas à une nécessité intellectuelle ? Une rencontre décisive met un coup d'accélérateur à ce processus : celle de l'humaniste flamand Josse Bade avec un typographe allemand, Johann Trechsel. Le 1er veut mettre au rancart les caractères gothiques pour ne plus utiliser que les lettres romaines. Ensemble, ils publient le théâtre de Térence. La mouvance humaniste est née.

Sous l'influence de la Renaissance, l'humanisme s'installe en ville comme une traînée de poudre. Une envie de savoir, un désir de poésie, un besoin de culture populaire, soutenus par des textes accessibles rapidement à tous (enfin presque), font corps. Une collaboration des élites prend forme : auteurs, scientifiques, imprimeurs et libraires travaillent dans un esprit commun. Rabelais et Érasme suscitent le développement d'un nouveau milieu culturel. Louise Labé, poétesse et courtisane, tient un fameux salon où l'élite se presse. Les plus grands maîtres imprimeurs se laissent gagner par les idées humanistes. Humanistes et érudits, voilà le tableau de l'élite lyonnaise de l'époque. La forme est aussi bonne que le fond puisque la ville peut alors se targuer d'avoir les meilleurs imprimeurs : la famille de Tournes et Guillaume Rouillé sont de ceux-là. Ce dernier deviendra également une éminente figure de l'humanisme lyonnais. En 1550, Lyon compte environ 600 personnes vivant de l'imprimerie.

LANGUE RÉGIONALE

C'est la langue de Guignol, notre marionnette préférée, celle des halles et des « bignoles », chères à San-Antonio. ***L'accent lyonnais se perd*** mais on peut encore le reconnaître à son « eu » appuyé : ici une « œuvre », un « écureuil », le « seuil » ont une consonance bien particulière, assez appuyée, caractéristique.

À défaut d'une langue régionale à part entière, voici quelques expressions typiquement lyonnaises.

- ***Allée :*** porche, entrée d'immeuble ou cage d'escalier.
- ***Avoir les jambes en pâte à quenelle*** (prononcer « k'nelle ») ***:*** avoir les jambes molles, être fatigué, affaibli.
- ***Bambane :*** balade, à travers les traboules, évidemment !
- ***Baraban*** ou ***dent de lion :*** pissenlit. Manger une salade de barabans. « Il mange les barabans par la racine (ou par le trognon) » : il est mort.
- ***Bugne :*** outre la pâtisserie, *bugne* est également utilisé pour parler du visage, de la face. « Bugne à bugne » : les yeux dans les yeux, face à face. « Bugner » : cogner, heurter. « J'ai bugné » : j'ai eu un accident. Veut aussi dire « idiot » : « Pauvre bugne ! »
- ***Caffi :*** plein. Se dit aussi en pâtisserie pour une pâte trop compacte, qui n'a pas levé.
- ***Cani :*** café, bistrot, bar.
- ***Canut, canuse :*** d'après le dictionnaire *Le Littré de la grand' côte,* signifie « ouvrier, ouvrière en soie ». Les canuses sont renommées pour leur patience et leur bon caractère. « Elles font tout ça que veulent leurs maris. »
- ***Clapoton :*** pied de mouton ou d'agneau. « Mon gone adore la salade de clapotons. » Par extension, les pieds : « J'ai les clapotons sans connaissance », donc « J'ai froid aux pieds. »
- ***Claqueret :*** nom donné au fromage blanc, et surtout à la cervelle de canut, car il faut la claquer, la battre, pour la préparer.

– ***Coqueluchon :*** la tête, le sommet.
– ***Corgnolon :*** cou ou gosier. « J'ai le corgnolon tout desséché, je m'en vais licher un pot de beaujolais. »
– ***Couenne*** (prononcer « couanne ») **:** à Lyon, c'est un adjectif synonyme d'« idiot, andouille, niais ou bêta ». « Qu'il est couenne, ce gone. » « Dire des couenneries » signifie dire des idioties.
– ***Équevilles :*** balayures, ordures. Équevilleur : éboueur.
– ***Fenne*** ou ***fenotte :*** femme. La Madelon est la fenotte de Guignol.
– ***Fiaule :*** prononcer comme « miaule ». Veut dire « ivre, saoul ».
– ***Ficelle :*** à Lyon, c'est le funiculaire, qui monte par exemple à Fourvière ou à Saint-Just. « Prendre la ficelle. »
– ***Fumeron :*** jambe. « J'ai marché de Perrache à la Croix-Rousse à pied, j'ai les fumerons qui me rentrent dans le ventre. »
– ***Gauné*** ou ***dégauné :*** habillé, vêtu. « Il est gauné comme pour aller aux noces. » Ou au contraire « mal gauné » : mal fagoté, débraillé.
– ***Godiveau :*** saucisse qui se présente enroulée sur un support, à la manière du boudin. Également utilisé pour parler d'un garçon peu dégourdi, lent ou emprunté.
– ***Gone :*** enfant, môme, gamin. Se prononce comme « mignonne » et non comme « côte ».
– ***Licher :*** boire. Guignol à Gnafron : « Viens, mon gone, allons licher un pot de beaujolais. »
– ***Miaille :*** bouche. « Se faire péter la miaille » : s'embrasser pour se dire bonjour.
– ***Pot :*** à Lyon, c'est une petite bouteille à cul épais contenant 46 cl de vin, beaujolais, côtes-du-rhône, etc. Terme absolument vital pour bien se faire comprendre et ne pas passer pour un touriste aux yeux des bistrotiers et restaurateurs lyonnais.
– ***Regrôleur :*** cordonnier. Gnafron était regrôleur.
– ***Ventre jaune :*** utilisé pour les habitants de la Bresse, non pas parce qu'ils se nourrissaient de maïs, comme c'est souvent dit, mais parce qu'ils avaient pour habitude de garder leurs pièces d'or sur leur ventre, dans une ceinture de tissu.
– ***Le « y » :*** le Lyonnais de souche aura une curieuse tendance à saupoudrer de « y » ses phrases : « J'y dis », « J'y f'rai demain »... en lieu et place de « je lui dis », « je le ferai »... Malheureusement, cette truculence de langage se perd un peu.

MUSÉES

L'achat de la *Lyon City Card* (voir en début de guide la rubrique « Adresses et infos utiles ») inclut l'accès libre dans tous les musées de Lyon (expos temporaires comprises). Soulignons que peu de villes ont une carte aussi complète permettant l'accès aux lieux touristiques et culturels.

PERSONNAGES ET GRANDES FIGURES LYONNAISES

– ***Paul Bocuse*** *(1926-2018)* **:** le pape de la cuisine aura marqué son époque. Paul est tombé dans les fourneaux quand il était petit et n'en est jamais ressorti. Normal, chez les Bocuse, on est restaurateur de mère (ou de père) en fils depuis le XVIIIe s. Meilleur ouvrier de France en 1961, « monsieur Paul » obtient en rafale 3 étoiles les années suivantes. Et il les a toujours conservées, jusqu'à ce qu'on lui retire sa 3e étoile en 2020 ! Une « grande gueule » au grand cœur... devenu un entrepreneur avisé et le maître à penser de 2, voire 3 générations de chefs plus ou moins toqués.
– ***Eugénie Brazier, surnommée La mère Brazier*** *(1895-1977)* **:** née dans une famille de paysans près de Bourg-en-Bresse, Eugénie Brazier fait d'abord ses griffes dans une famille bourgeoise chez qui elle est employée, puis poursuit son

apprentissage chez la mère Fillioux et dans une brasserie renommée. Dès son installation rue Royale à Lyon, le bouche-à-oreille et ses recettes emblématiques lui assurent le succès. Elle est la 1re femme à obtenir 3 étoiles au Michelin (dans ses 2 établissements de Lyon et du col de la Luère) !

– ***Marcel Achard*** *(1899-1974)* **:** né à Sainte-Foy-lès-Lyon, fils d'un cafetier lyonnais, il a été instituteur stagiaire à Vaulx-en-Velin avant de devenir l'homme de théâtre connu de tous dans la France de l'après-guerre. Il est entré à l'Académie française en 1959. Depuis, son théâtre est tombé injustement dans l'oubli.

– ***André-Marie Ampère*** *(1775-1836)* **:** passionné et distrait comme la légende aime à décrire les scientifiques, ce physicien et mathématicien mit au point le galvanomètre, le télégraphe électrique et une règle pour déterminer le sens d'un champ magnétique, connue sous l'amusant nom de « Bonhomme d'Ampère ». Ayant formulé l'idée de l'intensité des courants, il laissa aussi à nos appareils électriques une unité de mesure : l'ampère (pour mémoire, U = RI, les physiciens comprendront).

– ***Raymond Barre*** *(1924-2007)* **:** ex-professeur d'études politiques, ex-« meilleur économiste de France », ex-ministre de pas mal de choses (Commerce extérieur, Économie), ex-Premier ministre (1976-1981), il fut élu en 1978 député du Rhône et, en 1995, maire de Lyon et président du Grand Lyon. La Ville lui doit d'avoir mené à bien de remarquables projets économiques et culturels.

– ***Marius Berliet*** *(1866-1949)* **:** un petit Lyonnais dont le nom est devenu célèbre. Sa 1re invention est un tandem à moteur et rapidement il s'est intéressé aux voitures de tourisme. Mais c'est en construisant des camions qu'il devint célèbre et fit fortune. Son nom disparaît en 1980, après avoir été racheté par Michelin, puis par Renault.

– ***Claude*** *(10 av. J.-C.-54 apr. J.-C.)* **:** né à Lugdunum (Lyon), en Gaule, il fut le 1er empereur romain né hors d'Italie. Dernier homme de sa famille, il succéda à son neveu Caligula. Son 4e mariage avec sa propre nièce, Agrippine la Jeune, se révéla funeste. À l'instigation de sa femme, il mourut empoisonné après avoir adopté Néron (son petit-neveu) et l'avoir marié à sa propre fille Octavie. Quelle famille !

UN EMPEREUR ROMAIN « FRANÇAIS »

L'empereur Claude naquit à Lyon et devint empereur en 41 apr. J.-C. Il était bègue et souffrait du syndrome de Tourette (peut amener à dire des mots obscènes sans contrôle). Malin, il fit un discours déclamant ses infirmités... et fut élu.

– ***Gérard Collomb*** *(né en 1947)* **:** sénateur du Rhône dès 1999, puis maire de Lyon pendant 3 mandats à partir de 2001. C'est sa nomination au ministère de l'Intérieur dans le gouvernement d'Emmanuel Macron en 2017 qui le contraint à lâcher la mairie de Lyon, ainsi que la présidence du Grand Lyon. Poussé par sa femme et ses amis, il y revient en 2019, avec pour objectif les municipales de 2020. C'est probablement en matière d'urbanisme qu'il laissera l'empreinte la plus marquante, avec le gigantesque chantier de la Confluence qui métamorphose le sud de la presqu'île, la réfection de l'Hôtel-Dieu et la rénovation du quartier de la Part-Dieu.

– ***Frédéric Dard*** *(1921-2000)* **:** né à Bourgoin-Jallieu. Inoubliable créateur du commissaire San-Antonio (dans les années 1940 !) et de son truculent Bérurier, il mérite bien quelques lignes, lui qui inventa tant de mots et pissa tant de copies. Bon vivant comme son héros, Frédéric Dard était une figure éminemment sympathique de la littérature anti-prise de chou. Ce monument – enfin reconnu – de la littérature du XXe s aura eu la chance de connaître le succès de son vivant (220 millions de livres vendus). On l'aimait, c'est dit.

– ***Tony Garnier*** *(1869-1948)* **:** né à Lyon, dans le quartier de la Croix-Rousse, Tony Garnier passe 4 années à l'École nationale des beaux-arts de Lyon. Grand Prix de Rome en 1899, il délaisse l'étude de l'architecture antique pour s'intéresser aux problèmes de la ville contemporaine. En 1917, il publie *Une cité industrielle.* Édouard Herriot fait de lui l'architecte des grands travaux de la cité. Parmi les principales réalisations de Tony Garnier, il y a bien sûr l'hôpital Édouard-Herriot de Grange-Blanche (1910-1933), la halle aux bestiaux et les abattoirs de la Mouche (1906-1928), le stade olympique de Gerland (1914-1926), le quartier des États-Unis. Il meurt près de Marseille, à La Bédoule, en 1948. Ce pionnier de l'urbanisme du XXe s a vu ses idées reprises et développées, entre autres, par Le Corbusier.

– ***Justin Godart*** *(1871-1956)* **:** avocat natif de Lyon, il fut député puis sénateur radical-socialiste du Rhône pendant plus de 30 ans. Parallèlement, il a aussi été ministre du Travail et de l'Hygiène, et ministre de la Santé, et maire provisoire de Lyon à la Libération en 1944-1945. Toute sa vie, il a soutenu de nombreuses causes, en faveur des populations défavorisées, contre l'antisémitisme et le racisme ; il entra dans la Résistance durant la Seconde Guerre mondiale, fonda la Ligue contre le cancer... Il était aussi écrivain, historien, scénariste pour Guignol, fondateur de l'académie des Pierres-Plantées... En 2004, il a reçu, à titre posthume, pour ses engagements humanistes, le titre de « Juste parmi les nations ».

– ***Hector Guimard*** *(1867-1942)* **:** architecte et décorateur, il imposa le style Art nouveau ou modern style. C'est aussi lui qui a créé les entrées du métropolitain parisien (l'une d'entre elles est exposée au musée d'Art moderne de New York). Au musée des Beaux-Arts de Lyon, ville où il est né mais ne s'est pas illustré, ne pas manquer une des chambres à coucher qu'il a dessinées.

– ***Édouard Herriot*** *(1872-1957)* **:** champenois de naissance, il est venu à Lyon enseigner les lettres classiques au lycée Ampère. Sans cesse réélu maire de la ville de 1904 à 1957, le président du Parti radical a donc enchaîné les mandats pendant plus de 50 ans. Il a ainsi eu le temps de marquer la ville et l'esprit des Lyonnais de façon remarquable. Son franc-parler plaisait aux Lyonnais, avec qui il partageait l'amour de la bonne chère.

– ***Joseph-Marie Jacquard*** *(1752-1834)* **:** fils d'un maître ouvrier en étoffes d'or, il travaille, enfant, sur le métier de son père. Au sortir de la Révolution, il n'a de cesse d'améliorer son outil de travail pour le rendre plus performant, plus facile d'utilisation. Il obtient un brevet d'invention en 1801 et a la charge de former des compagnons. Ce n'est qu'en 1804 que son métier à tisser, utilisant un ingénieux système de cartons perforés placés au-dessus du métier, est mis au point. Il obtient une médaille d'or et très rapidement le métier Jacquard révolutionne les méthodes de tissage. Cet ouvrier simple, inventeur de génie, est finalement reconnu et décoré de la Légion d'honneur en 1819.

– ***Alexis Jenni*** *(né en 1963)* **:** l'agrégé de biologie récompensé par un prix Goncourt en 2011 *(L'Art français de la guerre)*... Que de talents ! Le Lyonnais ne s'arrête d'ailleurs pas là puisqu'il dessine aussi. ● *jalexis2.blogspot.fr* ●

– ***Louise Labé*** *(vers 1520-1566)* **:** née à Lyon d'un père cordier, la Belle Cordière (c'est son surnom !) tient un salon littéraire à Lyon entre 1545 et 1555, date à laquelle elle obtient le royal privilège d'imprimer un livre. Louise est une femme libre dans ses sonnets. Lire son *Débat de la folie et de l'amour,* particulièrement... audacieux. Elle s'inscrit comme l'un des chefs de file du mouvement humaniste lyonnais du XVIe s et l'une des plus grandes poétesses françaises.

– ***Louis Lépine*** *(1846-1933)* **:** l'inventeur, en 1902, d'un célèbre concours des inventions qui porte son nom est né à Lyon en 1846. Préfet de police à Paris de 1893 à 1913, il dut organiser le trafic automobile balbutiant et inventa pour ce faire le bâton blanc. Lépine créa également la brigade fluviale et les brigades cyclistes.

– ***Auguste*** *(1862-1954)* et ***Louis Lumière*** *(1864-1948)* **:** étonnants chercheurs et inventeurs que ces 2 frères franc-comtois. On doit au cadet, Louis, le 1er cinématographe, qui a rendu célèbre leur patronyme. Mais ils ne se sont pas uniquement cantonnés aux domaines du cinéma et de la photo. Auguste, l'aîné, après avoir mis au point avec son frère la plaque autochrome (1er procédé de photographie en couleur), s'est passionné pour la biologie et la physiologie. Il inventa le tulle gras utilisé pour soigner les brûlures, travailla au traitement du tétanos, des rhumatismes, etc. Les 2 frères versèrent aussi dans le textile. Qui se souvient à Lyon de la *feyzinette* (tissu synthétique fabriqué à Feyzin, en banlieue lyonnaise) ?

– ***Jacques Martin** (1933-2007) :* le marathonien des dimanches télévisés d'autrefois resta lyonnais dans son parler et dans sa vie. Du *Petit Rapporteur* à *L'École des fans,* sans oublier sa participation à de nombreuses émissions des *Grosses Têtes,* où il brillait par sa grande culture, il a tenu une place importante dans le paysage audiovisuel de la fin du XXe s. De nombreux Français choisissaient ses programmes plutôt qu'une balade à la campagne : une autre époque.

LA FACE CACHÉE DES FRÈRES LUMIÈRE

Opposés à l'hégémonie américaine dans le cinéma, ils tombèrent dans la collaboration. Ce passé trouble refit surface en 1995, alors que la Banque de France allait utiliser leur effigie pour illustrer les billets de 200 F. Au dernier moment, on leur préféra la barbichette de Gustave Eiffel.

– ***Marcel Mérieux** (1870-1937) :* natif de Terrenoire, non loin de Saint-Étienne, il a été l'un des 1ers élèves de l'école de chimie de Lyon. Il a collaboré aux recherches de Louis Pasteur, en spécialiste des colorants qu'il était. Il fut le 1er d'une véritable dynastie et a mis au point un grand nombre de vaccins. Le brillant chercheur était aussi musicien ; il a composé 3 opéras. Aujourd'hui, l'entreprise Mérieux est toujours dirigée par ses descendants. C'est un véritable empire, médiatisé lors de l'inauguration en 1999 du laboratoire de virologie P4, situé à Lyon-Gerland.

– ***Jean Moulin** (Béziers, 1899-1943) :* le plus jeune préfet de France (Aveyron, 1937) fut élevé dans une famille laïque et républicaine. Dès le début de la guerre, en fonction à Chartres, il tient tête aux Allemands qui avaient occupé la ville. Révoqué par Pétain en 1940, pour ses opinions politiques de gauche, il rejoint la Résistance. Il part pour Londres retrouver de Gaulle en novembre 1941 et revient en France, à Lyon, chargé par lui d'une triple mission. À la tâche politico-militaire s'ajoute la mission de réaliser l'unité morale. Il y parviendra et créera différents services comme le Service des opérations aériennes et maritimes, le Bureau d'information et de propagande et, surtout, à l'automne 1942, il réunit les chefs des mouvements Combat, Franc-Tireur et Libération sous l'égide du Comité de coordinations. Puis il mettra en place le Conseil national de la Résistance, symbole de légitimité gaulliste face aux Alliés. Sa mission est remplie en à peine 18 mois, mais sa destinée prendra fin le 21 juin 1943, à Caluire, dans la salle d'attente du docteur Dugoujon, où, trahi, il est arrêté par la Gestapo. Il y préparait une réunion des chefs militaires. Interrogé et torturé à Lyon par Klaus Barbie, on ne sait ni où ni quand exactement il trépasse. Jean Moulin, l'homme au chapeau, devient dès lors le symbole de la France qui a dit « non ». Ses cendres supposées reposent aujourd'hui au Panthéon, à Paris.

– ***Laurent Mourguet** (1769-1844) :* voir plus haut « Guignol ! », pour connaître l'aventure étonnante du fondateur de Guignol.

– ***L'abbé Pierre** (1912-2006) :* Henri Grouès aurait parfaitement pu rester anonyme. Ce fils de la Croix-Rousse a vécu une enfance plutôt heureuse. Les affaires de son père, négociant en tissu, marchaient bien. D'une visite à la cité Rimbaud où l'on servait des repas aux miséreux, il conserva un souvenir douloureux. Ordonné prêtre à 26 ans, il choisit d'entrer dans la guerre par la Résistance. Il sera passeur d'hommes, avec pour seuls compagnons son béret et sa canne. Henri devient alors l'abbé Pierre. La guerre terminée, le combat continue : avec Lucie Coutaz, il fonde *Emmaüs.* Il s'agit de redonner de la dignité à ceux qui l'ont perdue. Pas de misérabilisme, mais des projets et de l'énergie. Faire les poubelles, récupérer, retaper et revendre : voilà le programme. Arrive l'hiver 1954. La France se gèle, des gens meurent sur le trottoir. L'abbé lance un appel en direct sur les ondes. Il s'agit de loger là, tout de suite, les plus nécessiteux. C'est un succès que les années ne démentiront jamais. Sa santé fragile ne l'empêchera en rien d'essaimer sa communauté à travers le monde. Il mènera bien d'autres combats : en 1986 contre « la nouvelle pauvreté » ; dans les années 1990 avec le DAL (droit au logement). En avril 2001, il a accepté la Légion d'honneur qu'il avait refusée en 1992, jugeant insuffisantes les mesures prises par le gouvernement en faveur des sans-abri.

– ***Bernard Pivot*** *(né en 1935)* **:** lyonnais, apôtre du beaujolais, du football et de la littérature télévisée, il a animé chaque semaine la même émission culturelle (ou presque) tous les vendredis soir pendant plus de 20 ans : *Apostrophes,* puis *Bouillon de culture.* Depuis 2014, il préside l'académie Goncourt. On lui doit quelques grands moments de télé (Bukowski dégobillant, les confessions de François Mitterrand, etc.), ainsi qu'une célèbre dictée annuelle. Son succès est peut-être dû, en bon Lyonnais, à son parler gourmand et truculent.

– ***Puvis de Chavannes*** *(1824-1898)* **:** lyonnais et grand nom de la peinture lyonnaise, il a été élève de Scheffer et de Delacroix. Son œuvre, inspirée de la tradition académique, lui attira pourtant la sympathie des impressionnistes. Gauguin, à Tahiti, rêvait de « faire du Puvis coloré ».

– ***François Rabelais*** *(1494-1553)* **:** c'est à Lyon qu'il fait publier pour la 1re fois *Pantagruel* (1532), puis *Gargantua* (1534) et *Pantagrueline Prognostication,* un almanach bouffon ; mais il n'est pas natif de la cité. Il est, en revanche, médecin titulaire à l'hôpital du Pont-du-Rhône (actuel Hôtel-Dieu) de 1532 à 1535, poste pour lequel il fut pistonné puisqu'il n'avait pas encore son diplôme de docteur en médecine. Il abandonne, puis reprend cette place. Il participe activement à la vie trépidante de la Renaissance lyonnaise et quitte finalement la ville en 1535, au moment de l'affaire des Placards (des placards protestants sont affichés dans différentes villes de France, dénonçant certains principes catholiques). Mais il y revint régulièrement jusqu'en 1548.

– ***Auguste Ravier*** *(1814-1895)* **:** un peintre à découvrir absolument lors de votre visite du musée des Beaux-Arts, si vous ne le connaissez pas encore. Ravier a vu le jour à Lyon mais a vécu dans le Dauphiné. Il a été inspiré par les paysages de Morestel, loin de tout et de toute influence.

– ***Antoine de Saint-Exupéry*** *(1900-1944)* **:** le père du mythique *Petit Prince* (traduit en une centaine de langues et vendu à plus de 50 millions d'exemplaires) est né à Lyon. Pilote de l'Aéropostale, héros et martyr de guerre, il disparut en mer en 1944, aux commandes de son avion *Lightning P28,* lors d'une mission pour la France libre. Lyon a donné son nom à son aéroport et à une rue où une statue le représentant a été érigée (près de la place Bellecour). De lui, les gosses du monde entier ont surtout retenu l'histoire exemplaire d'un touchant enfant extraterrestre blond, qui réussit à apprivoiser le renard.

– ***Éric-Emmanuel Schmitt*** *(né en 1960)* **:** l'écrivain est né à Sainte-Foy-lès-Lyon, dans la banlieue lyonnaise. Avec le succès immédiat de ses 1res pièces *(Variations énigmatiques, Monsieur Ibrahim et les fleurs du Coran),* il abandonne son poste de maître de conférences en philo pour se consacrer entièrement à l'écriture. Parmi les nombreuses récompenses littéraires, il a reçu le Grand Prix du théâtre pour l'ensemble de son œuvre en 2001, le prix Chronos pour *Oscar et la Dame rose.* Il est à la direction du théâtre Rive Gauche et, depuis 2016, il est membre de l'académie Goncourt.

– ***Bertrand Tavernier*** *(1941-2001)* **:** un homme qui compte pour le cinéma français. Né à Lyon, il n'a pas oublié ses racines et y a tourné *L'Horloger de Saint-Paul.* Il est également président de l'Institut Lumière.

– ***Les médecins et chercheurs célèbres :*** commençons par le plus célèbre, ***Claude Bernard*** *(1813-1878),* fils d'un vigneron du Beaujolais et véritable père de la médecine moderne. Mais il faut aussi parler de ***Léopold Ollier*** *(1830-1900),* maître incontournable en chirurgie orthopédique, et d'***Amédée Bonnet*** *(1809-1858),* novateur en chirurgie ostéo-articulaire, qui n'étaient pas lyonnais mais ont travaillé dans la ville ; Léopold Ollier tenta de sauver la vie du président Sadi Carnot, le 24 juin 1894, lorsqu'il fut blessé mortellement par l'anarchiste Caserio. Citons aussi ***Alexis Carrel*** *(1873-1944),* Prix Nobel de médecine en 1912, brillant chirurgien, concepteur d'un cœur artificiel (avec l'aide de l'aviateur Lindbergh), mais tristement célèbre pour ses théories sur l'eugénisme et sa sympathie pour le régime de Vichy. Quelques médecins ont également été maires de Lyon : ***Victor Augagneur*** *(1855-1931),* qui fut un grand spécialiste de la syphilis, et avant lui ***Antoine Gailleton*** *(1829-1904),* ***Jean-François Terme*** *(1791-1847)* ou ***Jacques Hénon*** *(1802-1872).*

– ***Les joueurs de foot incontournables :*** même s'il est aujourd'hui à la retraite, après avoir été défenseur de l'équipe du Barça, ***Éric Abidal*** a joué dans sa ville natale et a porté les couleurs de l'OL de 2004 à 2007, avant qu'un autre Lyonnais, ***Raymond Domenech,*** alors sélectionneur, ne lui attribue une place en équipe nationale. L'OL a aussi formé d'autres pointures, comme ***Karim Benzéma,*** sacré « meilleur buteur français » en 2012 et Ballon d'or en 2022. D'autres joueurs emblématiques ont contribué au succès du club comme les gardiens ***Grégory Coupet*** et ***Hugo Lloris,*** ou les Brésiliens ***Cris*** et ***Juninho,*** ainsi que l'attaquant ***Alexandre Lacazette,*** qui revient dans son club formateur en 2022.

– ***Et bien d'autres figures connues : Liane Foly*** et sa voix chaude et sensuelle ; ***Stéphane Bern,*** l'animateur chouchou des Français et grand défenseur du patrimoine, ***Jean-Michel Jarre,*** qui donna un mégaconcert lors de la venue du pape Jean-Paul II à Lyon en 1986 ; ***Kent,*** qui se fit connaître avec son groupe de rock vivace, Starshooter, à la fin des années 1970 ; ***Mimi Mathy,*** l'ange gardien préféré des téléspectateurs ; ***Clovis Cornillac,*** qui se distingue aussi bien sur les planches que sur grand et petit écrans ; ***Alexandre Astier,*** le roi Arthur dans la série culte *Kaamelott,* dont il partage la création avec ses 2 fils ; ***Germaine Lustucru,*** qui donne des pâtes à manger aux petits hommes verts ; ***Jean Bouise,*** comédien discret et attachant ; et aujourd'hui ***Sylvie Testud,*** comédienne croix-roussienne, qui a reçu le césar de la meilleure actrice en 2004 et écrit de drôles de bons petits bouquins (lisez *Le ciel t'aidera,* au Livre de Poche !). Puis, dans le domaine de la musique : la chanteuse ***Pomme,*** qui a passé son enfance à Lyon, et a été sacrée artiste féminine de l'année aux Victoires de la musique 2021 ; ***Anne Gastinel,*** violoncelliste, et ***Isabelle Moretti,*** harpiste, sont 2 charmantes et brillantes musiciennes avec qui il faut compter.

SITES INSCRITS AU PATRIMOINE MONDIAL DE L'UNESCO

UNESCO
Organisation des Nations Unies pour l'éducation, la science et la culture
En coopération avec le Centre du patrimoine mondial

Pour figurer sur la liste du Patrimoine mondial, les sites doivent avoir une valeur universelle exceptionnelle et satisfaire à au moins un des 10 critères de sélection. La protection, la gestion, l'authenticité et l'intégrité des biens sont également des considérations importantes.

Le patrimoine est l'héritage du passé, dont nous profitons aujourd'hui et que nous transmettons aux générations à venir. Nos trésors culturel et naturel sont 2 sources irremplaçables de vie et d'inspiration. Ces sites appartiennent à tous les peuples du monde, sans tenir compte du territoire sur lequel ils sont situés. Pour plus d'informations : ● *whc.unesco.org* ●

Grâce à la loi Malraux, le ***vieux Lyon*** est devenu dès 1964 le 1er « secteur sauvegardé » de France. Ce classement a permis de mettre en valeur ce quartier, considéré comme le plus bel ensemble Renaissance du pays.

Depuis décembre 1998, ce ne sont plus uniquement les 25 ha du vieux Lyon qui sont protégés, mais 427 ha du ***centre historique*** de Lyon qui sont inscrits par l'Unesco au Patrimoine mondial de l'humanité.

SOCIÉTÉS SECRÈTES, CERCLES ET CONFRÉRIES EN TOUT GENRE

On a tout dit sur l'existence de diverses sociétés aux activités avouables ou non, dans cette bonne ville de Lyon. Impossible de savoir véritablement ce qu'il en est puisque, par définition, elles sont secrètes. Cela dit, on peut avancer quelques évidences, quelques indéniables réalités sur le nombre incroyable de groupements, clubs, sociétés, ordres divers que compte la ville.
3 raisons à cela. Ville carrefour, lieu d'échanges des biens, lieu de rencontres – ou d'opposition – des cultes depuis les Romains, la cité a toujours été également un incroyable creuset de talentueux artisans. Charpentiers, tailleurs de pierre, orfèvres, tisseurs, imprimeurs... chaque métier était organisé en corporation. La notion de compagnons est alors très forte. Ils ont une doctrine, des règles et des signes de reconnaissance. Grand centre de compagnonnage, Lyon développera naturellement plus tard une importante tradition maçonnique, directement issue de ce compagnonnage médiéval. On prit donc très tôt l'habitude de se réunir entre soi, en groupes thématiques, qu'ils soient professionnels ou idéologiques. Par ailleurs, la configuration géographique de la ville, avec ses 2 cours d'eau et 2 collines, possède une forte symbolique. Le manque de place a favorisé la construction d'édifices tout en hauteur, encadrés par des rues étroites, favorisant l'intimité, la discrétion, la cachotterie... et bientôt le secret.
Pour en savoir plus :
– ***Lyon magique et sacré : histoires et mystères d'une ville,*** de Jean-Jacques Gabut, Jacques André Éditeur, 2007. Les sites magiques et sacrés de la mystérieuse ville de Lug furent sanctifiés au fil des âges par des hommes à la recherche de l'indicible, du merveilleux, souvent à la rencontre de Dieu... et parfois du diable. Ce livre décode le langage des confréries secrètes et rappelle à notre souvenir ces Lyonnais tombés dans l'oubli, personnalités hautes en couleur, qui ont fait de Lyon un centre mystique.

Valdo, Nostradamus, Maître Philippe et les autres

Pierre Valdès, dit « Valdo » (1140-1217), ne créa-t-il pas ici le mouvement religieux des « pauvres de Lyon » ? Puis ce furent les Templiers, qui passèrent pour des sorciers au siècle suivant. Nostradamus fait imprimer ses *Centuries astrologiques* à Lyon. Certains milieux occultes semblent bien s'y sentir et attirent les familles bourgeoises du XVIIe s. On doit à Willermoz, au siècle suivant, de faire pénétrer les doctrines maçonniques dans la ville. Il tente de réunir les différentes obédiences.
Au XIXe s, les idées républicaines et laïques trouvent ici un écho favorable. Encore une fois, elles se développent au sein de la franc-maçonnerie. Celle-ci est, dit-on, toujours extrêmement présente dans les classes dirigeantes. Notion de groupe ; volonté de se retrouver autour d'un thème, d'une idée ; désir de discrétion. À Lyon, peut-être plus qu'ailleurs, tous les ingrédients sont réunis.
Et puis il ne faudrait pas oublier que le grand maître du spiritisme, Allan Kardec, Hippolyte-Léon Rivail dans le civil, a vu le jour à Lyon en 1804.
Mentionnons encore Nizier-Anthelme Philippe, Maître Philippe, guérisseur et magnétiseur émérite appartenant à l'ordre martiniste, mort en 1905. Il avait acquis auprès des cours étrangères une renommée que tout bon marabout africain serait en droit de jalouser. Sa tombe est aujourd'hui encore l'une des plus fleuries du cimetière de Loyasse.
Ville secrète, oui. Ce fut longtemps l'image qu'elle donna d'elle. Ville qui aime à se retrouver en microcosmes microscopiques, re-oui. Ville au passé ésotérique puissant ? Certainement plus que bien d'autres. Mais point de sorcières ni de Belzébuth, encore moins de messes noires. En tout cas, nous, on n'a plus reçu de carton d'invitation depuis pas mal d'années.

Ces associations, cercles, confréries qui font régner l'ordre et (parfois) le désordre

En revanche, et c'est là que l'histoire poursuit son chemin, un nombre incroyable d'académies, de sociétés, de cercles, d'associations, de confréries et d'ordres siègent à Lyon. Il y en a pour tout le monde. En voici quelques-uns :

– ***L'ordre du Clou :*** association d'amateurs d'humour lyonnais, de faiseurs de calembours de première, créée en 1950 par Félix Benoït. Chaque nouveau membre doit apporter un clou. Dans le même genre, l'association des Humoristes lyonnais fut créée en 1929.
– ***Les Francs-Mâchons :*** association de bons mangeurs. Ils se réunissent une fois par semaine... pour manger.
– ***L'ordre de la Raie :*** encore des gastronomes, qui rendent hommage à toutes les formes d'accommodement de ce poisson.
– ***Les Boyaux rouges :*** association vineuse de défense du vin du Beaujolais, créée en réaction (amicale) aux *Ventres jaunes de la Bresse.* Certainement l'occasion de descendre quelques pots.
– ***L'ordre du Mérite de Gnafron :*** défend les bouchons traditionnels. Tous les ans, il décerne un prix.
– ***L'ordre de la Quenelle :*** prend fait et cause pour cette chose sans défense qui subit de véritables abus sans pouvoir rien dire. La quenelle agréée par l'ordre doit contenir au moins 25 % de chair de brochet. On ne rigole pas avec la quenelle.
– ***L'académie du Tablier de sapeur :*** groupement d'individus prenant la défense de cette autre spécialité lyonnaise.
– ***L'académie du Lapin :*** celle-ci, on l'adore. Imaginez, les membres sont nommés à vie et il n'y en a que 7 : les 2 pattes avant, les 2 pattes arrière, les 2 oreilles et... la queue. Ils se réunissent une fois par mois pour un mémorable moment culinaire qui, s'est-on laissé dire, se termine fort tard.
– ***Les Frères du quatrième :*** amateurs d'opéra qui assistent ensemble aux opéras... du 4e balcon.
– ***Les Amis de Guignol :*** comme son nom l'indique, ils défendent les textes classiques de Mourguet.
– ***Les Amis des chats et des pigeons des villes :*** les chats OK, mais les pigeons...
– Sans oublier l'***Union des vieux de France,*** les ***Ennemis des fumeurs,*** les ***Bons Templiers,*** les ***Amis de Napoléon...*** et quelques centaines d'autres.

SOYEUX DE LYON

Si la culture du ver à soie remonte à la nuit des temps, elle n'est produite en Europe qu'à partir du VIe s. Un début de marché s'installe, passant par *Serique,* région de l'Inde qui, par déformation, donnera le mot « soie ». Les Chinois perdent le secret de la fabrication vers le IVe s, date à laquelle Indiens et Perses tissent leur propre soie. Les procédés de fabrication se répandent très vite jusqu'à Constantinople où l'empereur Justinien développe la culture du mûrier. La soie arrive

LE VOL DU SECRET DE LA SOIE

La soie fut une source de richesse considérable pour la Chine. Au VIe s, l'empereur Justinien décida d'envoyer 2 moines espions à Xi'an, berceau de la soierie chinoise. Ils rapportèrent dans leur bâton (creux) de pèlerin le formidable secret : des vers à soie et quelques graines de mûrier. Il fallut attendre 1 000 ans et Henri IV pour que la culture de la soie se développe en France, notamment à Lyon.

alors en Italie. Les papes, qui adorent, s'en parent. De pied en cap, ils en sont couverts. Ils n'ont pas tort, ce ne sont pas eux qui paient.

1re heure de gloire

Il faut attendre le début du XIVe s pour que le pape Clément V, qui en a assez des Italiens, transfère le siège de la papauté à Avignon. Toujours sur son trente-et-un, il fait des envieux. Ainsi naissent les 1res manufactures en France. Mais c'est sous Louis XI que la sériciculture et les manufactures prendront leur véritable essor. À Tours d'abord, puis à Lyon plus tard. François Ier, en 1536, répond favorablement à la demande de Lyon, qui sollicite des privilèges, notamment celui permettant aux Italiens de venir habiter la ville pour travailler la soie. De nombreux ateliers s'organisent.
Sous Henri IV, Sully fait planter près d'un demi-million de pieds de mûriers dans le sud de la France, mais aussi dans le Lyonnais. On encourage les fabriques. La production continue de croître rapidement sous Louis XIV, mais c'est aussi la qualité des soies de Lyon que l'on remarque. Elles acquièrent une solide réputation internationale. Au début du XVIIe s, Dangon met au point le métier « à la tire ». Les « grands façonnés » font fureur dans toutes les cours. C'est la 1re heure de gloire.

L'âge d'or

Révocation de l'édit de Nantes en 1685. L'industrie de la soie périclite brutalement. La main-d'œuvre fiche le camp à l'étranger. Tours et Avignon subissent les mêmes dommages. Le XVIIIe s apportera dans ses bagages un semblant de mieux, mais c'est au début du siècle suivant, à partir de 1804, que le travail de la soie reprend du poil de la bête. Un dénommé ***Joseph-Marie Jacquard,*** canut de son état, met au point une mécanique qui ***utilise la carte perforée comme mémoire du dessin à tisser.*** Une sorte de petit ordinateur mécanique. La « grande tire » devient inutile. La production explose. Son système sera repris dans la plupart des pays étrangers. Plusieurs dizaines de milliers de métiers tournent alors dans la région. Lyon reprend vigoureusement la main, et le talent des dessinateurs allié au savoir-faire des ouvriers est partout reconnu.
Napoléon joue à fond le jeu économique en passant de nombreuses commandes d'État, notamment pour les châteaux nationaux. Il redonne vie à la soie lyonnaise en exigeant que tous les murs des palais officiels soient tendus de tissus de Lyon. Il demande à son épouse de porter de la soie lyonnaise pour inciter la Cour, d'esprit éminemment grégaire, à copier l'impératrice. Et la Cour copie. Les cours étrangères prennent rapidement le pli également. Des motifs nouveaux sont sans cesse proposés et les artistes sont plus créatifs que jamais. L'ampleur des nouveaux métiers Jacquard implique la construction d'immeubles aux plafonds très hauts et aux vastes fenêtres accueillant le maximum de lumière. Les pentes de la Croix-Rousse se couvrent rapidement de ces édifices hautains et fonctionnels, où travaillent et habitent les canuts, les ouvriers de la soie. C'est l'âge d'or.

Les canuts se révoltent

En 1830, l'industrie de la soie compte plus de 30 000 membres, dont au moins 20 000 compagnons. Le canut travaille avec sa femme et ses enfants et se fait aider par quelques compagnons. Il possède entre 2 et 6 métiers à tisser. La vie est dure, mais on la gagne sans rechigner. Cependant, aux années fastes succède une période noire. La concurrence étrangère fait chuter les prix et les soyeux – les négociants – paient de plus en plus mal les canuts. Il n'y a pas de « tarif » et le soyeux est maître du jeu. Il fait descendre les prix comme bon lui semble. Des canuts endettés sont jetés en prison.

Plusieurs milliers d'entre eux se réunissent alors pacifiquement le 21 octobre 1831. À cette date s'ouvrent les « journées glorieuses ». Un « tarif » – c'est-à-dire un prix fixe – est déterminé, mais rapidement les négociants refusent de l'appliquer. Fin novembre de la même année, une grève est décidée ; néanmoins les autorités se méfient et la garde nationale bloque la Croix-Rousse. Le quartier est assiégé. La manifestation des canuts est encore pacifique, même si on s'arme de barreaux de chaises et de pierres. Durant 10 jours, la Croix-Rousse sera le théâtre de ce que l'histoire retiendra comme la révolte des canuts.

« CANUT » ? *YES, WE CAN !*

En fait, on se vanterait si l'on prétendait connaître la provenance de ce nom. La vérité, c'est que l'on n'est certain de rien. Certains affirment que le mot viendrait de la canette, la bobine sur laquelle est enroulé le fil dans la navette d'un métier à tisser.

« Vivre en travaillant ou mourir en combattant »

Le drapeau noir à tête de mort jaillit de la foule. La garde ouvre le feu sans sommation. La guerre civile est déclarée. La 1re révolte organisée de travailleurs du nouveau monde industriel est enclenchée. Marx la prendra en exemple dans son *Capital.* Le plateau de la Croix-Rousse se transforme en camp retranché et on se réunit dans la maison Brunet, sorte de forteresse, au 5 de la place Rouville. On récupère le plomb des métiers à tisser pour couler des balles dans les dés à coudre. On dépave les rues. On vend cher sa peau sur les barricades, mais la garde a été renforcée et elle attaque. Les canuts ripostent et des soldats solidaires passent aux insurgés. Dans une étrange pagaille, beaucoup de sang coule. En tout, plusieurs centaines de morts parmi les canuts et les soldats. Début décembre 1831, un « tarif » est enfin signé et les canuts rendent les armes. Mais ce tarif ne sera pas affiché, encore moins appliqué, aucun droit du travail ne soutenant ni ne protégeant ces décisions. Les canuts obtiendront malgré tout le titre de « maîtres tisseurs de soie, d'or et d'argent » qu'il faut opposer aux tisserands, qui, eux, travaillent la laine, le coton, le chanvre et le lin.
Plusieurs révoltes auront encore lieu : en 1834, à la suite d'un procès contre des tisseurs (1 600 arrestations, plus de 150 morts) ; en 1848 encore ; puis enfin en 1885, toujours pour la défense des conditions de travail des canuts et la négociation d'un nouveau « tarif ».

Le XXe siècle

La Première Guerre mondiale remet les pendules économiques à zéro. Au cours du XXe s, les étoffes synthétiques font leur apparition, suivies par les tissus étrangers. La grande période des soyeux appartient désormais à l'histoire. Il ne reste aujourd'hui que quelques ateliers à Lyon, comme les maisons Brochier, Prelle, Tassinari et Chatel. Celles-ci travaillent essentiellement pour des commandes d'État (Versailles, Fontainebleau, le Mobilier national), ainsi que des commandes étrangères. Pour prendre la mesure de cette formidable saga, il faut visiter la Maison des Canuts, sur le plateau de la Croix-Rousse. Balade au cœur de la Presqu'Île et La Croix-Rousse »).

LA VÉRITABLE HISTOIRE DU BEAUJOLAIS

« Lyon, capitale de la cuisine française, est parcourue, en dehors de la Saône et du Rhône, par un 3e fleuve, celui du vin rouge, le beaujolais, qui n'est jamais limoneux, ni à sec. » Une phrase signée Léon Daudet.

Le Beaujolais commence en fait tout au sud de la Bourgogne. Il s'étend entre le Mâconnais et Lyon. Le Beaujolais a les 2 pieds dans le département du Rhône, avec tout de même un gros orteil en Saône-et-Loire.
La zone de production est limitée, à l'ouest, par les monts du Beaujolais, qui séparent la vallée de la Loire et celle de la Saône. Au nord, elle commence en Pays beaujolais à Saint-Amour-Bellevue (le saint-amour est le plus septentrional des 10 crus), pour s'achever au sud de Villefranche-sur-Saône, au niveau de la nationale 7.

L'histoire d'un cépage

Depuis les Romains, le ***gamay*** régnait en maître dans toute la région. Philippe le Hardi, duc de Bourgogne, exige en 1395 que la Bourgogne arrache ce vilain cépage. Ce qui sera fait sur les terres lui appartenant, mais le Beaujolais y échappera. En 1620, les échevins de Mâcon renouvellent la demande. Le Beaujolais, ne s'estimant toujours pas concerné, va conserver son gamay. Mais, en 1709, la majeure partie du vignoble européen est détruite par le gel. La demande de vin est forte, mais l'offre quasi nulle. Le cépage maudit redevient alors le cépage roi. On plante partout et à toute vitesse du gamay, rien que du gamay, qui, s'il n'a jamais eu les faveurs du vignoble français en général – sauf en Beaujolais précisément –, n'en reste pas moins un ***cépage très productif, rustique et résistant.***
De 1750 à 1850, le vin sera donc bien mauvais et l'Europe aura la gueule de bois. La déferlante du ***phylloxéra*** provoquera, entre 1860 et 1905, l'arrachage d'une bonne partie du gamay, qui sera partout remplacé par d'autres cépages plus appropriés aux terroirs des secteurs concernés. Sa mauvaise réputation continuera à le suivre. Mais le Beaujolais conserve son cépage, car c'est le seul à pouvoir répondre présent sur ce sol en majorité granitique où rien ne pousse.

Les 12 appellations beaujolaises

Les vins du Beaujolais sont tous produits sous le régime des AOC (appellations d'origine contrôlée), gérées par l'INAO (Institut national des appellations d'origine). Ils doivent satisfaire, dans une aire délimitée de 22 500 ha, à des conditions d'encépagement, de rendement et d'élaboration bien précises. Le beaujolais est à 99 % un vin rouge, qui produit environ un million d'hectolitres répartis en 3 grandes familles d'AOC : en bas de l'échelle, une AOC régionale, le beaujolais. Au 1er étage, une AOC villages : le beaujolais-villages ; et au sommet, une AOC qui rassemble les 10 crus : brouilly, chénas, chiroubles, côte-de-brouilly, fleurie, juliénas, morgon, moulin-à-vent, régnié et saint-amour.
12 vins en tout qui occupent chacun un territoire délimité par décret. Les contours des secteurs sont déterminés en fonction de la composition des sols. Pour faire simple, on peut dire que la moitié de tout le vin produit est en appellation ***beaujolais*** (c'est le vin le plus commun – près de 300 000 hl/an), un quart en ***beaujolais-villages*** et le dernier quart réparti dans les 10 crus.
Pour ne pas passer pour un ignare, pis, un Parisien, sachez que l'on ne prononce jamais le « s » final d'un cru du Beaujolais. On dit « juliéna » et non « juliénas », « chéna » et non « chénas ».
En moyenne, chaque propriétaire possède ou travaille des parcelles entre 1 et 7 ha, parfois plus. Une constante : la majorité d'entre eux ont des vignes sur au moins 3 appellations, une parcelle en beaujolais ou beaujolais-villages et 2 ou 3 crus. Les mariages entre fils et filles de vignerons ont, au fil du temps, multiplié les terres d'élection. Ça permet également, en cas de coup dur sur une vendange, de se rattraper sur une autre.
La France boit un peu plus de la moitié de la production totale de la région, le reste est exporté.

La belle histoire du beaujolais nouveau

ÉVASION DANS LE BEAUJOLAIS

Durant la Seconde Guerre mondiale, certains Parisiens juifs partirent en zone libre. Angoisse, saleté et pauvreté les y attendaient. On passait ses journées au café, on buvait pour tuer le temps et on découvrait le beaujolais. Même s'il n'est pas toujours bien fait, la chaleur de ce vin va droit au cœur. La guerre achevée, ces moments passés au café tinrent une bonne place dans les souvenirs, le beaujolais aussi. Ainsi, on commença à demander ce vin méconnu. Le succès arriva vite.

Depuis la nuit des temps, dans toutes les régions viticoles de par le monde, le vin se buvait jeune, c'est-à-dire qu'on ne lui laissait jamais le temps de vieillir. Et pour cause, il ne tenait pas. Vendangé en septembre, mis en bouteille dans le mois, bu promptement et pissé dans la foulée puisque dès avril on buvait du vinaigre. La tradition rurale (peu de villes à l'époque), les efforts physiques liés à la terre, l'absence de cave faisaient que l'on buvait la vendange que l'on venait de faire, tout simplement. Seuls les notables, ecclésiastiques, nobles et seigneurs avaient droit à la cave. Le vigneron, non. Alors, après avoir fait le vin et réglé son propriétaire, il buvait ce qui lui restait.

Boire un vin jeune est donc une habitude ancienne. Ce qui est nouveau, c'est en fait de boire des vins vieux !

En 1760, la métallurgie met au point le cercle métallique qui permettra aux tonneaux d'être protégés de l'air. Cette même époque voit l'apparition d'un verre plus solide et du bouchon de liège qui permet de protéger le vin. Ainsi le vin nouveau se découvre-t-il une capacité technique à vieillir. Mais il faudra attendre le XXe s pour que le beaujolais nouveau croise le chemin de la gloire.

Le décret du 9 novembre 1951 sur les « primeurs » autorise de sortir les vins le 15 novembre et non plus le 15 décembre, date de sortie de toutes les autres AOC. Le terme de « nouveau » fleurit véritablement pour la 1re fois sur les bouches. La création de la « Coupe du meilleur pot », qui depuis 1954 récompense un bistrot à vins, favorise la notoriété du vin nouveau. Celle-ci entraîne les producteurs de primeurs à faire un effort régulier pour améliorer la qualité.

« Fallet » que ça arrive un jour !

C'est le titre d'un bouquin de René Fallet, écrit en 1968 et qui deviendra plus tard le slogan magique et mythique d'une soirée de folie : « Le beaujolais nouveau est arrivé. » D'abord circonscrit à la région, à Lyon et à quelques relais parisiens, le voilà qui conquiert doucement la France dans les années 1960, l'Europe dans les années 1970, les États-Unis et le Canada dans la foulée, puis le Brésil, le Sud-Est asiatique et l'Australie, et enfin la muraille de Chine à la fin des années 1990.

Le 3e jeudi de novembre, on accroche aux devantures des magasins un large bandeau. En quelques jours, 1/3 du beaujolais et des beaujolais-villages (seules appellations pouvant être vendues en primeur) est commercialisé, soit à peu près 17 millions de bouteilles, ce qui correspond à environ un 1/3 de la production totale de la région (300 000 à 400 000 hl selon les années). Évidemment, ces chiffres varient avec le temps et ils sont nettement à la baisse quand la météo est capricieuse comme en été 2008. Du coup, la récolte du beaujolais a nettement diminué. Environ 40 % de la production est exportée, majoritairement en Asie.

Quelques infos pour tuer les idées reçues :

– le beaujolais nouveau est obligatoirement et uniquement issu des appellations beaujolais et beaujolais-villages. Ainsi, on ne trouvera jamais de chiroubles, de chénas ou de juliénas nouveau ;

– la notoriété énorme du beaujolais nouveau provoque parfois des erreurs d'interprétation importantes. Les mots « beaujolais » et « beaujolais-villages » inscrits sur les bouteilles n'impliquent en rien le côté « nouveau ». Seuls les vins vinifiés en primeur ont le droit de porter cet adjectif et d'être mis sur le marché à partir du 3e jeudi de novembre. Le reste de la production ne diffère en rien de celle des autres régions viticoles.

AVERTISSEMENT : lorsque l'on déguste, il n'est pas impoli de recracher le vin. Les viticulteurs ont toujours un récipient conçu à cet effet. On vous rappelle aussi que l'alcool est à consommer avec modération, surtout si vous reprenez la route ensuite. Et puis, rien ne vous empêche de faire une petite sieste dans l'herbe au bord du vignoble. Enfin, les alcootests individuels sont des instruments bien pratiques. Pensez-y !

PETITS TRUCS ET ASTUCES POUR ÉVITER LES ABUS ET MAUVAISES SURPRISES

Un routard informé en vaut deux ! Pour éviter les désagréments en tous genres, voici un petit pense-bête destiné à parer aux (mauvais) coûts et coups de bambous.

Bien sûr, nos enquêteurs veillent au grain, et les établissements qui ne répondent plus à nos critères ou abusent de la promo qu'on leur fait gratuitement sont vite supprimés de nos guides. Mais la réciproque est aussi valable. N'oublions pas que les hôteliers et restaurateurs font un métier difficile. La pandémie liée au Covid suivie d'une reprise « impactée » par la pénurie de personnel n'a certainement pas amélioré le tableau. Soyons indulgents en cas de service longuet.

À L'HÔTEL

1 – Arrhes ou acompte ? : dans les 2 cas, il s'agit de sommes versées au moment de la réservation, à titre d'avance sur l'occupation d'une chambre ou d'une location saisonnière, et faisant office de garantie réciproque. On préfère parler d'arrhes plutôt que d'acompte considéré comme définitif, c'est-à-dire sans dédit possible. Légalement, aucune règle ne précise le montant des arrhes, mais il est d'usage de verser ***25 à 30 % du prix total au moment de la réservation.*** Cette somme ne pourra pas être remboursée en cas d'annulation de la réservation, sauf cas de force majeure qu'il vous faudra justifier (maladie ou accident) ou en accord avec l'hôtelier si l'annulation est faite dans des délais jugés raisonnables. Si, au contraire, l'annulation est le fait de l'hôtelier, il doit vous rembourser le double des arrhes versées. Enfin, si vous avez réservé une chambre (sans avoir rien versé) et que vous avez un empêchement, ***passez un coup de téléphone pour annuler,*** c'est la moindre des politesses.

2 – Numéro de carte demandé lors de la réservation : que vous réserviez sur Internet ou par téléphone, il est courant de fournir son numéro de carte bancaire pour garantir la réservation de la chambre. Le client peut alors annuler sa réservation jusqu'à 24h avant l'arrivée dans l'hôtel. Au-delà, l'hôtelier est en droit de débiter la totalité du montant de la 1re nuit. Cette pratique commence aussi à apparaître dans certains restaurants chics. Trop de réservations ne sont pas honorées.

3 – Subordination de vente : les hôteliers ont interdiction de pratiquer la subordination de vente. C'est-à-dire qu'***ils ne peuvent pas vous obliger à réserver plusieurs nuits d'hôtel si vous n'en souhaitez qu'une.*** Dans le même ordre d'idées, on ne peut vous obliger à prendre votre petit déjeuner ou vos repas dans l'hôtel. Ce principe, illégal, est cependant toléré en pratique, surtout en haute saison, dans les zones touristiques où la demande est bien plus importante que l'offre.

4 – Les réservations en ligne : elles se sont généralisées. Si les centrales de réservation en ligne sont devenues incontournables, sachez qu'elles garantissent rarement de meilleurs prix qu'en direct, sauf promos exceptionnelles, évidemment. C'est d'ailleurs souvent l'inverse. En effet, la plupart des établissements font payer la commission versée aux sites internet à leurs clients, en augmentant leurs tarifs d'autant. ***N'hésitez donc pas à réserver en direct auprès de l'hôtel, de bonnes surprises vous attendent.*** Autre avantage de la résa en direct, vous pouvez préciser le type de chambre souhaité (sur mer, sur jardin) et obtenir de votre interlocuteur des renseignements fiables sur l'établissement.

5 – Responsabilité en cas de vol : un hôtelier ne peut en aucun cas dégager sa responsabilité pour des objets volés dans la chambre d'un de ses clients. En d'autres termes, les éventuels panonceaux dégageant la responsabilité de l'hôtelier n'ont aucun fondement juridique. Quand il y a des coffres, utilisez-les pour mettre à l'abri vos effets de valeur.

AU RESTO

1 – Les prix : ils sont libres, mais ***l'affichage est obligatoire*** à l'extérieur de l'établissement, de manière visible. Tous les menus doivent être affichés, même le moins cher. Ils doivent être identiques à ceux que l'on vous présente à l'intérieur.

2 – Formule ou menu ? Généralement, la formule est une proposition écourtée comprenant entrée + plat ou plat + dessert. Avec parfois un verre de vin et/ou le café. De fait, elle est moins chère que le menu, en principe complet (entrée + plat + dessert). Très souvent, les formules et les 1ers menus (les moins chers) ne sont ***servis qu'en semaine et/ou seulement au déjeuner,*** et plus rarement avant certaines heures (12h30 et 20h environ). C'est parfaitement légal, à condition toujours que ce soit clairement indiqué sur le panneau extérieur et sur le menu que l'on vous présente à table. Il arrive qu'il disparaisse comme par enchantement (humm, mauvais signe…). Vous êtes en droit de le demander.

3 – Le « fait maison » : pour valoriser le travail de restaurateurs scrupuleux, au détriment du tout surgelé ou sous-vide, le « fait maison » (logo d'une casserole surmontée d'un toit de maison avec cheminée) apparaît comme un faire-valoir évident et rassurant. Même s'il ne garantit pas le 100 % maison (la loi est un peu tordue sur le sujet et il n'y a pas de contrôle), ni la qualité du chef ! Cela dit, c'est un bon début.

4 – La carte en dit long ! Voici, foi d'enquêteur, quelques trucs très simples pour analyser un menu : tout d'abord la ***brièveté de la carte*** est un gage de fraîcheur ; quand les produits sont locaux et de saison, c'est encore mieux ! On peut aussi questionner le serveur. Sa franchise (ou son embarras) vous renseignera (le bar, sauvage ou d'élevage ?). Autre indice : si la carte n'est composée que de plats passe-partout dont certains peuvent nécessiter des cuissons très longues (parmentier de canard, suprêmes de volaille en sauce, souris d'agneau, bourguignon...), ce n'est pas forcément bon signe, surtout s'ils sont servis trop rapidement. Même topo avec les desserts bistrotiers type tarte Tatin, mi-cuit ou mousse au chocolat, crème brûlée, panna cotta, tiramisù qui sortent soit du congélateur, soit d'une brique ! Tout comme les mignardises qui accompagnent le café gourmand souvent surfacturé. Un bon chef n'est pas forcément un bon pâtissier. Et il a rarement le temps de préparer 36 desserts ! Enfin, en dehors des zones côtières, on évite les poissons et fruits de mer le lundi… les livraisons ayant rarement lieu le week-end.

5 – *Doggy bag :* la lutte anti-gaspi a du bon. Depuis le 1er juillet 2021, les restaurateurs ne peuvent vous refuser de partir avec ce que vous avez laissé dans votre assiette. Alors, n'hésitez pas à le demander, c'est une bonne occasion de terminer votre repas… à la maison.

6 – Eau : une carafe d'***eau du robinet*** est ***gratuite*** à condition qu'elle accompagne un repas. On ne peut pas vous la refuser, sauf si elle est jugée impropre à la consommation par décret. Dans certains restos, on vous l'apporte d'office en guise de bienvenue. Un vrai bon point ! La bouteille d'***eau minérale*** doit, quant à elle, comme le vin, être ouverte devant vous. L'arnaque consiste parfois à proposer d'emblée une eau minérale, facturée au prix fort. À la question du serveur : « Et pour l'eau, plate ou gazeuse ? », vous pouvez répondre sans rougir : « Une carafe me conviendra ».

7 – Vins (et autres alcools) : la marge la plus importante des restaurateurs ! Et certains en abusent… Le vin au verre s'est généralisé. Tant mieux. Sinon, au-delà de 2 verres (gare aux prix exorbitants et à l'interdiction de conduire), il peut être plus intéressant de commander une bouteille, quitte à l'emporter en fin de repas si elle n'est pas terminée. Sinon, ne pas hésiter à demander un ***petit vin de pays en pichet,*** l'occasion de découvrir ainsi des petites cuvées locales et bon marché.

les ROUTARDS sur la FRANCE 2023-2024

(dates de parution sur • *routard.com* •)

Découpage de la FRANCE par le ROUTARD

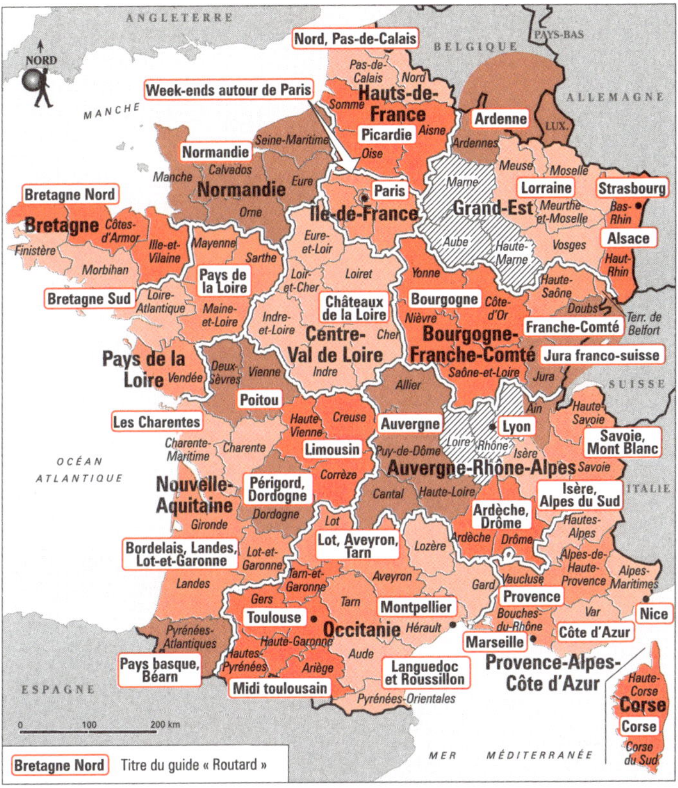

Autres guides sur la France

- Nos meilleurs campings en France
- Nos meilleures chambres d'hôtes en France

Autres guides sur Paris

- Paris
- Paris balades
- Restos et bistrots de Paris
- Le Routard des amoureux à Paris
- Week-ends autour de Paris

Le Routard à vélo

- EuroVelo6
- La Bourgogne du Sud à vélo
- La Flow Vélo
- La Loire à Vélo
- La Vélo Francette
- La Vélodyssée (Roscoff-Hendaye)
- Le Canal des 2 mers à vélo
- Paris Île-de-France à vélo
- ViaRhôna
- Les plus belles escapades à vélo en France

les ROUTARDS sur l'ÉTRANGER 2023-2024

(dates de parution sur • *routard.com* •)

Découpage de l'ESPAGNE par le ROUTARD

Découpage de l'ITALIE par le ROUTARD

Autres pays européens

- Allemagne
- Angleterre, Pays de Galles
- Autriche
- Belgique
- Bulgarie
- Crète
- Croatie
- Danemark, Suède
- Écosse
- Finlande
- Grèce continentale
- Hongrie
- Îles grecques et Athènes
- Irlande
- Islande
- Madère
- Malte
- Norvège
- Pays baltes : Tallinn, Riga, Vilnius
- Pologne
- Portugal
- République tchèque, Slovaquie
- Roumanie
- Suisse

Villes européennes

- Amsterdam
- Berlin
- Bruxelles
- Budapest
- Copenhague
- Dublin
- Lisbonne
- Londres
- Moscou
- Naples
- Porto
- Prague
- Saint-Pétersbourg
- Stockholm
- Vienne

les ROUTARDS sur l'ÉTRANGER 2023-2024

(dates de parution sur • *routard.com* •)

Découpage des ÉTATS-UNIS par le ROUTARD

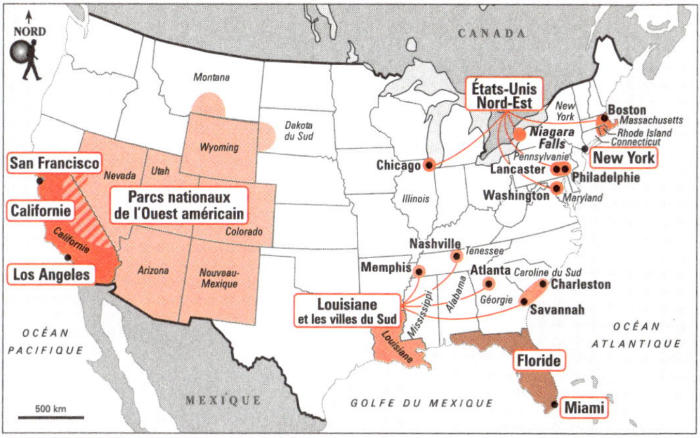

Autres pays d'Amérique

- Argentine
- Brésil
- Canada Ouest
- Chili et île de Pâques
- Colombie
- Costa Rica
- Équateur et les îles Galápagos
- Guatemala, Belize
- Mexique
- Montréal
- Pérou, Bolivie
- Québec et Ontario

Asie et Océanie

- Australie côtes est et nord + Red Centre
- Bali, Lombok
- Bangkok
- Birmanie (Myanmar)
- Cambodge, Laos
- Chine
- Hong Kong, Macao, Canton
- Inde du Nord
- Inde du Sud
- Israël et Palestine
- Istanbul
- Jordanie
- Malaisie, Singapour
- Népal
- Shanghai
- Sri Lanka (Ceylan)
- Thaïlande
- Tokyo, Kyoto et environs
- Turquie
- Vietnam

Afrique

- Afrique du Sud
- Égypte
- Kenya, Tanzanie et Zanzibar
- Maroc
- Marrakech
- Sénégal
- Tunisie

Îles Caraïbes et océan Indien

- Cuba
- Guadeloupe, Saint-Martin, Saint-Barth
- Île Maurice, Rodrigues
- Madagascar
- Martinique
- République dominicaine (Saint-Domingue)
- Réunion

Guides de conversation

- Allemand
- Anglais
- Arabe du Maghreb
- Arabe du Proche-Orient
- Chinois
- Croate
- Espagnol
- Grec
- Italien
- Japonais
- Portugais
- Russe
- G'palémo (conversation par l'image)

Livres-photos/Livres-cadeaux

- 50 voyages à faire dans sa vie (**nouveauté**)
- 52 escapades nature en France
- 52 villes coups de cœur en Europe (city trips)
- 52 week-ends coups de cœur en France
- 120 coins secrets en Europe
- 1 200 coups de cœur en France
- 1 200 coups de cœur dans le monde
- Cahier de vacances du Routard
- Expériences et micro-aventures en France (**nouveauté**)
- La France de Stéphane Bern
- La France à vélo (**nouveauté**)
- Nos plus belles balades et randos en France
- Road Trips Monde
- Road Trips en France
- Sacré : les 100 plus beaux sites de la planète
- Voyages
- Voyages : États-Unis
- Voyages : France
- Voyages : Italie

INDEX GÉNÉRAL

INDEX GÉNÉRAL

RESTAURANTS OUVERTS LE DIMANCHE (midi et/ou soir)

LISTE DES CARTES ET PLANS

Remarque importante aux hôteliers et restaurateurs

Les enquêteurs du *Routard* travaillent dans le plus strict anonymat. Aucune réduction, aucun avantage quelconque, aucune rétribution n'est jamais demandé en contrepartie. Face aux aigrefins, la loi autorise les hôteliers et restaurateurs à porter plainte.

Avis aux lecteurs

Le Routard, ce n'est pas comme le bon vin, il vieillit mal. On ne veut pas pousser à la consommation, mais évitez de partir avec une édition ancienne. Les modifications sont souvent importantes.
Les réductions accordées à nos lecteurs ne sont jamais demandées par nos rédacteurs afin de préserver leur indépendance. Les hôteliers et restaurateurs sont sollicités par une société de mailing, totalement indépendante de la rédaction, qui reste donc libre de ses choix. De même pour les autocollants et plaques émaillées.

Avec routard.com, choisissez, organisez, réservez et partagez vos voyages !

✓ Rejoignez la plus grande communauté francophone de voyageurs : **plusieurs millions d'internautes.**

✓ Échangez avec les routarnautes : forums, photos, avis d'hôtels.

✓ Retrouvez aussi toutes les informations actualisées pour choisir et préparer vos voyages : près de 300 guides destinations, une centaine de dossiers pratiques et un magazine en ligne pour découvrir tous les secrets de votre destination.

✓ Enfin, comparez les offres pour organiser et réserver votre voyage au meilleur prix.

Les **Routards** *parlent aux* **Routards**

Faites-nous part de vos expériences, de vos découvertes, de vos tuyaux et de vos coups de cœur. Aidez-nous à remettre l'ouvrage à jour. Indiquez-nous les renseignements périmés. Faites profiter les autres de vos adresses nouvelles, combines géniales... On adresse un exemplaire gratuit de la prochaine édition à ceux qui nous envoient les meilleurs courriers, pour la qualité et la pertinence des informations.
Quelques conseils cependant :
– Envoyez-nous votre courrier le plus tôt possible afin que l'on puisse insérer vos tuyaux sur la prochaine édition.
– N'oubliez pas de préciser l'ouvrage que vous désirez recevoir, ainsi que votre adresse postale.
– Vérifiez que vos remarques concernent l'édition en cours et notez les pages du guide concernées par vos observations.
– Quand vous indiquez des hôtels ou des restaurants, pensez à signaler leur adresse précise et, pour les grandes villes, les moyens de transport pour y aller.
Si vous le pouvez, joignez la carte de visite de l'hôtel ou du resto décrit.
En tout état de cause, merci pour vos nombreux mails.

122, rue du Moulin-des-Prés, 75013 Paris

• *guide@routard.com* • *routard.com* •

Routard Assurance *2023*

Enrichie au fil des années par les retours des lecteurs, *Routard Assurance* reste l'assurance voyage référence des globe-trotters. Tout y est inclus, même la **Covid** : frais médicaux, assistance rapatriement, bagages, responsabilité civile… Avant votre départ, contactez *AVI* pour un conseil personnalisé. À la recherche d'une attestation Covid ? Vous la recevrez automatiquement après chaque souscription. Besoin d'un avis médical, d'une prise en charge dans un hôpital ? Le plateau d'Assistance *AVI* dispose d'un vaste réseau médical à travers le monde disponible 24h/24 pour une réponse en temps réel. De simples frais de santé en voyage ? Téléchargez vos factures depuis l'espace assuré *AVI*, ils vous remboursent sous une semaine. *Le Colisée Gardens, 10, av. de l'Arche, CS 70126, 92419 Courbevoie Cedex.* ☎ *01-44-63-51-00.* • *avi-international.com* • Ⓜ *La Défense.*

Édité par Hachette Livre (58, rue Jean-Bleuzen, CS 70007, 92178 Vanves Cedex, France)
Photocomposé par Luminess SAS (561, rue Saint-Léonard – CS 40003 – 53101 Mayenne Cedex, France)
Imprimé par Dupliprint (Quai n° 2, 733, rue Saint-Léonard, BP 3, 53101 Mayenne Cedex, France)
Achevé d'imprimer : janvier 2023
Collection n° 15 - Édition n° 01
83/7929/5
I.S.B.N. 978-2-01-721819-7
Dépôt légal : février 2023

PAPIER À BASE DE FIBRES CERTIFIÉES